Dominic Sandbrook

Weltgeschichte(n)

Der Untergang der Azteken – Die Spanier erobern Amerika

Dominic Sandbrook

WELTGESCHICHTEN

Der Untergang der Azteken

Die Spanier erobern Amerika

Aus dem Englischen
von Roman Stadler

cbj

MIX
Papier | Fördert gute Waldnutzung
FSC® C014496

Penguin Random House Verlagsgruppe FSC® N001967

2. Auflage

cbj Kinder- und Jugendbuchverlag
in der Penguin Random House Verlagsgruppe GmbH,
Neumarkter Straße 28, 81673 München
produktsicherheit@penguinrandomhouse.de
(Vorstehende Angaben sind zugleich
Pflichtinformationen nach GPSR)

Die englische Originalausgabe erschien 2023
unter dem Titel »Adventures in Time: The Fall of the Aztecs«
bei Particular Books, einem Imprint von Penguin Press, London
Übersetzung: Roman Stadler
Lektorat: Eva Spessa
Umschlaggestaltung und -illustration: Nele Schütz Design/Sonja Gebhardt
CK • Herstellung: AW
Satz und Reproduktion: KCFG – Medienagentur, Neuss
Druck: GGP Media GmbH, Pößneck
ISBN 978-3-570-18122-5
Printed in Germany

www.cbj-verlag.de

Für Nicholas Bailey

Inhalt

TEIL 3
REISE IN DIE ANGST

TEIL 4
DAS ENDE DER WELT

PROLOG

Die Fremden

Es war ein warmer, klarer Herbsttag und in der Stadt Tenochtitlan schlugen die Trommeln.

Den ganzen Morgen schon war die Stadt in heller Aufregung. Alt und Jung, Reich und Arm, Männer, Frauen und Kinder – alle hatten sie die Neuigkeit gehört.

Nach Wochen der Anspannung, nach all den geflüsterten Gerüchten, waren die Fremden im Tal von Mexiko angekommen und befanden sich jetzt auf der gegenüberliegenden Seite des Sees. In wenigen Stunden würden sie auf dem Dammweg sein. Dann würden die Bewohner der Stadt diese wunderlichen Neuankömmlinge von jenseits des Meeres endlich zu Gesicht bekommen.

Schon seit Sonnenaufgang waren die Bediensteten des Königs damit beschäftigt gewesen, die Zugbrücken herunterzulassen und die Straßen sauber zu fegen. In der kühlen Ruhe des Palasts des Axayacatl im Zentrum der Stadt waren die Dienstmädchen gerade dabei, die Quartiere für die Gäste vorzubereiten, die Betten herzurichten und Essen und Getränke bereitzustellen.

Auf den Flachdächern der Stadt drängte man sich dicht an dicht, um womöglich von dort einen Blick auf die Fremden zu erhaschen. Männer in Umhängen und Lendenschurzen, Frauen in weiten Blusen und Röcken und Kinder, die angezogen waren wie Miniaturausgaben ihrer Eltern, traten sich gegenseitig auf die Füße und kniffen die Augen zusammen, um jenseits des Sees irgendetwas zu erkennen.

Eine Hornfanfare ertönte und das Begrüßungskomitee machte sich, in Reih und Glied, auf aus dem Palast und begab sich in würdevoller Prozession hinunter zum Damm. Allen voran die Jaguarkrieger in prächtiger Kämpfermontur. Ihnen folgten die Edelmänner in ihren farbenfrohen Umhängen und die Priester mit ihrem aufwendigen Kopfschmuck.

Dann kam ihr Herrscher, der Große Sprecher, der Hohe König. Er ruhte unter einem Baldachin aus grünen Federn auf einer blumenbedeckten Sänfte, die von seinen engsten Verwandten getragen wurde. Er trug den farbenprächtigsten Umhang von allen und einen aufwendigen federgeschmückten Kopfputz. Um seine Stirn wand sich ein türkisfarbenes Band.

Er war der mächtigste Mann der Welt. Jeder, an dem er vorbeikam, neigte den Kopf. Niemand wagte es, ihm in die Augen zu sehen.

Alles war jetzt ganz still – eine letzte Ruhe vor dem Sturm. Die Sonne brannte herab. In der Luft lag eine Spannung, die stärker und stärker zu werden schien …

Plötzlich durchlief die Schaulustigen auf den Dächern ein

kaum merkliches Zittern, ein halb ersticktes Einatmen aus tausend Mündern hing in der Luft. Am Rande der Stadt setzte der Rhythmus der Trommeln ein.

Jetzt kamen sie.

▪

Reihe um Reihe kamen die Fremden auf dem Damm heran. Ihr Anführer – bleichgesichtig und mit rotem Bart – ritt auf einem seltsamen Tier, das einem riesigen Hirsch ohne Geweih glich.

Neben ihm lief barfuß ein zierliches Mädchen mit dunklerer Haut. Sie sah anders aus als der Rest der Fremden und viele der Schaulustigen runzelten verwundert die Stirn.

Hinter ihnen weitere Männer auf diesen fremdartigen riesigen Tieren. Einer hielt eine Flagge, auf der ein rotes Kreuz zu sehen war. Dann Hunderte Fremde zu Fuß, mit metallenen Schwertern an ihren Gürteln oder auf dem Rücken.

Ihnen folgten weitere Riesentier-Reiter. Dann Männer mit seltsamen Bögen, die sie in ihren Armen hielten. Und hinter ihnen konnte man jetzt diese seltsamen Vorrichtungen, über die man so viele Gerüchte gehört hatte, über den Damm heranrollen sehen – große Röhren auf Rädern, die Kugeln aus Eisen spuckten.

Die Begleiter des Herrschers halfen ihm von seiner Sänfte herab. Er setzte seine goldenen Sandalen auf den Boden, dann trat er auf die Fremden zu.

Deren Anführer war ebenfalls von seinem Reittier abgesessen.

Langsam machte er seinerseits einige Schritte auf den König zu – und warf plötzlich beide Arme nach vorne.

Die Menge erstarrte.

Der Fremde versuchte, ihren Herrscher zu berühren!

Die Zeit selbst schien stillzustehen – der König regungslos auf dem Damm, der Fremde mit ausgestreckten Armen, die Höflinge mit schreckgeweiteten Augen, die Umstehenden mit der Hand vor dem Mund.

Es war der 8. November 1519 und das Schicksal der Welt lag in der Schwebe.

▪

Der Name des Herrschers war Montezuma. Seit siebzehn Jahren regierte er von Tenochtitlan aus das Reich der Azteken, das sich auf der einen Seite bis an die Ufer des Pazifiks erstreckte und auf der anderen bis zum Golf von Mexiko.

Seinem Volk war er ein Mann von überwältigender Erhabenheit. Man nannte ihn nicht umsonst den Großen Sprecher – er sprach mit der Stimme der Götter, er war der Mittelsmann, mit dessen Hilfe gewöhnliche Sterbliche versuchten, den Himmel zu besänftigen.

Und der andere, der Anführer der Fremden? Er war ein Niemand. Selbst da, wo er herkam, hatten die wenigsten je von ihm gehört.

Sein Name war Hernán Cortés und er kam von der anderen Seite des Meeres, aus einem staubigen kleinen Städtchen im äußersten Westen Spaniens, Tausende von Kilometern entfernt.

Das Aufeinandertreffen dieser beiden Männer – des Herrschers der Azteken und des spanischen Abenteurers – würde den Lauf der Geschichte verändern. Es war der Höhepunkt einer Tragödie epischen Ausmaßes, in deren Verlauf das Mittelalter endgültig sein Ende fand und die Neuzeit eingeläutet wurde.

Cortés' Sekretär wird mit dem Ausspruch zitiert, die spanische Eroberung Amerikas sei »das wichtigste Ereignis seit der Erschaffung der Welt«. Und der schottische Philosoph Adam Smith schrieb noch mehr als zweihundert Jahre später, die spanischen Expeditionen seien »die größten und wichtigsten schriftlich bezeugten Ereignisse der Menschheitsgeschichte«.

Beide Einschätzungen haben viel Zutreffendes an sich. Die Abenteuer von Cortés bilden eines der spannendsten Kapitel der Weltgeschichte, dem nur die Reisen Alexanders des Großen, das Leben Kleopatras oder die beiden Weltkriege gleichkommen.

Es ist ein Schlüsselmoment der Geschichte, ein Wendepunkt vom Alten zum Neuen. Denn es war die spanische Eroberung, die erstmals eine Verbindung herstellte zwischen der »alten« Welt Europas, Asiens und Afrikas und der »neuen« Welt Nord- und Südamerikas.

Vor allem aber ist dies die Geschichte einer atemberaubenden untergegangenen Hochkultur, hochkomplex und grausam, wunderschön und schrecklich zugleich – die verschwundene Welt der Azteken.

Die riesigen Städte, die in den Himmel ragenden Pyramiden, der Federkopfschmuck, die Menschenopfer, all das hat Fremde immer fasziniert. Sie schienen so stolz, so mächtig – und dann, mit einem Mal, brach alles in sich zusammen …

Ein kleines, interessantes Detail am Rande: Sie selbst nannten sich nie »Azteken«.

Ihre Sprache hieß *Nahuatl* und sie selbst *Nahua*. Diejenigen von ihnen, die in der Stadt Tenochtitlan lebten, nannten sich selbst *Mexica**. »Mexiko« bedeutet wahrscheinlich einfach »der Ort der Mexica«.

Das Wort »Azteken« stammt aus dem neunzehnten Jahrhundert und wurde erfunden, um die früheren Mexica von den später dort lebenden Mexikanern zu unterscheiden. Die Bezeichnung »Azteken« ist aber so geläufig, dass es sich komisch anfühlen würde, sie nicht zu verwenden.

Viele der Namen der Hauptdarsteller dieses Dramas sind ebenfalls umstritten, weil die Azteken nicht unser Alphabet benutzten.

So ist der Herrscher, den wir auf dem Damm zurückgelassen haben, nicht nur als Montezuma bekannt, sondern auch als Moctezuma, Motecuhzoma, Motewksomah oder Motecuhzomatzin. Montezuma ist aber eine sehr bekannte und häufige Schreibweise – belassen wir es also dabei.

---

* Ungefähr ausgesprochen wie »Me-SCHI-ka«.

Montezuma war gnadenlos und kriegerischen Gemüts. Wie Cortés. Und der Untergang der Azteken – wir wollen das nicht verheimlichen – ist eine sehr blutige Geschichte.

Lange Zeit hat man diese Geschichte als ein Aufeinandertreffen zwischen bösartigen Azteken und edlen Spaniern erzählt. Heutzutage wird das oft umgekehrt: Die Azteken werden zu noblen »Underdogs« und die spanischen Eroberer, oder Konquistadoren, zu gierigen Monstern.

Ich sehe das nicht so. Es gab viel Grausamkeit auf beiden Seiten – und auch viel Mut.

War Montezuma ein Held? War Cortés ein Schurke? Oder war es andersherum? Wer war blutrünstiger – die Azteken oder die Spanier? Oder ist das alles viel zu einfach gedacht?

Ich habe versucht, mich nicht auf eine Seite zu schlagen. Entscheidet selbst. Eine »richtige« Antwort gibt es nicht – zu Geschichte darf jede und jeder eine eigene Meinung haben, das macht sie so faszinierend.

Nun aber genug der Vorrede. Das Drama ist viel zu spannend, um seinen Beginn noch länger hinauszuzögern. Schlagen wir also die allererste Seite der Geschichte der Azteken auf.

Wir beginnen, wo wir auch aufhören werden: mit einer Welt in Dunkelheit.

TEIL EINS

DAS LAND DER FÜNFTEN SONNE

1

Die Gefiederte Schlange

Am Anfang war Dunkelheit. Dann hauchten die Götter der Welt Leben ein und warfen sich selbst ins Feuer, um die Zeit und das Licht zu erschaffen.

Der erste Gott, der sich opferte, war Tezcatlipoca, Herr des Nordens und des Nachthimmels. Er sprang in die Flammen und wurde zur ersten Sonne. Während seiner Herrschaft wandelten Riesen im strahlenden Sonnenlicht. Doch eines Tages wurden sie alle von Jaguaren aufgefressen und die Dunkelheit kehrte zurück.

Die zweite Sonne war sein Bruder Quetzalcoatl, die Gefiederte Schlange und der Herr der Winde. Zu dieser Zeit wandelten die ersten Männer und Frauen auf der Erde. Doch Stürme und Fluten kamen über das Land, und die Menschen, die überlebten, wurden zu Affen.

Dann war Tlaloc, der Regengott, an der Reihe. Er warf sich in die Flammen und wurde zur dritten Sonne. Doch seine Frau verriet ihn, und während er trauerte, verwüstete eine schreckliche Dürre die Welt.

Die Menschen schrien um Hilfe, doch Tlaloc war wütend. Feuer fiel vom Himmel und die ganze Welt erstickte in Asche.

Die vierte Sonne war Chalchiuhtlicue, Herrin der Meere und Flüsse. Eine Zeit lang lebten die Menschen gut, es gab genug Mais zu essen für alle. Doch die Götter stritten sich und Chalchiuhtlicue weinte blutige Tränen. Die Wasser strömten über die Erde und alle Männer und Frauen wurden in Fische verwandelt.

Der letzte schwache Lichtschein erlosch und einmal mehr kam endlose Nacht über das Land. Das Zeitalter der vierten Sonne war vorüber, und die Götter wussten, dass ein fünftes Opfer vonnöten war.

In der dunklen, furchtbaren Finsternis versammelten sie sich in Teotihuacán, der riesigen, steinernen Stadt der Götter im Tal von Mexiko. Um sie herum drückten sich die wenigen Menschen und Tiere, die die Flut überlebt hatten, verängstigt in dunkle Winkel.

»Wer wird diese Last tragen?«, fragten die Götter. »Wer wird es auf sich nehmen, die Sonne zu sein und die Morgendämmerung zu verkünden?«

Ihr Blick fiel auf Tecuciztecatl, den reichen und stolzen Sohn von Tlaloc. Sie überreichten ihm einen prächtigen Federkopfschmuck, und er begann, sich auf das Ritual vorzubereiten.

»Wer noch?«, fragten die Götter. Schweigen. Es schien, als wollte niemand sonst den Sprung wagen.

Doch dann bemerkten sie Nanahuatzin, den ärmsten und

schwächsten von allen Göttern, der sich bescheiden im Hintergrund hielt. »Ja«, sagte er ruhig. Ja, er würde es machen.

Die Götter entzündeten ein riesiges Feuer und die beiden Freiwilligen bereiteten sich vor. Schließlich war alles so weit.

Die Flammen züngelten und prasselten. Hoch darüber, auf einer großen hölzernen Plattform, bereiteten sich Tecuciztecatl und Nanahuatzin auf den Schicksalsmoment vor.

Tecuciztecatl trat nach vorne. Die Flammen knisterten. Die Götter, die um das Feuer saßen, warteten und warteten ...

Viermal trat Tecuciztecatl nach vorne. Doch jedes Mal, wenn die Flammen in den Himmel züngelten und er die Hitze auf seinem Gesicht spürte, verließ ihn der Mut.

Nun sah Nanahuatzin seine Chance gekommen. Er schloss die Augen, rannte los und warf sich mitten ins Herz des Feuers. Und im Moment seiner größten Pein erhob sich der kleinste und schwächste der Götter glorreich gen Himmel und wurde die fünfte Sonne.

Jetzt fand auch Tecuciztecatl seinen Mut wieder. Er sprang seinem Kameraden hinterher und stieg als Mond in den Himmel. Zwei weitere Mutige folgten ihnen – ein Jaguar und ein Adler, die tapfersten aller Tiere.

Aber das Ritual war noch nicht zu Ende. Die Sonne ging zwar im Osten auf, bewegte sich aber nicht. Sie blieb feurig leuchtend hoch am Himmel stehen und verbrannte die Erde unter ihr.

Da wussten die anderen Götter, was sie zu tun hatten. Auch sie würden sich opfern müssen. Sie entblößten ihre Brust und boten sie dem heiligen Messer dar – sie gaben ihr Blut, auf dass die Sonne ihre Reise fortsetzen konnte.

Das Universum hatte eben seine Regeln. Es gab keine Belohnung ohne Pein und Leid, kein neues Leben ohne Blutvergießen. Nur mit dem Tod konnte man für das Leben bezahlen.

So wurde das Opfer gebracht und für die Menschheit begann das Zeitalter der fünften Sonne.

Jahr um Jahr zog ins Land, doch die Menschen wussten, dass das nicht ewig so bleiben würde. Eines Tages würde das Licht schwinden und Erdbeben würden die Welt entzweireißen.

Es gab nur eine Möglichkeit, diesen Moment hinauszuzögern: Um den Lauf der fünften Sonne nicht zu unterbrechen, um für das Leben auf der Erde zu bezahlen, musste die Schuld beglichen werden.

Das Opfermesser musste sich heben und senken, Blut musste die Tempelstufen hinabrinnen …

▪

Und so begann der Zeitenlauf von Neuem. Jeden Morgen erhob sich die Sonne aus den Schatten und Licht ließ das Gesicht der Erde erstrahlen. Auf den Zweigen glitzerte der Frost und in den Seen spiegelte sich der Schein der Dämmerung.

Die Welt der Mythen wurde zur Welt der Geschichte(n). Und eines Tages, vor etwa fünfzehntausend Jahren, machte sich eine Gruppe von Jägern auf eine Reise, die den Lauf des Lebens auf der Erde für immer verändern würde.

Sie waren der Mühseligkeit, die asiatische Tundra nach Essbarem zu durchkämmen, müde und hatten beschlossen, die Eisbrücke, die nach Osten führte, zu überqueren. In der leeren Wildnis jenseits davon wollten sie ein neues Leben beginnen. In dieser neuen Welt, so hatten einige ihrer Ältesten gesagt, würden sie Mammuts, Mastodons, Bieber und Bisons jagen können, ohne dass ihnen andere Jäger dabei in die Quere kommen würden.

Im Laufe der Jahrhunderte folgten ihnen viele andere nach. Nachdem sie die Eisbrücke von Russland nach Alaska überquert hatten, führte sie ihr Weg jagend und fischend weiter Richtung Süden, in ihren Kanus die Küste entlang.

Dann, vor etwa elftausend Jahren, begannen die Temperaturen zu steigen. Die Eiszeit war vorbei und die Gletscher schmolzen. Der Meeresspiegel stieg an, Wasser überspülte die Eisbrücke und die Verbindung zwischen den beiden Kontinenten war für immer verschwunden.

Einige Zeit später begannen die Menschen in der Alten Welt, als Bauern sesshaft zu werden. Sie bauten Weizen und Gerste an und sie begannen, Hunde als Haustiere zu halten und Schafe und Kühe für deren Milch und Fleisch.

Sie gründeten Dörfer und Märkte, erfanden das Rad und stellten Metallwerkzeuge her. In den Tälern Mesopotamiens und Ägyptens bauten sie schließlich die ersten Städte und Paläste und begannen, Gesetze und Geschichten aufzuschreiben.

In der Neuen Welt, jenseits des Meeres, gab es das alles lange nicht. Die Nachkommen der Jäger lebten noch viele Tausend

Jahre als Nomaden und durchstreiften die Ebenen und Wälder auf der Suche nach Nahrung.

Um etwa 4000 vor Christus begannen die Menschen im heutigen Mexiko, Nutzpflanzen wie Mais, Bohnen und Pfefferschoten anzubauen. Sie hatten jedoch weder Pferde noch das Rad, also auch keine Fuhrwerke.

Die erste Hochkultur Nord- und Mittelamerikas entstand erst um 1500 vor Christus, der Zeit ägyptischer Pharaonen wie Hatschepsut, Echnaton und Tutanchamun. Es war das Reich der Olmeken, die an der Küste des Golfs von Mexiko lebten.

Aus heutiger Sicht erscheinen die Olmeken unergründlich und rätselhaft, da sie nur wenige Aufzeichnungen hinterlassen haben. Die bekanntesten Zeugnisse ihrer Existenz sind riesige Köpfe aus Stein – jeder so groß wie ein erwachsener Mann – mit wütenden Gesichtern.

Sie müssen jedoch außerordentlich klug und geschickt gewesen sein. Wir wissen, dass sie Felder mit Mais und Bohnen bepflanzten und Tempel und Städte bauten. Sie schnitzten Schmuck aus Holz und Jade, bemalten Tonteller und -schüsseln und tanzten zur Musik ihrer Flöten und Trommeln.

Zeit und Zahlen faszinierten die Olmeken. Sie verfolgten die Bahnen der Planeten, entwickelten einen Kalender mit 365 Tagen und erfanden mehrere verschiedene Schriftsysteme, alle mit einer Art Hieroglyphen.

Viele Geschichtswissenschaftler glauben, dass die Olmeken sogar die Zahl *Null* erfunden haben. Für uns ist es schwer vorstellbar, aber weder die Griechen noch die Römer hatten ein Symbol für die Darstellung der Zahl Null – wohl, weil sie nichts mit ihr anzufangen wussten.

Etwas, das die Olmeken auch heute noch sehr lebendig und sympathisch erscheinen lässt, ist die Tatsache, dass sie das Spiel mit einem Ball auf einem abgegrenzten, ummauerten Feld erfunden haben – dabei benutzten die Spieler ihre Hüften, nicht ihre Hände, um einen Gummiball unter Kontrolle zu halten. Die Spielregeln sind leider nicht überliefert, aber wir wissen, dass es auf manchen der Spielfelder steinerne Ringe gab, die wahrscheinlich als Tore dienten.

Fast alle Olmekenstädte hatten ein solches Ballspielfeld auf dem zentralen Platz in der Stadtmitte, wo sich die Menschen versammelten, um die besten Spieler zu bewundern. Frauen und Kinder spielten ebenfalls, und manche Spiele endeten mit dem Tod – weil die Verlierer den Göttern geopfert wurden.

Niemand weiß, warum es mit der Kultur der Olmeken schließlich zu Ende ging. Doch um etwa 300 vor Christus – nicht lange nach dem Tod Alexanders des Großen – waren alle ihre Städte im Verfall begriffen. Ihr Kalender, die Zahl Null und das Ballspiel hatten sich jedoch unter ihren Nachbarn verbreitet und würden ihre Erfinder um Jahrhunderte überleben.

Die zweite frühe Hochkultur in der Neuen Welt war die der Maya, die in den Wäldern des heutigen Guatemala, Belize und südöstlichen Mexiko lebten. Das Goldene Zeitalter der Maya begann um etwa 300 nach Christus und dauerte etwa sechshundert

Jahre – erstreckte sich also etwa von der Endphase des Weströmischen Reiches bis in die Hochzeit der Angelsachsen und Wikinger.

Die Welt der Maya war ein Mosaik aus Königreichen und Stadtstaaten, die durch unzählige Straßen und Flüsse miteinander verbunden waren. In Städten wie Tikal und Palenque erhoben sich ihre gigantischen Steinpyramiden, die man noch heute besichtigen kann, weit über die höchsten Baumwipfel.

Auf dem Höhepunkt der Mayakultur herrschten ihre Kriegsfürsten über etwa eine Million Menschen, die mehr als einhundert verschiedene Götter verehrten. Auch die Maya nutzten das Rad nicht und hatten deshalb weder Karren oder Fuhrwerke noch Wassermühlen.* In anderen Bereichen ihrer Kultur hatten sie die Leistungen ihre Vorgänger noch weiterentwickelt – sie hatten zum Beispiel wunderschön ausgeschmückte Bücher und einen Sonnenkalender, der an Genauigkeit alles in den Schatten stellte, was es im mittelalterlichen Europa gab.

Dann, Anfang des zehnten Jahrhunderts, geschah etwas sehr Merkwürdiges. Aus einem Grund, den man bis heute nicht kennt, begannen die Maya, ihre größten Siedlungen zu verlassen.

Städte, Dörfer und Marktplätze leerten sich, als seien ihre Bewohner einfach in den Wald verschwunden. Sogar ihre Steininschriften wurden mehr und mehr zu einem unverständlichen

---

* Das stimmt … nicht ganz. Es gab tatsächlich Räder an Kinderspielzeugen – doch die Maya kamen offensichtlich nicht auf die Idee, das Rad auch für andere Zwecke einzusetzen. Vielleicht weil sie keine Pferde hatten?

Kauderwelsch, so als würden die Maya ihre eigenen Schriftsysteme nicht mehr verstehen.

Zeit und Geschichte schienen rückwärts zu laufen.

Was war passiert? Wurden die Maya von Invasoren vernichtend geschlagen? Sind sie einer schrecklichen Epidemie zum Opfer gefallen? Oder haben sie ihren eigenen Lebensraum durch Rodung der Wälder und Übernutzung der Böden zerstört, was schließlich zu Unterversorgung und Hungersnöten führte?

Dieses Rätsel ist nie gelöst worden – und es wird wohl auch nicht mehr gelöst werden.

Das plötzliche Verschwinden der Maya ist bis heute auch eine Warnung: Es sollte uns bewusst machen, dass auch wir womöglich am Rande der Katastrophe herumtänzeln, so reich und fortschrittlich wir auch scheinen mögen …

▪

Trotz des Schicksals der Mayastädte ist ihre Welt nicht komplett verschwunden. Ihre Vorstellungen und Bräuche hatten sich in alle Richtungen ausgebreitet und lebten noch lange fort, als die meisten ihrer Pyramiden bereits vom Dschungel verschluckt worden waren.

Als viele Jahrhunderte später die ersten Europäer die Regenwälder Mexikos und Guatemalas erkundeten, fanden sie dort Menschen vor, die Ballspiele spielten, Göttern huldigten und Kalender und Schriftsysteme verwendeten, die allesamt sehr an die Blütezeit der Mayakultur erinnerten.

Nun waren die Maya natürlich nicht die einzigen Nachfolger der Olmeken, die kulturelle Leistungen vollbrachten, die allem, was es in der Alten Welt gab, in nichts nachstanden. Hunderte Kilometer weiter nördlich – an dem Ort, wo sich Nanahuatzin geopfert hatte, um zur fünften Sonne zu werden – lag eine riesige Stadt von außerordentlicher Pracht und Schönheit: Teotihuacán.

Teotihuacán war die größte Ansiedlung im Tal von Mexiko, einer ausgedehnten Hochebene, die sich von Norden nach Süden über etwa einhundertfünfzig Kilometer erstreckt. Umgeben von hoch aufragenden schneebedeckten Gipfeln wirkte das Tal wie ein umschlossener, geschützter Garten im Zentrum der Welt. Inmitten des Tals glitzerte das Wasser des Texcoco-Sees – so sauber und so klar, dass viele sagten, er gäbe nichts Vergleichbares auf der ganzen Welt.

Von all den Siedlungen und Städten im Tal war Teotihuacán mit großem Abstand die spektakulärste. Wie so oft liegt viel ihrer Vergangenheit im Dunkeln – aber man versteht sofort, warum die Stadt der Legende nach ein Wohnsitz der Götter gewesen sein soll.

Wir wissen nicht, wer sie erbaut hat, wie sich die Erbauer nannten, welche Sprache sie sprachen – ja, wir wissen nicht einmal, wie sie ihre Stadt nannten. Der Name Teotihuacán – grob übersetzt »Stadt der Götter« – geht auf die Azteken zurück, die erst Jahrhunderte später im Tal von Mexiko ankamen.

Zur Blütezeit der Stadt, etwa um das Jahr 500, war Teotihuacán die Hauptstadt eines Reiches, das sich über viele Hundert

Kilometer erstreckte. Sie war so groß, so gewaltig, dass ihre Wahrzeichen selbst heute noch die Landschaft dominieren – von der weitläufigen *Straße der Toten* bis zu den gewaltigen Stufenpyramiden, die als *Sonnenpyramide* und *Mondpyramide* bekannt sind und die sich vor ihren Gegenstücken in Ägypten nicht zu verstecken brauchen.

In dieser Stadt mit ihren Schulen, Tempeln, Markt- und Ballspielplätzen lebten etwa zweihunderttausend Menschen. Hier brachten sie ihrem meistgeliebten und meistgefürchteten Gott Quetzalcoatl, der Gefiederten Schlange, dem Herrn des Windes und des Regens, des Wissens und der Morgendämmerung, Pumas und Jaguare als Opfer dar.

Doch trotz all der Macht und Pracht Teotihuacáns gab es kein Entrinnen aus dem Kreislauf von Leben und Tod. Selbst die hellste Sonne musste irgendwann vergehen, das hatten die Priester schon immer gewusst.

Irgendwann um die Mitte des sechsten Jahrhunderts muss die Stadt der Götter von einer furchtbaren Krise erschüttert worden sein. Den Auslöser kennen wir nicht. Klimawandel? Eine schreckliche Dürre? Niemand weiß es.

Was wir wissen, ist, dass viele der prächtigsten Gebäude Teotihuacáns niedergebrannt wurden, während andere völlig unversehrt blieben. Womöglich hatten sich die einfachen Leute der Stadt gegen ihre Herren aufgelehnt und in einem Wutausbruch gegen die Reichen und Mächtigen deren Paläste in Brand gesteckt.

Wie dem auch sei – diese Krise besiegelte den Niedergang Teotihuacáns. Als viele Jahrhunderte später Neuankömmlinge das Tal von Mexiko betraten, fanden sie die Stadt völlig verlassen vor.

Die Pyramiden erhoben sich noch majestätisch über die Ebene. Die Straße der Toten erstreckte sich noch bis zum Horizont. Gemalte Schlangen schlängelten sich noch die Häuserwände hinab.

Doch Menschen gab es dort keine mehr – sie waren wie vom Erdboden verschluckt.

Aus der Stadt der Götter war eine Stadt der Geister geworden. Und vom einst geschäftigen Treiben auf den Straßen und Plätzen war nur noch eine endlose, gespenstische Stille geblieben.

▪

Mit dem Niedergang Teotihuacáns brach im Tal von Mexiko eine neue Zeit an. Und es sollte sehr, sehr lange dauern, bis sich wieder eine Stadt so hervortun konnte.

Aus dem Norden strömte Welle um Welle von Kriegern ins Tal, die von Gerüchten über dessen fruchtbare Ackerböden angezogen wurden. Sie jagten dort Rotwild, Kaninchen, Wachteln und Pumas. Aber sobald sich eine Gruppe niedergelassen hatte, kam auch schon die nächste – es war ein endloser, chaotischer Konkurrenzkampf.

Um das Jahr 1000 gewann eine der Gruppen aus dem Norden – die Tolteken – die Oberhand. Dieses furchterregende, kämpferische Volk errichtete seine Hauptstadt, Tula, etwa achtzig Kilometer nördlich der verlassenen Stadt der Götter.

Später berichteten die Geschichtenerzähler vom toltekischen Priesterkönig Topiltzin Quetzalcoatl – »Unser edler Herr, die Gefiederte Schlange« –, der schließlich von seiner eigenen Familie gestürzt wurde.

Mit einem Häufchen Getreuer ins Exil gezwungen, soll er sich zu Wasser Richtung Südosten aufgemacht haben, ins alte Kernland der Maya. Dort besiegte er die ansässigen Stammesführer und begründete ein mächtiges neues Reich, wo er in aller Pracht regierte.

War Topiltzin Quetzalcoatl Mensch oder Gott? War er nur ein Sterblicher, ein König, eine Figur der Geschichte? Oder war er vielleicht doch die Gefiederte Schlange selbst?

Es gab sicher eine Zeit, in der die Menschen das noch wussten. Aber im Verlauf der Jahrzehnte und Jahrhunderte wurde er mehr und mehr zur Legende – und schließlich wusste es keiner mehr genau zu sagen.

Schließlich, nach etwa zwei Jahrhunderten, war es dann auch für die Tolteken und ihre Hauptstadt Tula vorbei. Der Strom von Neuankömmlingen ins Tal hatte nicht nachgelassen, jeder wollte ein Stück vom Kuchen, und bald herrschte dort wieder das alte Chaos rivalisierender Städte.

Doch auf den Marktplätzen entlang der Ufer des Texcoco-Sees waren die Menschen sich sicher, dass sie nur lange genug warten mussten. Bald, so flüsterten sie, bald würde Topiltzin

Quetzalcoatl bedeckt mit Blumen und Juwelen aus dem Osten zurückkehren.

Die Gefiederte Schlange würde sich ihr Reich wieder nehmen, eine ruhmvolle Herrschaft errichten und den Menschen des Tals bis ans Ende aller Tage ein Leben in Frieden und Wohlstand ermöglichen.

Die Sonne ging auf und wieder unter, aus Wochen wurden Monate, dann Jahre … doch Quetzalcoatl kehrte nicht zurück.

In den Ruinen von Teotihuacán, der uralten Stadt der Götter, huschten die Eidechsen über den bröckelnden Stein. Manchmal machten sich Leute vom Seeufer in der Hoffnung auf eine Eingebung auf in die alte Stadt – ein Omen, ein Zeichen, eine Nachricht von der Gefiederten Schlange.

Doch sie mussten alle enttäuscht wieder gehen.

Die fünfte Sonne brannte herab. Die Adler kreisten am Himmel. Doch Quetzalcoatl, so schien es, war für immer verschwunden.

Auf der Straße der Toten und in den Schatten der großen Pyramiden herrschte nichts als Stille.

Und dann, eines Tages, kamen die Azteken.

2

Die Ankunft der Azteken

Sie kamen von weit her aus dem Nordwesten, aus einem Land, das bald auch für sie nur noch Legende war.

Ihre Priester erzählten, dass ihre Vorfahren einst im Innern des Hügels der Sieben Höhlen gelebt hatten, umgeben von wilden, gefährlichen Tieren. Doch eines Tages, die fünfte Sonne war noch jung, kamen sie aus ihren Höhlen hervor ans Licht und fanden sich in einem Land, das Aztlán genannt wurde – der Ort der Weißen Reiher.

Dort lebten sie auf einer Insel, umgeben vom glitzernden Wasser eines riesigen Sees. (Wo diese Insel oder das Land Aztlán zu finden waren, wusste jedoch später keiner mehr genau zu sagen – bereits als sie im Tal von Mexiko ankamen, hatten sie es vergessen. Nahe der nördlichen Grenze des heutigen Mexiko vielleicht, oder noch weiter weg, in den sonnenverbrannten Wüsten von Utah oder Colorado. Vielleicht hatte es das Land und die Insel aber auch nie gegeben.)

Der Legende nach hatten sie dort viele Jahre glücklich und in Frieden gelebt. Eines Tages jedoch richtete ihr Lieblingsgott,

Huitzilopochtli – der »Kolibri des Südens« und Gott der Sonne –, das Wort an seine Priester.

Es sei Zeit, sagte Huitzilopochtli, dass sie den See überquerten und ein neues Land fänden. Um ihnen dabei zu helfen, schenkte er ihnen ein Netz, mit dem sie fischen konnten, und Pfeil und Bogen für die Jagd.

Huitzilopochtli unterteilte sie nach Familienzugehörigkeit in Clans – die *Calpolli* – und gab ihnen einen neuen Namen. Von jetzt an, sagte er, seien sie die *Mexica.*

Sie hatten keine Pferde, niemand hier hatte jemals auch nur ein Pferd gesehen. Nachdem sie den See überquert hatten, machten sie sich also zu Fuß auf den Weg Richtung Süden. Sie liefen und liefen, in der Gluthitze des Tages und in der dunklen Stille der Nacht, erklommen Berge und durchquerten Wüsten und Flüsse.

Eines Tages kamen sie an einen großen Hügel, den sie Cerro Coatepec – Schlangenberg – nannten. Dies, so erklärten ihnen ihre Priester feierlich, sei der Berg, wo Huitzilopochtli geboren worden war.

Hier ließen sie sich nieder und blieben dreißig Jahre. Sie bauten einen Damm in einem nahe gelegenen See, jagten Wild und pflanzten Gemüse und Blumen an.

Doch dann sprach Huitzilopochtli wieder durch seine Priester zu ihnen. Sie müssten weiterziehen, sagte er, weil er Größeres mit ihnen vorhabe.

Nun stritten sie sich. Eine Seite, die von der Kriegerin

Coyolxauhqui – »Goldene Glocken« – angeführt wurde, wollte bleiben. Die anderen, Huitzilopochtli treu ergeben, wollten weiterziehen.

Die Huitzilopochtli-Getreuen trugen den Sieg davon. Um Mitternacht schlugen sie zu, töteten Coyolxauhquis Gefolgsleute und brachten sie selbst dem Gott als Opfer dar.

Dann zogen sie weiter, geduldig, immer einen Fuß vor den anderen, durch Hitze und Staub, die Worte ihres Gottes ständig im Ohr:

Wir werden weiterziehen, bis wir an dem Ort sind, wo wir uns niederlassen und sesshaft werden, und wir werden alle Völker der Welt unterwerfen.

Und ich gebe euch mein Wort, dass ich euch zu den Herren der Welt machen werde. Und wenn ihr Könige seid, werdet ihr unzählige Untertanen haben, die euch Tribut zollen werden …

So sprach Huitzilopochtli, Gott der Sonne, Herr des Krieges, Beschützer der Mexica.

▪

Zwei Jahrhunderte vergingen – zweihundert lange Jahre der Entbehrungen und des Hungers. Dann, eines schönen Frühlingsmorgens, die Sonne tauchte die Hügel um sie herum in ein goldenes Licht, überquerten die Wanderer einen letzten Bergkamm …

… und da sahen sie es, weit unter sich: das Tal von Mexiko,

ihr Paradies. Ein verwunschener Garten, ein grüner Flickenteppich aus kleinen Gehöften und Dörfern, Städten und Marktplätzen, mit einem glitzernden blauen See in seiner Mitte.

Doch die Mexica – oder Azteken, um sie bei ihrem geläufigeren Namen zu nennen – waren beileibe nicht die Ersten, die sich den Bergpfad hinab zu diesem üppigen Ackerland aufgemacht hatten. Zum Zeitpunkt ihrer Ankunft, um das Jahr 1250, wurden die fruchtbarsten Felder bereits von anderen bestellt.

Die Tepaneken, die zu dieser Zeit im Tal das Sagen hatten, entstammten ebenfalls einer Gruppe Wanderer aus dem Norden. Doch die Azteken sprachen dieselbe Sprache, Nahuatl, und überredeten die Tepaneken, sie als Vasallen anzunehmen, die für sie kämpfen und ihnen einen jährlichen Tribut zahlen würden.

Als Gegenleistung erlaubten die Tepaneken den Neuankömmlingen, sich an einem Ort anzusiedeln, der Chapultepec, Heuschreckenhügel, genannt wurde. Heute liegt dort der größte Park von Mexiko-Stadt, damals jedoch erhob sich der Hügel direkt neben dem – mittlerweile nahezu trockengelegten – Texcoco-See.

Mit den Jahren begannen die Azteken, die Sitten und Gebräuche ihrer Herren zu kopieren. Es waren die Tepaneken, die ihnen von Quetzalcoatl, der Gefiederten Schlange, erzählten. Es waren die Tepaneken, die ihnen beibrachten, Federn zu kaufen und zu verkaufen, die Jahre mithilfe von Kalendern zu zählen, Figuren und Schmuck aus Jade zu schnitzen und große Pyramiden zu errichten, um dort ihren Göttern zu opfern.

Schließlich wurden die Azteken des Daseins als Diener ihrer Nachbarn überdrüssig. In den letzten Jahren des dreizehnten Jahrhunderts erklärte einer ihrer mutigsten Kämpfer, Huitzilíhuitl – »Kolibrifeder« –, die Unabhängigkeit seines Volkes; er selbst nannte sich *tlatoani**, oder König.

Die Vergeltung der Tepaneken erfolgte umgehend und war fürchterlich. Sie fielen über die Azteken her, brachten die Männer um, versklavten die Frauen und schleppten Huitzilíhuitl und seine Tochter davon, um sie zu opfern.

Huitzilíhuitls Tochter war noch ein Kind und hieß Chimalxochitl – »Sonnenblume«. Später, als sich die Leute ihre Geschichte erzählten, staunten sie immer und immer wieder über ihren Mut.

Tagelang wurde sie von den Tepaneken als Gefangene öffentlich zur Schau gestellt, als Warnung für alle, die mit dem Gedanken spielten, gegen ihre Herren aufzubegehren. Verzweifelt flehte ihr Vater die Tepaneken an, seine Tochter zu verschonen, aber diese lachten ihm nur ins Gesicht.

Chimalxochitl ertrug die Schmach der Gefangenschaft nicht. Sie wollte ehrenhaft sterben.

Von einem Mitgefangenen lieh sie sich Kreide und Kohle und versah ihren Körper mit den Zeichnungen eines Opfers für die Götter. Dann trat sie vor und rief so laut, dass alle es hören konnten: »Warum opfert ihr mich nicht?«

---

* Wörtlich übersetzt: »Sprecher«

Beschämt von dieser Geste Chimalxochitls entzündeten die Tepaneken den Scheiterhaufen. Ohne zu zögern und mit hocherhobenem Haupt trat das Mädchen in die Flammen – eine wahre Königin.

»Ich gehe zu meinem Gott«, schrie sie. »Aber eines Tages … Ihr werdet sehen! Eines Tages werden die Kindeskinder meines Volkes große Kämpfer sein und ich werde gerächt werden! *Ihr werdet sehen!*«

Das Feuer prasselte und die Flammen züngelten in den Himmel, und Chimalxochitls Seele wich aus ihrem Körper. Ihre Prophezeiung jedoch würde niemals vergessen werden.

▪

Zwei weitere Generationen folgten. Dann wendete sich das Blatt – genau wie Chimalxochitl vorhergesagt hatte.

Nachdem sie vom Hügel der Heuschrecken vertrieben worden waren, waren die Azteken jahrelang auf der Suche nach einem neuen Zuhause in der Küstengegend des Texcoco-Sees umhergewandert. Schließlich hatten sie an dem einen Ort Zuflucht gesucht, den sonst niemand wollte: auf der Insel in der Mitte des Sees, die so sumpfig und morastig war, dass bisher alle Bewohner des Tals dankend abgelehnt hatten.

Tagelang durchstreiften sie die Insel auf der Suche nach Nahrung und einem Ort, der zumindest etwas Schutz bot. Doch sie fanden weder das eine noch das andere.

Dann, eines Nachts, sprach ihr Gott Huitzilopochtli im Traum zu einem ihrer Priester. »Sucht im Sumpf nach einem Kaktus. Dort werdet ihr einen Adler finden, der sich in der Sonne wärmt.«

Am nächsten Morgen führte der Priester die Azteken ins Schilf am Rande des Wassers. Dort fanden sie – wie es der Gott versprochen hatte – einen einzeln stehenden Kaktus, auf dessen Spitze sich ein Adler niedergelassen hatte. Seine ausgestreckten Schwingen glichen den Strahlen der Sonne, sein Nest war gepolstert mit Federn, die in allen nur vorstellbaren Farben schimmerten; am Boden verstreut lagen die Knochen unzähliger Vögel.

Als der Adler sie sah, neigte er seinen Kopf. Dann war eine seltsame Stimme zu hören: »Volk von Mexiko – *dies ist der Ort!*«

Es war das Jahr 1325 und sie hatten ihr Zuhause gefunden. Ihre Reise war beendet.

Die Azteken nannten ihr neues Zuhause *Tenochtitlan* – »die Kaktusfeige, die zwischen Felsen wächst«. Auch heute noch zeigt das mexikanische Staatswappen einen Adler auf einem Feigenkaktus, der eine Schlange im Schnabel hält.

Zunächst war das Leben sehr anstrengend. Der feuchte, sumpfige Boden machte es ihnen nicht leicht, dort ihre rechteckigen Häuser aus Lehmziegeln, die Adobe genannt werden, zu bauen. Nutzpflanzen anzubauen, war noch schwieriger. So lebten sie zunächst von Vogeleiern und vom Fischen.

Doch sie arbeiteten hart. Sie schütteten am Rande des Wassers Erde auf, rammten Holzpfähle in den Boden und verflochten sie mit dem Schilf. So schufen sie kleine künstliche Inseln, die sogenannten *Chinampas*, auf denen sie Mais, Bohnen, Kürbis und Pfefferschoten anbauten.

Sie legten Kanäle an, die sie mit ihren Kanus befahren konnten. Sie bauten Erddämme und Steinstraßen. Und dort, wo sie den Adler gesehen hatten, bauten sie aus Lehm und Kies eine weitläufige, erhabene Plattform – das Fundament einer Pyramide zu Ehren Huitzilopochtlis.

Aber ihr Leben bestand nicht nur aus Arbeit: Nachts tanzten sie zur Musik ihrer Trommeln und Schneckenhörner. Sie sangen Lieder von den alten Kriegern und erzählten die Geschichte von Chimalxochitl, dem Mädchen, das so furchtlos ins Feuer getreten war.

Irgendwann um das Jahr 1350 krönten sie ihren ersten König. Sein Name war Acamapichtli, und er war der erste aztekische Herrscher, der seine eigene Schilfmatte hatte, die ihm als Thron diente.

Zu dieser Zeit waren die Azteken jedoch noch immer sehr schwach. Die Ufer des Texcoco-Sees gehörten noch immer den Tepaneken, die regelmäßigen Nachschub an jungen Männern forderten, die in ihren Kriegen kämpfen mussten.

Als Acamapichtli um das Jahr 1400 starb, ging die Schilfmatte auf seinen Sohn Huitzilíhuitl über, der nach Chimalxochitls Vater benannt worden war. In den nächsten beiden Jahrzehnten arbeitete Huitzilíhuitl unermüdlich daran, aus der Insel einen echten Stadtstaat zu machen.

Da die Azteken so wenig Ackerland hatten, war die Ernte

für sie deutlich weniger aufwendig als für ihre Nachbarn. Das ließ ihnen mehr Zeit zum Kämpfen. Und so war es für ihre Nachbarn sehr bald ein gewohnter Anblick, die Krieger von Tenochtitlan mit ihrem prächtigen Kopfputz und ihren federgeschmückten Schilden den See überqueren zu sehen.

Tenochtitlan war bereits die aufstrebende Macht im Tal, als Huitzilíhuitl 1417 starb. Ihm folgte zunächst sein Sohn Chimalpopoca auf die Schilfmatte, dann sein Halbbruder Itzcóatl, dessen Name »Obsidianschlange«* bedeutet.

Itzcóatl war schon über vierzig – alt für die damaligen Verhältnisse. Doch er war erfahren, weil er lange mit Huitzilíhuitl zusammengearbeitet hatte, und seine Pläne für seine Stadt und sein Volk waren ehrgeizig.

Unmittelbar nachdem er König geworden war, sandte er Boten in den Stadtstaat Texcoco auf der östlichen Seite des Sees und in die kleinere Stadt Tlacopan. Schon viel zu lange, so seine Nachricht, sei man nur Vasall gewesen und habe rücksichts- und erbarmungslosen Machthabern Tribut gezollt.

Itzcóatl schlug vor, eine Dreier-Allianz zu bilden, und so gemeinsam die tepanekische Elite zu stürzen. Er wisse, sagte er, dass der Feldzug ein langer und blutiger werden würde – doch wenn sie zusammenhielten, könnten sie die Macht im Tal von Mexiko übernehmen.

---

* Obsidian ist ein schwarzes Vulkanglas. Die Azteken verwendeten es, um daraus Werkzeuge, Spiegel, Dolche und Schwerter herzustellen.

Er behielt recht. Der Krieg wütete fast ein Jahr. Die Obsidianschwerter hoben und senkten sich unablässig, das Blut floss, die Priester hoben ihre Opfergaben in den Himmel. Am Ende behielt die Dreier-Allianz die Oberhand und die Azteken und ihre Verbündeten waren die neuen Herrscher im Tal.

■

Am Abend des Sieges saß Itzcóatl noch lange mit seinem Neffen Tlacaélel zusammen, um Zukunftspläne zu schmieden.

Tlacaélel war ein junger Mann mit Ideen, ein Denker. Er hatte die Armee seines Onkels gegen die Tepaneken geführt und sich mit seiner Weitsicht und seinem Mut einen Namen gemacht.

Doch nun war die ganze Kämpferei für ihn bereits eine Sache der Vergangenheit. Seine Priorität waren jetzt *Bücher* – Geschichtsbücher insbesondere.

Soweit die Erinnerungen zurückreichten, hatten die Azteken ihre Geschichte in reich bebilderten Büchern aufgezeichnet, den sogenannten Kodizes. Diese bestanden aus großen Pergament- oder Papierbögen, die aus Hirschhaut oder Feigenrinde, einem besonders weichen und weißen Holz, hergestellt waren.

Aztekische Kodizes enthalten keine Schrift* im heutigen Sinn, sondern Bilderfolgen, die Szenen aus Geschichten oder

---

* Tatsächlich hatten die Azteken kein Alphabet, sie benutzten kleine Piktogramme und Symbole, um Informationen festzuhalten. Ein Schild zum Beispiel konnte »Krieg« bedeuten, »gehen« konnte durch ein Paar Fußabdrücke dargestellt werden.

Legenden darstellen. Einer der erhaltenen Kodizes erzählt beispielsweise davon, wie die Vorfahren der Azteken Aztlán verließen: Die erste Seite zeigt nichts als das Bild eines Mannes, der über einen See rudert.

Allen Völkern im Tal von Mexiko war Geschichte sehr, sehr wichtig. So verbrannte man beispielsweise, wenn wieder einmal ein Nachbar besiegt worden war, oft dessen Bücher, in der Hoffnung, die Vergangenheit der Besiegten – und damit deren Identität – auszulöschen.

Der Vorschlag, den Tlacaélel jetzt machte, klingt deshalb zunächst vollkommen unglaublich: Die Azteken sollten nicht nur die Bücher ihrer Feinde verbrennen – sondern ebenso ihre eigenen.

»Es ist nicht recht«, sagte er, »dass unser Volk diese Bilder kennt. Denn diese Bilder sind voller Lügen.«

Welche Lügen? Die Antwort liegt auf der Hand.

Die alten Geschichtsaufzeichnungen stellten die Azteken als arm, schwach und unterdrückt dar. Sie schilderten ihre Niederlagen und zeigten ihre Heimat als unbedeutenden Ort am See, als einen von vielen.

Tlacaélel hingegen träumte von einer neuen Geschichte – einer, in der die Azteken von Anfang an *besonders* waren. Die gemalten Bücher sollten sie als Gründer eines Reichs darstellen, die von einem Gott beschützt und für Großes bestimmt waren.

Itzcóatl willigte ein. Ein ruhmreiches Volk, so meinte er, verdiene eine ruhmreiche Geschichte.

In den darauffolgenden Tagen durchkämmten Tlacaélels Männer die Stadt auf der Suche nach »falschen« Büchern und warfen diese auf einen großen Haufen zusammen. Schließlich legte Tlacaélel eine Fackel an den Haufen und schwarzer Rauch stieg über den Pyramiden von Tenochtitlan in den Himmel.

Dann machten sich die Priester an die Arbeit und fertigten neue Bücher, die den Vorstellungen Tlacaélels entsprachen.

In diesen neuen Büchern wurde aus der Geschichte der Azteken eine des stetigen Fortschritts. Ihre Vorfahren waren jetzt nicht mehr nur eine Gruppe erschöpfter, staubiger Nomaden wie viele andere auch, sondern die Nachkommen der Tolteken, dieser geheimnisvollen Könige der Vorzeit.

Und Huitzilopochtli, ihr göttlicher Beschützer, war nicht mehr nur irgendein Gott. Er war jetzt der größte und wichtigste Gott von allen – der Lebensspender.

In Tlacaélels Version der Geschichte hatten die Azteken eine heilige Mission, von der nicht weniger als das Überleben der gesamten Menschheit abhing. Ihnen oblag es, für Ordnung zu sorgen und zu diesem Zweck die ganze Welt unter ihrer Vorherrschaft zu vereinen.

Am wichtigsten war es allerdings, sicherzustellen, dass die Sonne jeden Morgen wieder aufging. Und hierfür gab es nur eine Möglichkeit: ein stetiger Zufluss an Lebensenergie – man musste Huitzilopochtli das geben, wonach es ihn am meisten verlangte.

Und das war, so wie die Dinge lagen, das Blut von Menschen …

Weit, weit entfernt – im Osten, jenseits des Meeres – ging es nicht minder turbulent zu. In England war der Heldenkönig Heinrich V. jung gestorben und auf den Thron folgte ihm sein einziger Sohn, ein neun Monate altes Baby. In Frankreich wurde eine junge Frau namens Johanna von Orleans als Ketzerin verbrannt.

In Deutschland arbeitete ein Erfinder, ein gewisser Johannes Gutenberg, an einer Maschine, die Bücher drucken konnte. Und in Portugal bereiteten sich Seeleute darauf vor, die Inseln des Atlantiks zu erforschen und die Küste Afrikas kartografisch zu erfassen.

Von diesen Ländern wussten die Azteken natürlich nichts. Sie waren unter Itzcóatl und seinen Nachfolgern damit beschäftigt, ihr Reich zu erweitern und ihre Macht und ihren Einfluss immer weiter nach Süden auszudehnen.

Im späten fünfzehnten Jahrhundert waren ihre Kaufleute bereits viele Hundert Kilometer bis in die Gebiete der heutigen mexikanischen Staaten Oaxaca und Chiapas vorgedrungen, und es ging immer weiter nach Süden, ins heutige Guatemala und in den Dschungel Zentralamerikas.

Mit ihren etwa sechs Millionen Untertanen regierten die aztekischen Herrscher etwa doppelt so viele Menschen wie die englischen Könige, aber nicht ganz so viele wie die Könige von Frankreich oder Spanien. In der Neuen Welt war nur das Reich der Inka – im heutigen Peru und Ecuador – noch größer.

Die Macht der Azteken war jedoch nicht unbegrenzt. Sie hatten nur wenige militärische Stützpunkte und mischten sich auch sonst nicht viel in die Angelegenheiten der unterworfenen Völker und Stämme ein. Die Stadtstaaten unter Tenochtitlans Herrschaft hatten ihre eigenen Könige, ihre eigenen Götter und ihre eigenen Gesetze.

Trotzdem war das Leben für die unterworfenen Städte nicht leicht. Sie hatten zweimal im Jahr Abgaben zu leisten – was bedeutete, ihren Herren alles zu überlassen, was diese benötigten. Nicht nur Nahrung wie Mais, Bohnen, Truthähne oder Tomaten, sondern auch Stoff für deren Kleidung, Gummi für deren Ballspiele, Kakao für deren Schokolade und Federn für deren Kopfputz.

Wer sich weigerte, forderte zwangsläufig einen Rachefeldzug aztekischer Kämpfer heraus. Und sobald man besiegt war, erhöhten sich natürlich die Tributzahlungen.

Trotzdem unterwarfen sich einige wenige Königreiche nie. Wie beispielsweise der größte Rivale des Aztekenreichs, Tlaxcala, das sich in einem tiefen Tal gleich hinter den Bergen Richtung Osten befand.

Tlaxcala war eine Republik, umfasste vier Städte und wurde von einem Gremium erfahrener Politiker regiert. Man sprach dort ebenfalls Nahuatl und teilte sich mit den Azteken viele Bräuche, Götter und Legenden.

Die Tlaxcalteken waren fest entschlossen, sich ihre Unabhängigkeit zu bewahren. Und weil sie furchtlose Kämpfer waren, hatten die Azteken immer gezögert, einen Kampf auf Leben und Tod zu riskieren.

Doch sosehr die Tlaxcalteken ihre Nachbarn auch verachteten, waren sie doch nicht stark genug, sie ihrerseits anzugreifen. Dazu müssten sie erst neue, mächtige Verbündete finden.

Aber wo sollten die herkommen? Die tlaxcaltekischen Ratsmitglieder saßen über ihre Karten gebeugt, schüttelten die Köpfe und sahen sich ratlos an. Über das große Wasser? Eher unwahrscheinlich …

▪

1477. Tlacaélel, der Mann, der die aztekische Geschichte umgeschrieben hat, ist mittlerweile achtzig Jahre alt und neben dem Herrscher selbst der respektierteste Mann im Reich der Azteken.

Zweimal war ihm von den anderen Edelleuten der Thron angeboten worden, zweimal hatte er abgelehnt. Er zog es vor, im Hintergrund zu agieren und seine Gedanken spielen zu lassen, während er durch den botanischen Garten flanierte, den er im heutigen Bundesstaat Morelos hatte anlegen lassen.

Während seiner achtzig Lebensjahre hatte er sein Volk von Vasallen zu nahezu uneingeschränkten Alleinherrschern aufsteigen sehen. Tenochtitlan war jetzt ein Machtzentrum, das es mit jeder anderen Hauptstadt der Welt aufnehmen konnte – eine Stadt der Märkte und Gärten, der Paläste und Tempel.

Im Tal selbst waren sie die unangefochtenen Herren, und jenseits des Tales herrschten sie über Millionen Menschen in dreißig verschiedenen Staaten, von der Pazifikküste bis an den Golf von Mexiko.

Tlacaélels wichtigstes Vermächtnis fand sich jedoch in den Köpfen seines Volkes. Er hatte den Söhnen und Töchtern Tenochtitlans den unerschütterlichen Glauben an ihre ruhmreiche Bestimmung gegeben – und daran, dass ihr angestammter Platz der zur Rechten ihrer Götter war.

Die Barden besangen ihre magische Herkunft, und sie glaubten fest daran, dass die Azteken *besonders* waren. Die Priester hielten ihre Kodizes in den Himmel und zweifelten keinen Moment daran, dass künftige Schriften von noch aufsehenerregenderen Eroberungen erzählen würden.

Ihre Vergangenheit war schon sehr beeindruckend. Ihre Zukunft, so dachten sie, würde noch strahlender werden.

Niemals, nicht in ihren schlimmsten Albträumen, hätten sie sich vorstellen können, was auf sie zukam.

3

Die Kinder des Adlers

Stellen wir uns einen Adler vor, der irgendwann in den letzten Jahren des fünfzehnten Jahrhunderts hoch über dem Tal von Mexiko seine Kreise zieht.

Weit unter seinen ausgebreiteten Flügeln liegt eine der atemberaubendsten Landschaften der Welt: ein gigantisches, von schneebedeckten Gipfeln gesäumtes Hochplateau mit einem riesigen See, der in der Sonne glitzert. Mitten auf dem See scheint, wie in einem Bild aus einem Traum, eine Stadt zu schwimmen.

Majestätisch zieht der Adler einen weiten Bogen, dann setzt er zum Sinkflug auf den See an. An dessen Ufern erkennen wir jetzt kleinere Städte und Dörfer, eingebettet in einen Flickenteppich aus Feldern und Bauernhöfen.

Es ist eines der ausgeklügeltsten menschengemachten Ökosysteme der Welt und das Zuhause von etwa einer Million Menschen, die hier im Laufe der Jahre Kanäle ausgehoben und Sümpfe trockengelegt, Dämme und Aquädukte gebaut und so eine Wildnis in einen Garten verwandelt haben.

In einem weiteren eleganten Bogen gleitet der Adler auf die

Stadt im See zu. Sie liegt auf einer Insel, die durch drei gigantische Dammwege nach Norden, Süden und Westen mit dem Festland verbunden ist.

Tenochtitlan – das Zentrum eines der größten Reiche der Erde. Heimat so vieler Menschen, dass sie nie jemand gezählt hat. Einhunderttausend? Zweihunderttausend? Eine Viertelmillion?*

Jetzt kreist der Adler über der Insel. Wir sehen die kleinen Gärten im Wasser, die wie schwimmende Inseln wirken, Flotten von Kanus, herrschaftliche Parks, ein Netz schmaler Straßen, weiße, eng beieinanderstehende Häuser, die Schulen und Paläste am großen Hauptplatz der Stadt und Tempelpyramiden, deren Spitzen in der Sonne schimmern …

Selbst von hier aus ist es beeindruckend, wie geordnet alles wirkt. Die vier Stadtbezirke sind deutlich zu erkennen: *Cuepopan* – »der Platz der blühenden Blumen«, *Moyotlan* – »der Platz der Stechmücken«, *Zoquiapan* – »der Platz der Götter« und *Atzacualco* – »das Haus der Reiher«.

Der Adler wendet sich nach Norden und am Rand der Insel kommt Tlatelolco in den Blick – vormals eine eigene Stadt, jetzt, gegen Ende des fünfzehnten Jahrhunderts, eher ein Vorort.

Im Tiefflug geht es über den größten Markt des Azteken-

---

* Die Geschichtswissenschaft ist sich uneins, wie viele Menschen in der aztekischen Hauptstadt lebten. Manche Historiker gehen von einem Maximum von fünfzigtausend aus, andere vermuten eher eine halbe Million, insbesondere wenn man die umliegenden kleineren Städte am Seeufer mitzählt. Beide Zahlen sind enorm hoch für die damalige Zeit.

reiches mit Verkaufsständen für Mais, Bohnen, Tabak und Kakao. Aber auch Edelsteine, Schmuck, Federn, Stoffe, Jade und Türkise, Gold und Silber werden hier gehandelt.

Wir sehen Töpfer und Korbflechter, Heiler und Wahrsager, Menschen, die Chilis, Tortillas, Kuchen, Schokolade, Papier, Spiegel, Felle oder Sandalen feilbieten. Und hin und wieder jemanden, der Töpfe mit Urin einsammelt, der für das Gerben von Leder und für die Salzherstellung verwendet wird.

Was wir nicht sehen, ist das Glitzern von Münzen, wenn ein Geschäft besiegelt wird. Bezahlt wird hier mit Waren – Bohnen etwa, oder Baumwolldecken. So mag eine Avocado drei Bohnen kosten, ein Kaninchen dreißig, oder ein Truthahn zweihundert.

Wieder dreht der Adler ab und jetzt geht es nach Süden – im gemächlichen Segelflug über den Großen Tempel von Huitzilopochtli und Tlaloc, über den Herrscherpalast und die zweistöckigen Herrenhäuser der Edelleute, bis wir uns schließlich einer ruhigeren Gegend nähern.

Der Adler wird langsamer und verweilt kreisend über einem der Häuser. Es ist kleiner als die der Edelleute, aber nicht minder herausgeputzt – seine Wände weiß gekalkt und das Flachdach voll mit üppigem Grün.

Es hat einen kleinen Innenhof und an den Wänden seiner Zimmer reihen sich Matten und Kissen aneinander, hölzerne Kommoden und geflochtene Körbe. Hier finden wir auch die Spindeln und Webstühle der Hausherrin und die Kampfsouvenirs und handgefertigten Waffen ihres Mannes.

Der Adler ist hier nicht zufällig vorbeigekommen. Denn heute ist ein Tag, den die beiden niemals vergessen werden. Ihre Gebete sind erhört worden. Gerade verschwindet die Sonne hinter den Bergen und es ist beinahe so weit – die Göttin Xochiquetzal wird ihnen Zwillinge schenken.

■

Der Junge bekommt den Namen Quauhcoatl, »Adler-Schlange«, und das Mädchen heißt Xochitl – »Blume«. Als Babys ähneln die beiden sich so sehr, dass Fremde sie nicht auseinanderhalten können. Doch vom Moment ihrer Geburt an werden sie sehr, sehr unterschiedlich behandelt.

Dem neugeborenen Jungen flüstert die Hebamme zu: »Lieber Sohn, du bist ein Krieger, ein Vogel, und dieses Haus ist nur dein Nest. Dein Auftrag ist es, der Sonne das Blut unserer Feinde zu trinken zu geben und mit ihren Leichen die Erde zu füttern.«

Dem Mädchen jedoch flüstert sie ins Ohr: »Geliebte Tochter, so wie das Herz im Leibe bleibt, so musst auch du im Haus bleiben. Wie das Feuer im Ofen darfst auch du niemals ausgehen.«

Am vierten Tag nach ihrer Geburt feiern ihre Eltern die Namenszeremonie. Die Verwandtschaft ist im Innenhof zusammengekommen, und die Hebamme schließt die Hand der kleinen Xochitl um eine winzige Spindel, um sie auf ihr Leben im Haus vorzubereiten. Quauhcoatl hingegen reicht sie Miniatur-Bogen, -Pfeil und -Schild.

Wenige Tage später steht Quauhcoatl noch einmal im Mittelpunkt einer etwas weniger schön anzusehenden Zeremonie. Dieses Mal übernehmen die Priester, die ihm die Unterlippe durchbohren. Solches und Ähnliches wird ab jetzt jedes Jahr passieren – denn nach und nach werden die Priester auf seiner Brust und seinen Armen die Zeichen Huitzilopochtlis, des Gottes der Sonne, anbringen.

Die ersten drei Jahre bleiben beide Kinder zu Hause bei ihrer Mutter. Sie nennt sie ihre »kleinen Tauben«, ihre »kostbaren Federn«, ihre Juwelen, ihre Schätze.

An ihrem vierten Geburtstag werden Quauhcoatl und Xochitl einem weiteren Ritual, »Sie strecken ihre Hälse« genannt, unterzogen. Ihre Ohrläppchen werden durchstochen und sie bekommen Ohrringe; dann werden sie an der Stirn hochgehoben und ihre Arme und Beine gestreckt, weil die Azteken glauben, dass ihnen das beim Wachsen hilft.

Jetzt tragen die Zwillinge bereits unterschiedliche Kleidung: Xochitl trägt wie ihre Mutter Bluse und Rock. Quauhcoatl hingegen trägt einen Umhang und später wird noch ein Lendenschurz hinzukommen. Und man erwartet jetzt von ihnen, dass sie sich auch unterschiedlich verhalten.

Die zierliche, grauäugige Xochitl verbringt die meiste Zeit zu Hause und lernt zu kochen und zu putzen, Mais zu mahlen und das Feuer zu hüten, zu spinnen und zu weben. Manchmal nimmt ihre Mutter sie auch mit nach draußen – doch meist nur, um an religiösen Ritualen teilzunehmen oder Blumen zum Tempel zu bringen.

Quauhcoatl – kräftig und rundgesichtig – verbringt viel Zeit mit seinem Vater, der ihm Fischen, Rudern und das Schießen mit Pfeil und Bogen beibringt. Als er sechs wird, darf er alleine raus und mit den anderen Jungen die Straßen erkunden; man jagt sich über die Höfe und kämpft zum Spaß miteinander.

Wie immer haben jedoch alle guten Dinge ein Ende. Denn wie für ihre Altersgenossen heutzutage gibt es auch für Quauhcoatl und Xochitl kein Entrinnen vor diesem einen, gefürchteten Ort …

Der Schule.

■

Für Quauhcoatl geht es bald nach seinem neunten Geburtstag los.* Eines Morgens nimmt ihn sein Vater mit, die Straße hinunter zum niedrigen, weiß gekalkten *telpochcalli*, dem »Haus der Jugend«, wo der zuständige Priester sie bereits erwartet.

Sein Vater spricht die rituellen Worte: »Quauhcoatl ist jetzt dein Eigentum. Wir stellen ihn unter deinen Schutz. Du wirst ihn lehren. Du wirst einen Adler aus ihm machen, damit er den Göttern dienen kann.«

Der Priester nickt ernst. Dann nimmt er einen juwelenbesetzten kleinen Stecker und drückt ihn in das Loch in Quauhcoatls

---

* Was das angeht, können wir uns nicht ganz sicher sein, weil es nur wenige Quellen zum aztekischen Schulwesen gibt. Für manche Jungen scheint es früher losgegangen zu sein, für andere erst mit etwa fünfzehn.

Unterlippe – zum Zeichen dafür, dass der Junge die große Reise des Lernens und Wachsens begonnen hat.

Als Quauhcoatl das Klassenzimmer betritt, erkennt er einige der anderen Jungen sofort. Solche Häuser der Jugend, die von Priestern für die Kinder der Nachbarschaft betrieben werden, gibt es in jedem Stadtviertel.

Der Unterricht ist nicht besonders schwer: Neben einigen praktischen Fertigkeiten lernt Quauhcoatl, den Kalender* zu lesen und kleinere Zahlen zu addieren.

Die Hauptaufgabe der Schule ist es jedoch, ihm das Kämpfen beizubringen. Jeden Tag werden die Jungen von erfahrenen Kriegern gedrillt, die ihnen zeigen, wie sie mit ihren obsidianbesetzten Knüppeln zuschlagen müssen, wie man Pfeile schießt und Speere wirft, wie man einen Schild hält und mit dem Schwert umgeht.

Es ist harte Arbeit und die Lehrer sind streng. Krieg ist ein ernstes Geschäft – die Jungen müssen lernen, wie man Schmerzen aushält und wie man anderen welche zufügt.

Glücklicherweise sind die Häuser der Jugend eine Art Internat mit Schlafsälen, sodass den Jungen genügend Zeit für Spaß und Spiele bleibt. Nach Sonnenuntergang dürfen sie sogar raus, um das Haus der Lieder in der Nähe zu besuchen – hier hören sie Musik und flirten mit den Tänzerinnen.

---

* Der Kalender der Azteken unterschied sich ziemlich von unserem heute. Ihr Jahr war in 18 Monate zu je 20 Tagen unterteilt – insgesamt also 360 Tage, plus fünf »namenlose«, die als Unglückstage galten.

Quauhcoatls Zeit im Haus der Jugend währt allerdings nicht lange. Gegen Ende seines ersten Jahres dort bemerkt er zwei Lehrer, die miteinander flüstern. Am selben Abend sagt man ihm, dass er seine Sachen zusammensuchen und sich dann beim leitenden Priester melden solle.

Die Stimme des Priesters ist streng wie immer, in seinen Augen glitzert es jedoch verdächtig. Er habe gute Neuigkeiten, sagt er.

Quauhcoatl habe sich sehr gut gemacht – so gut, dass er jetzt in eine andere Schule komme. Die langen Stunden der Kampfausbildung seien vorüber. Er sei ausgesucht worden, fortan das *calmecac*, »das Haus der Tränen«, zu besuchen.

In der Stadt gibt es davon wahrscheinlich etwa sechs, und sie sind die angesehensten und prestigeträchtigsten Schulen im ganzen Aztekenreich. Die meisten der Schüler dort sind Söhne hochgestellter Familien. Manchmal, wenn man sich viel von ihnen verspricht, schaffen es aber auch Jungs aus den einfachen Schulen – wie Quauhcoatl – in ein *calmecac*.

In diesem »Haus der Tränen« geht es strenger denn je zu. Quauhcoatl und seine Klassenkameraden müssen regelmäßig das Klassenzimmer fegen, ihren Schlafsaal putzen, ihr Essen selbst kochen, den Garten umgraben und Feuerholz vom Festland holen. Während religiöser Feierlichkeiten müssen sie fasten, und sie werden oft auf Pilgerreisen in die Berge geschickt, wobei das Wetter keine Rolle spielt.

Auch der Unterricht ist nicht mit dem in Quauhcoatls alter

Schule vergleichbar: viele, viele Stunden Mathematik, Astronomie, Geschichte, Geografie,Religion und Recht. Er muss sich darin üben, öffentliche Reden zu halten, und man erwartet von ihm, dass er alle heiligen Lieder und Gedichte lernt.

Doch all das wird sich eines Tages gelohnt haben: Wenn er die Schule verlässt, wird er eine lukrative Laufbahn als Schreiber, Richter, Diplomat oder Priester einschlagen können und damit der Oberschicht der Azteken angehören.

Und wie geht es seiner Schwester inzwischen?

Wie die meisten Mädchen hat Xochitl Monat um Monat zu Hause verbracht und ihrer Mutter beim Kochen und Saubermachen geholfen. Doch mit elf Jahren kommt auch sie in ein *telpochcalli* – eins nur für Mädchen.* Hier verbringt sie viele Stunden damit, über ihren Webstuhl gebeugt die Herstellung weichen Baumwollstoffs zu lernen. Sie ist aufgeweckt und wissbegierig wie ihr Bruder, und bald kann sie lesen und schreiben.

Also nehmen die Priester auch sie zur Seite, um mit ihr über ihre Zukunft zu sprechen. Man habe für sie einen Platz in einer der Tempelschulen gefunden, die sie fortan zusammen mit den Töchtern der reichsten Familien der Stadt besuchen werde.

Hier arbeitet sie hart an aufwendigen Stickereien, und darüber hinaus erwartet man von ihr, dass sie bei den Ritualen

---

* Über die Ausbildung der Mädchen wissen wir tatsächlich noch weniger als über die der Jungen. Manche Historiker sind der Meinung, dass alle Mädchen der Stadt zur Schule gingen; andere sind sich da nicht so sicher.

im Tempel mithilft und sich sogar selbst als Priesterin betätigt. Irgendwann werden ihre Eltern dann einen passenden Ehemann für sie finden und für ihre Tochter damit ein ganz neues Kapitel ihres Lebens aufschlagen.

▪

In vielerlei Hinsicht war das Leben junger Aztekinnen und Azteken also deutlich strikter geordnet als unseres heute. Mädchen wie Xochitl hatten weniger Möglichkeiten als Mädchen heute und ein Aufbegehren war undenkbar.

Manche Frauen blieben jahrelang Priesterinnen, doch die meisten waren mit Anfang zwanzig bereits verheiratet. Man erwartete von ihnen, dass sie sich mit Stolz um ihr Aussehen kümmerten, indem sie ihr Gesicht mit Ocker gelb färbten, ihre Hände und Hälse mit komplizierten Mustern bemalten und ihr Haar zu aufwendigen Frisuren arrangierten.

Ehen wurden von den Eltern ausgehandelt, die sehr erpicht darauf waren, für ihre Kinder passende Partner zu finden. Liebe scheint aber trotzdem eine Rolle gespielt zu haben – wir wissen aus ihren Gedichten, dass den Azteken die Angelegenheiten des Herzens sehr wichtig waren.

Sobald sie verheiratet waren, verbrachten Frauen den Großteil ihrer Zeit zu Hause. Hier war ihr Reich. Hier webten sie Stoffe mit komplizierten, aufwendigen Mustern und bereiteten mit Zutaten wie Tomaten, Avocados, Chilis und Schokolade – allesamt bei uns zu dieser Zeit unbekannt – das Essen für die Familie zu.

Sobald eine Frau eigene Kinder hatte, begann der Kreislauf von Neuem. Ihre Aufgabe war es nun, ihre Kinder nach den Sitten und Gebräuchen ihres Volkes großzuziehen, damit das nächste Kapitel in der Geschichte der Azteken geschrieben werden konnte.

Was Jungen wie Quauhcoatl betrifft, so hatten auch sie weniger Freiheiten als ihre Altersgenossen heute. Fast jeder musste lernen zu kämpfen – schließlich gab es das Reich der Azteken überhaupt nur wegen ihres Kriegsgeschicks. Selbst ihren Liedern und Tänzen liegen oft die Geschichten heroischer Schlachten zugrunde.

Mit achtzehn durfte ein junger Mann seine Freunde in den Kampf begleiten. Sie zogen zu sechst los, und man erwartete von ihnen, dass sie einen feindlichen Kämpfer überwältigten und als Opfer für die Götter mit nach Hause schleppten.

Sobald ein junger Kämpfer diese Prüfung erfolgreich bestanden hatte, schnitt er sich – zum Zeichen dafür, dass er jetzt ein Mann war – die Locke an seinem Hinterkopf ab, die er sich hatte wachsen lassen, seit er ein Junge gewesen war.

Dann folgten Jahre des Kämpfens. Einem erfolgreichen Krieger konnten große Ehrungen zuteil werden. Er konnte ein Adlerkrieger werden, oder sogar ein Grauer Krieger, der das Privileg genoss, am Tisch des Herrschers zu speisen und zusammen mit den reichsten Edelleuten des Landes zu tanzen.

Wenn ein Kämpfer zu alt für den Krieg wurde, gab es die Möglichkeit, sich einen anderen Beruf zu suchen. Er konnte sich als Jäger oder Fischer betätigen, sich dem Töpferhandwerk widmen oder Sandalen herstellen. Und wer weiß, vielleicht hatte er ja einen Sohn, dem er seine Waffen weiterreichen konnte und der nun an seiner Stelle für den Herrscher kämpfen konnte.

Uns mag dieser Mangel an persönlicher Freiheit wenig attraktiv erscheinen – aber für die Azteken war Ordnung das Allerwichtigste. Alles hatte seinen Platz und jeder hatte seine Rolle zu spielen.

Die Hauptstadt der Azteken war in Viertel unterteilt und diese wiederum in Bezirke. Jeden Tag wurden dort mit akkurater Regelmäßigkeit die Straßen gereinigt.

Im ganzen Aztekenreich bildeten die Familien Clans und die Clans bildeten Stadtstaaten. Die Edelleute hatten ihren Platz auf der Leiter, ebenso die Priester, dann die Kaufleute, die Handwerker, das einfache Volk und die Sklaven.

Wir mögen dazu neigen, das mit einer Maschine zu vergleichen – die Azteken verwendeten dafür lieber das Bild eines Vogels: Die Edelleute waren der Kopf, die anderen die Flügel. Um fliegen zu können, war der Vogel darauf angewiesen, dass alle Teile seines Körpers harmonisch zusammenarbeiteten.

Unordnung und Störungen versetzten sie in Angst und Schrecken. Kinder durften Erwachsenen nicht direkt in die Augen sehen. Männern war es verboten, verheirate Frauen lange anzuschauen. Die einfachen Leute durften auf der Straße keine Sandalen tragen, oder Umhänge, die bis unters Knie reichten.

Niemand störte sich an diesen Regeln – denn so war die Welt nun einmal.

Aber auch die Azteken waren nur Menschen. Manchmal tranken sie zu viel oder stritten sich oder betrogen oder stahlen.

Die Bestrafung war jedoch gnadenlos. Wer in der Schule gegen die Regeln verstieß, wurde brutal geschlagen und musste manchmal sogar, gefesselt an Händen und Füßen, draußen schlafen. Eine andere Bestrafungsmethode war es, dem Übeltäter Dornen tief in Schultern, Rücken und Hinterteil zu bohren.

Wer auf der Straße gegen das Gesetz verstieß, dem drohte ein schreckliches Schicksal. Jeden Tag prügelten die Henker des Palasts auf dem Marktplatz Betrunkene zu Tode. Jeden Tag wurden untreue Frauen vor einer grölenden Menge zu Tode gesteinigt.

Man hielt sich an die Regeln oder man bezahlte den Preis. Im Reich der Azteken wehte ein rauer Wind.

■

Doch trotz all des Schmerzes und Leids war das Leben der Azteken auch voller Fröhlichkeit und Ausgelassenheit.

Kunst war ihnen enorm wichtig und sie fertigten Skulpturen und Schmuck von außergewöhnlicher Schönheit an. Man musste in der Alten Welt lange suchen, um etwas zu finden, das ihren atemberaubenden gefiederten Kopfputzen und Schilden gleichkam.

Sie ließen keine Gelegenheit für Feste und Bankette aus.

Dabei tanzten sie ihre traditionellen Tänze zur Musik ihrer Trommeln, Blockflöten und Schneckenhörner.

Bei ihren Festmahlen gab es Truthahn, Wild, Kaninchen und Frosch. Sie liebten Fischeier, Früchte und Honigkuchen. Die größte Delikatesse aber war ein Getränk aus Kakaobohnen, die zerstoßen und mit heißem Wasser und Honig vermischt schaumig geschlagen wurden. Sie nannten es *chocolatl.*

Und nach dem Essen? Viele Azteken waren geradezu süchtig nach einem Strategiespiel, das *patolli* hieß. Es wurde auf einer Matte gespielt, wobei sechs farbige Kieselsteine als Spielfiguren dienten und Bohnen zum Würfeln benutzt wurden.

Ziel des Spiels war es, seine Spielfiguren so schnell wie möglich über das x-förmige Spielfeld zu bringen. Man konnte aber nur am Spiel teilnehmen, wenn man sechs verschiedene Gegenstände als Wetteinsatz beibrachte – das konnten Decken, Edelsteine, Federn oder Schmuckstücke sein. Es kursierten sogar Geschichten, dass der eine oder andere sein Haus verwettet hat – was man durchaus als leichtfertig bezeichnen könnte.

Die aufsehenerregendste Attraktion für Spielsüchtige war jedoch das Ballspiel, das sich nach wie vor in ganz Mexiko und Zentralamerika enormer Beliebtheit erfreute. Wie bereits ihre Vorgänger spielten es auch die Azteken in einem ummauerten Spielfeld, und die johlende Menge quittierte jeden Spielzug – ausgeführt mit Hüfte, Knie oder Ellbogen – mit Begeisterungsstürmen oder Buhrufen.

Ihre gemalten Bücher lassen auch Rückschlüsse darauf zu,

dass sie durchaus Sinn für Humor hatten. Sie liebten Wortspiele und einige ihrer Rätsel sind auch nicht schlechter als unsere:

Was ist ein kleiner blauer Topf, der mit Popcorn gefüllt ist?
Der Himmel.

Was ist ein Hügel, den ein Bächlein hinunterrinnt?
Deine Nase.

Der hier ist allerdings wirklich ziemlich schlecht:
Was ist ein kleiner farbiger Stein mitten auf der Straße?
Hundedreck.

Sie schienen den Menschen der Alten Welt sehr ähnlich gewesen zu sein – aber es gab einige entscheidende Unterschiede.

Beispielsweise haben die Azteken nie seetaugliche Schiffe entwickelt. Offensichtlich gab es dafür keinen Bedarf, weil sich kein Ziel anbot, das man hätte ansteuern können.

Die Tiere dort unterschieden sich ebenfalls sehr von denen in der Alten Welt. Es gab zwar Hirsche und Tapire, aber kein Azteke hatte je eine Kuh, ein Schaf, ein Huhn oder eine Ziege gesehen. Oder gar ein Pferd.

In Ermangelung von Pferden hatten sie weder Pflüge noch Karren noch Streitwagen noch berittene Armeen. Sie kämpften zu Fuß. Güter mussten per Kanu bewegt oder einfach getragen werden – oft über Hunderte Kilometer.

Und obwohl das natürlich nicht ihr Fehler war, waren die Azteken gegenüber den Völkern Europas und Asiens um zehntausend Jahre zurück. Sie hatten keine Stahlschwerter und keine Rüstungen aus Metall; kein Alphabet und keine Münzen; keine Astrolabien und keine Kompasse; keine Getreidemühlen und keine Druckerpressen; kein Schießpulver, keine Gewehre und keine Kanonen.

All das machte die Azteken – ohne dass sie das ahnen konnten – extrem verwundbar. Sollten jemals Menschen aus der Alten Welt über das Meer kommen, hätten Quauhcoatl und Xochitl keine Chance.

■

Und doch – den einen oder anderen mögen vage Befürchtungen umgetrieben haben.

Das Tal von Mexiko war ein Land der Erdbeben. Oft konnte man aus der Ferne Rauch aus Vulkanen aufsteigen sehen. Fürchterliche Stürme konnten jederzeit von den Berghängen hinunter ins Tal ziehen. Stets konnte irgendetwas passieren – die Wachen der Stadt schliefen nie und im Palast brannten die Feuer Tag und Nacht.

»Wir laufen auf einem schmalen Gipfelgrat«, sagten die Dichter. »Ein Abgrund auf der einen Seite, ein Abgrund auf der anderen. Wenn du vom Weg abkommst, fällst du. Wenn du stolperst, stürzt du in die Tiefe.«

Jeder Wanderer, das wussten sie, musste schließlich fallen. Das

Leben war kurz. Die Erde war hungrig. Eines Tages würde auch die fünfte Sonne von der Dunkelheit verschluckt werden.

Es überrascht also nicht, dass auch die Gedichte, die die Azteken am meisten liebten, von einer tiefen Traurigkeit durchzogen sind – als würden sie bereits betrauern, was noch gar nicht passiert war:

Bedenkt dies, Ihr Prinzen und Herrn,
Ihr Adler- und Jaguarkrieger:
Kurz nur sind wir Freunde auf Erden,
Ehe uns wegfegt die Zeit.

Die goldenen Blumen, sie werden brechen,
Die grünen Jadeblumen, auch sie.
Die Quetzalfedern, sie werden verblassen,
Denn kein Mensch kann sie auf ewig lieben,
Unsere Zeit auf Erden ist kurz.

Eines Tages werde ich sterben,
Einer welken Blume gleich.
Auf Erden werde ich nichts mehr sein,
Auf Erden werde ich vergessen sein.

Doch nicht einmal der hellsichtigste Dichter hätte sich vorstellen können, wie furchtbar der Sturz sein würde.

4

Der Tempel des Todes

Im Jahr 7 *Hase** – 1486 nach unserer Zeitrechnung – übernahm in Tenochtitlan ein neuer Herrscher die Macht. Sein Name war Ahuitzotl, »Wasserhund«, und sein Name würde sehr schnell im ganzen Reich sehr bekannt werden.

Auf seinen Befehl hin strömten die Armeen der Dreier-Allianz nach Norden, Westen und Süden. Nur wenige wagten es, ihnen Widerstand entgegenzusetzen, und fast jede Woche brachte Berichte über neue Siege in irgendeiner entlegenen Provinz.

Im Herzen Tenochtitlans hallten derweil unablässig Hammerschläge über den großen Hauptplatz der Stadt – man war eifrig dabei, neue Monumente zur Feier der Größe der Azteken zu errichten. Im Herrscherpalast selbst, so beschrieb es ein Chronist, »spielte den ganzen Tag und die ganze Nacht die Musik«.

---

* Die Azteken hatten sowohl ein Sonnenjahr, mit 365 Tagen, als auch ein religiöses, mit 260. Die Jahre zählten sie, indem sie dreizehn Zahlen mit vier Zeichen kombinierten. So war etwa mein Geburtsjahr, 1974, *1 Hase*. 2023, das Jahr, in dem ich das hier schreibe, ist *11 Schilfrohr*.

Ahuitzotl hatte jedoch nur ein halbes Ohr für die feierlichen Flöten- und Trommelklänge, er war mit seinen Gedanken bereits in der Zukunft. Er hatte Pläne für seine Stadt – und je früher er diese in die Tat umsetzen konnte, desto besser.

Kein Gebäude war der Herrscherfamilie wichtiger als der Große Tempel. Selbst jetzt, da er sich noch im Bau befand, erhob sich seine riesige Pyramide mit der breiten Steintreppe, die zu den Schreinen von Huitzilopochtli und Tlaloc hinaufführte, bereits über alle Türme des Palastviertels.

Die Architekten bauten, unter der Anleitung des alten Tlacaélel, bereits seit Jahren daran. Und Ahuitzotl war entschlossen, ihn zum großartigsten und prächtigsten Tempel zu machen, den man je gesehen hatte. Nachdem der letzte Stein endlich an seinem Platz war, lud der Herrscher seinen Großonkel zum Essen ein, um ihm seine Pläne für die Einweihungszeremonie darzulegen.

Tlacaélel war mittlerweile fast neunzig. In sein braunes Gesicht hatten sich tiefe Furchen eingegraben, aber sein Blick war wach und nachdenklich wie eh und je. Während er zuhörte, traten ihm Tränen der Freude in die Augen, und er betete laut, dass er diesen Tag noch erleben möge.

Der Ruf erging an alle Städte und Provinzen des Reiches – an Tepeaca und Tecamachalco, an Cuauhquecholla und Atlatlahuacan, an Culhuacan und Xochimilco und Cuitláhuac und Mezquic. *Alle* hatten sie Tribut zu zahlen und den Göttern Geschenke darzubringen.

Und natürlich wagte es niemand, sich der Aufforderung zu widersetzen.

In den nächsten Wochen wollte sich der Staub über den Straßen nach Tenochtitlan nicht legen. Über alle Felder und in allen Tälern konnten die Bauern unablässig ein langsames, tiefes, grollendes Trommeln hören – die Schritte Abertausender Gefangener, die man Richtung Hauptstadt trieb.

Im Palastviertel richtete man derweil die Gemächer für die erwarteten hohen Besucher her. Es durfte an nichts gespart werden – Blumen, Wasser, Tabak, Schokolade –, kein Detail durfte übersehen werden.

Dann kam der Tag, an dem die Tributzahlungen überprüft und abgeglichen wurden. Reihe um Reihe von Gefangenen stolperte durch die Straßen, vorbei an der jubelnden Menge, und Ahuitzotls Schreiber notierten feinsäuberlich die genauen Zahlen.

Insgesamt, so konnten sie berichten, seien es etwas über achtzigtausend Männer, Frauen und Kinder. Ahuitzotl ließ seinen Blick über die Gefangenen schweifen, dann nickte er zufrieden.

Jetzt folgte der Rest der Tribute: »Juwelen, Schmuck, feinste Federn und edle Steine, alles in großer Menge und von großem Wert«, schrieb ein Chronist. »Dazu kamen unzählige, reich verzierte Kleidungsstücke und unglaubliche Mengen Kakao, Chilis und Kürbissamen sowie alle Arten von Früchten, Federvieh und Wild.«

Letztlich ging es darum – so drückte es ein anderer Chronist aus –, »den anwesenden Gästen die Größe und Macht der Azteken vor Augen zu führen und in ihnen Verwirrung und Angst zu wecken«. Sie sollten sehen, dass die Azteken die Herren der Welt waren und ihr Reich so groß, dass sie alle Länder der Welt bezwungen hatten.

So erhob sich dann auch Nezahualpilli, König von Texcoco, einer der Juniorpartner der Dreier-Allianz, und richtete das Wort an seinen Herrn und Meister:

»O Herr von Tenochtitlan«, begann er. »Wie gesegnet bist du! Der Herr Aller Geschaffenen Dinge hat es dir erlaubt, diesen prächtigen Tempel zu vollenden! Du bist der König und der würdige Herrscher dieses mächtigen Reiches, dem Herzen der Ordnung dieser Welt.«

Ahuitzotl neigte gnädig seinen Kopf.

»Dies«, fuhr Nezahualpilli fort, »wird ein Tag, an den man sich lange erinnern wird. Man lasse alle wissen, Alt und Jung, Männer und Frauen, dass sie sich einzufinden haben, um den Opferungen beizuwohnen – oder selbst des Todes sind.«

Wieder nickte Ahuitzotl. »So sei es.«

▪

Am Tag der Feierlichkeiten wich die Morgendämmerung schnell einer heißen, strahlenden Sonne.

Bereits sehr früh waren die Straßen voll: ältere Kinder, die miteinander um einen besseren Platz rangelten, Mütter, die die Hände ihrer Kleinen fest umschlossen hielten, Väter, die ihre Hälse reckten, um besser sehen zu können. »Es war ein Spektakel, das einem den Atem raubte«, hielt ein Chronist die Szene fest. »Alle Straßen, Plätze und Häuser wimmelten von Menschen, die Stadt glich einem Ameisenhaufen.«

Auf den Straßen aufgereiht zogen sich die langen Reihen der Gefangenen bis hinunter zum Damm. Alle waren mit den Zeichen der Toten versehen worden. Manche weinten, die meisten waren still.

Ganz oben auf dem Großen Tempel standen auf einer weiten steinernen Plattform vier Altäre, um die Weihrauchschwaden wehten. Daneben eine Gruppe Priester in ihren Roben, die Gesichter von Götter- und Tiermasken verdeckt.

Einer trug die Maske Huitzilopochtlis, des Herrn des Krieges, ein anderer die Tlalocs, des Herrn des Regens. Xipe Totec, der Herr des Frühlings, stand neben Tepoztecatl, dem Gott des Trinkens. Ein fünfter Priester war als Jaguar maskiert, ein sechster als Adler, ein siebter als Puma.

Alle sieben standen regungslos da. Keiner sprach. Sie warteten.

Hinter den Altären standen vier in farbenprächtige Umhänge gehüllte Gestalten: Ahuitzotl, Tlacaélel und die Könige von Texcoco und Tlacopan. Sie trugen große goldene Ohrringe, goldene Stecker durch ihre Unterlippen und auf ihren Stirnen prangten funkelnde Diademe.

Auch sie standen still und reglos. Die geschärften Obsidianmesser in ihren Händen blitzten in der Morgensonne.

Jetzt setzten die Trommeln ein – langsam, beharrlich, drängend. Hypnotisch und fürchterlich zugleich.

Unten, am Fuß der Treppe, setzten sich die Reihen der Gefangenen in Bewegung, angetrieben von ihren Wächtern.

Schritt um Schritt, Trommelschlag um Trommelschlag …

Die Augen der Priester glitzerten hinter ihren Masken. Die Könige warteten regungslos, die Messer in ihren Händen.

Unten war die Menge ganz still, ihre Augen auf den Altären, auf den funkelnden Messern, auf den Gefangenen.

Schritt um Schritt, Trommelschlag um Trommelschlag …

Die ersten Gefangenen waren jetzt nur noch ein paar Stufen von der Altarplattform entfernt. Die Priester taten einen Schritt auf sie zu.

Jetzt griffen sie nach dem vordersten, der vor Erschöpfung und Todesangst über die letzte Stufe gestolpert war, packten ihn an Händen und Füßen und warfen ihn auf den Altar.

Ahuitzotl hob sein Messer. Die Lippen des Gefangenen bewegten sich. Hören konnte ihn niemand.

Die Trommeln setzten aus, und es folgte eine schreckliche Stille, als hielte die ganze Stadt den Atem an.

Dann – sein Gesicht ausdruckslos, seine Augen kalt – stieß Ahuitzotl zu.

Einen Augenblick später trat er vom Altar zurück, blickte in die Sonne und hob seine Hände.

Zuerst sah man nur Blut – dann, dass er etwas in den Händen hielt. Etwas Kleines, Rotes, Rundes …

Ein menschliches Herz.

■

Das Töten dauerte vier Tage, von Sonnenaufgang bis Sonnenuntergang. Als Ahuitzotl und Tlacaélel schließlich zu müde waren, um weiterzumachen, traten sie beiseite und überließen den Priestern die Messer.

Blut strömte die Stufen des Großen Tempels hinab und gerann in Pfützen am Boden. Jüngere Priester bemühten sich, so viel wie möglich davon in Schüsseln und Töpfen aufzufangen, damit man es später auf die Wände des Tempels aufbringen konnte.

Spätere Chronisten sprechen von achtzigtausend Menschenopfern während dieser Zeremonie. Das mag eine Übertreibung sein. Nichtsdestotrotz muss es ein Schauspiel gewesen sein, dass die Menschen von Tenochtitlan niemals vergaßen.

Am fünften Tag überreichte Ahuitzotl seinen Verbündeten erlesene Geschenke – »Waffen und Schilde mit fein gearbeiteten Insignien, prachtvolle Umhänge und Lendenschurze, meisterhaft gefertigte goldene Diademe und edelsteinbesetzte Ohr-, Nasen- und Lippenstecker«. Und dann, so ein weiterer Chronist, »verabschiedete man sich und trat glücklich und sicher die Heimreise an, überwältigt von der Schönheit Tenochtitlans und der Zahl der Menschenopfer«.

Einige Tage später, das Leben in Tenochtitlan ging bereits wieder seinen gewohnten Gang, bauten Ahuitzotls Priester das bisher zur Ausstellung von Schädeln verwendete Gestell in der Nähe des Großen Tempels ab und verbrannten seinen Inhalt.

Dann stellten sie ein neues auf – das größte bisher – und beluden es mit den zuvor rasierten, gehäuteten und aufgespießten Schädeln ihrer Opfer.* Hunderten und Aberhunderten davon.

»Und so«, schrieb der Chronist, »erlangte der Herrscher das Wohlwollen aller am Hofe und im ganzen Reiche, und sie liebten ihn und dienten ihm gerne und mit Herzensfreude. Er schien ihnen ein mitfühlender, großzügiger und guter Vater, der Arm und Reich gleichermaßen beschenkte.«

Ahuitzotls Opfer konnte natürlich niemand mehr fragen.

■

Menschenopfer waren im alten Mexiko immer Teil des Lebens gewesen. Mit seiner skrupellosen Idee einer neuen Weltordnung war es aber Tlacaélel, der sie ins Zentrum der »Weltmission« des Aztekenreichs rückte.

Wir erinnern uns: Das Leben auf der Erde konnte nur existieren, solange Huitzilopochtli, ihr unsterblicher Beschützer, die Kraft hatte, die himmlische Ordnung im Gleichgewicht zu halten, damit die Sonne jeden Morgen aufs Neue aufgehen konnte.

---

* Archäologen fanden in den Ruinen des Großen Tempels in Mexiko-Stadt Altäre, Messer und Spuren von menschlichem Blut. Außerdem fand man die sterblichen Überreste von 126 Menschen, 42 davon Kinder. Die Reste des Schädelgestells deuten jedoch eher auf mehrere Hundert Schädel hin, nicht auf Zehntausende. Die Chronisten mögen hier also übertrieben haben, sicher sagen kann man das aber nicht.

Jeder Tag war ein Kampf um die Vorherrschaft – ein Kampf zwischen Licht und Dunkelheit. Und eines Tages würden trotz allem auch Huitzilopochtlis Kräfte nachlassen und das Zeitalter der fünften Sonne würde ein Ende finden.

Die Aufgabe der Azteken war es, das so lange wie möglich hinauszuzögern, indem sie Huitzilopochtli die Lebensessenz gaben, die er brauchte. Und das bedeutete, für regelmäßigen Nachschub an menschlichem Blut, »das wertvollste aller Wasser«, und menschlichen Herzen, »heiß wie Tortillas frisch vom Blech«, zu sorgen.

Für die, die Tlacaélels Worten lauschten, klang das alles völlig logisch. Ihre Sicht aufs Universum basierte auf dem Glauben an die immer und immer wiederkehrende Wiederholung von Geburt, Tod und Wiedergeburt.

Das berühmteste aller aztekischen Artefakte – der riesige Stein der Sonne, der heute in Mexiko-Stadt zu besichtigen ist – zeigt den Sonnengott Tonatiuh mit einem Opfermesser als Zunge und zwei menschlichen Herzen in seinen Händen. Um ihn herum sind weitere Symbole angeordnet, die die Kreisläufe des Kosmos und den Tod der ersten vier Sonnen darstellen.

Den Azteken erschien also die Vorstellung, ihrem geliebten Huitzilopochtli, dem Kolibri des Südens, das Blut und die Herzen von Menschen zu opfern, durchaus vernünftig. Es gab nur ein Problem: die Beschaffung der Opfer.

Eine Möglichkeit war, sich von ihren Vasallen Gefangene als Tribut schicken zu lassen, wie bei der Einweihungszeremonie von Ahuitzotls Großem Tempel. Aber man konnte sich die Opfer natürlich auch selbst besorgen – und darum ging es in den sogenannten Blumenkriegen.

Diese Blumenkriege, in denen sich die Dreier-Allianz aus Tenochtitlan, Texcoco und Tlacopan mit anderen Nahua-Stadtstaaten Zentralmexikos maßen, fanden – ähnlich wie die Olympischen Spiele – alle paar Jahre statt.

Stadtstaaten wie Tlaxcala, Huexotzinco und Cholula hatten sich der Unterwerfung durch das Aztekenreich stets erfolgreich widersetzt, und keine der beiden Seiten wollte einen groß angelegten,kompromisslosen Krieg. Die Blumenkriege schienen deshalb eine gute Möglichkeit, ihre Kämpfer zu trainieren und Gefangene zu machen, die dann als Opfer dienen konnten.

Diese Kriege unterschieden sich sehr von denen, die wir aus der Alten Welt kennen. Die Kämpfe waren zwar nicht simuliert, folgten aber einer lange bewährten Formel und waren eine Mischung aus einer Art brutalem Tanz, religiösem Ritual und Sportereignis.

An den Blumenkriegen durften generell nur Männer aus den obersten Ständen teilnehmen, angeführt von Adler- und Jaguarkriegern. Gekämpft wurde einzeln, nicht in Mannschaften. Manche hatten zwar Speere oder Pfeil und Bogen, meist begnügte man sich aber mit Holzknüppeln, die über und über mit rasiermesserscharfen Obsidiansplittern besetzt waren.

Ziel war es nicht, den Gegner zu töten, sondern ihn zu fangen. Man schlug nach seinen Beinen, in der Hoffnung, ihn zu verwunden und kampfunfähig zu machen. Sobald er am Boden war, schnappte man ihn sich und schleppte ihn hinter die eigenen Linien.

Am Ende eines solchen Blumenkriegs wurden die Gefangenen dann per Schnur durch ihre gepiercten Nasenflügel verbunden und in die Stadt des Siegers geführt – wo sie dann für Sklavenmärkte, die Tempel der Krieger oder eben als Opfer für Tlaloc oder Huitzilopochtli zur Verfügung standen.

Für die Azteken war der Tod auf dem Altar ein feierliches, ernstes Ritual, inspiriert von der Selbstopferung der Götter für das Leben auf der Erde. Dafür badete man die Gefangenen zunächst, dann steckte man sie in feine Kleider und gab ihnen reichlich zu essen. Manchen brachte man spezielle Tänze bei, bevor man sie durch die Stadt führte.

Die Opferfestivitäten begannen mit einer Reihe öffentlicher Gesänge und Prozessionen. Nachdem man die Körper der Gefangenen dann mit den Farben des Todes – Rot und Weiß – bemalt hatte, wurden sie in langen Reihen zu den bedrohlich aufragenden Pyramiden geführt.

Viele wurden sicher mit *Pulque* betäubt, einem aus Agaven gewonnenen alkoholischen Saft, um erst gar keinen Widerstand aufkommen zu lassen. Zweifellos hatten die meisten Todesangst – aber es gibt keine Aufzeichnungen darüber, dass jemals jemandem die Flucht gelungen ist.

So marschierten sie also auf den Platz, vorbei an der schweigenden Menge. Dann die lange, steile Treppe hinauf … bis zur steinernen Plattform, wo, von Weihrauch eingehüllt, die Priester warteten.

Dann ging es schnell. Vier Männer hielten das Opfer auf dem Altar fest, der fünfte stach ihm ein Messer in die Brust und schnitt ihm das noch schlagende Herz heraus.

Während der fünfte Priester das Herz der Sonne entgegenhielt, stießen die anderen vier die Leiche die Treppe hinunter. Verschnaufpausen gab es keine, das nächste Opfer wartete ja schon.

So liefen die »normalen« Opferzeremonien ab. Manche waren jedoch noch schrecklicher.

Eines der fürchterlichsten war das Fest des Tlaloc, des Herrn des Regens, das zu Beginn jedes Jahres abgehalten wurde. Die Opfer waren Kinder, die von den Priestern bald nach der Geburt ausgesucht und ihren Eltern mit ungefähr zwei Jahren weggenommen wurden.

Nach Monaten der Gefangenschaft wurden die Kinder in reich geschmückten Kleidern zu den Tempeln getragen, wo die Priester ihnen die Kehle durchschnitten und sie Tlaloc als »blutige Maisblumen« darboten.

Die blutrünstigste Zeremonie von allen aber war das Fest des Menschenschindens, Tlacaxipenaliztli. In diesem Fall waren die Opfer gefangene Krieger, und was ihnen bevorstand, mag dazu geeignet sein, einem beim Lesen den Magen umzudrehen.

Vier Tage lange wurden sie im Tempel des Xipe Totec, »unseres geschundenen Herrn«, dem Gott des Frühlings, zur Schau gestellt. Am vierten Abend wurden ihre Körper mit langen roten Streifen bemalt, dann saßen sie mit den Männern, die sie gefangen hatten, wach und warteten auf Mitternacht.

Um Mitternacht wurde jedem Gefangenen sein langes Haar abgeschnitten, zum Zeichen, dass sein Kriegergeist den Tod gefunden hatte. Dann wurde er die Xipe-Totec-Pyramide hinaufgeschleppt, wo ihm sein Herz herausgeschnitten und seine Leiche die Treppe hinuntergeworfen wurde.

Das war aber erst der Anfang. Jetzt wurde die Leiche nämlich zum örtlichen Tempel des Kriegers gebracht, der das Opfer gefangen hatte, wo die Priester ihr sorgfältig die Haut abzogen. Der Krieger zog sich dann die abgezogene, blutbefleckte Haut über – womit die Lebensessenz des Opfers auf ihn überging – und zog in dieser grotesken Aufmachung durch die Straßen.

Es ist schwer zu glauben, aber Tlacaxipenaliztli war sehr beliebt bei Familien mit Kindern. Man führte die Kleinen zu dem Krieger in seinem Haut-Kostüm, die diesen dann umarmen durften.

Nach vierzig Tagen trafen die übrig gebliebenen Gefangenen und die Kämpfer, die sie gefangen hatten, wieder aufeinander – diesmal zu einer Art Gladiatorenkampf. Unter Tanz und Gesängen hob man jeden Gefangenen auf eine Art Plattform und drückte ihm einen Knüppel zur Verteidigung in die Hand.

Dann wurde er von vier Aztekenkämpfern angegriffen, die mit schmalen, rasiermesserscharfen Klingen bewaffnet waren. Sie sollten ihn nur verletzen, nicht töten, sodass er irgendwann vor Erschöpfung und Blutverlust zusammenbrach. Dann wurde auch ihm das Herz herausgeschnitten und die Haut abgezogen und dem Kämpfer überreicht, der ihn gefangen hatte.

Man kann sich schwerlich ein grausigeres Spektakel vorstellen, aber es wurde, soweit wir wissen, nie von irgendjemandem infrage gestellt.

■

Heute ist man versucht, die Azteken ausschließlich als durch und durch böse zu sehen. Den Spaniern schienen sie grausame kannibalische Monster, blutberauschte Teufelsjünger und Todesanbeter.

Aber *waren* sie wirklich Monster – oder einfach Menschen, die genauso seltsam und unergründlich erscheinen, wie auch wir unseren Nachfahren erscheinen werden?

Dieselben Menschen, die die abgezogene Haut ihrer Opfer trugen, stellten schließlich auch wunderschöne Kunst und Schmuckstücke her, liebten ihre Schüssel heiße Schokolade und weinten bei traurigen Liedern über Liebe und Verlust. Waren sie also wirklich so anders als wir?

Keiner von ihnen schien jemals daran gezweifelt zu haben, dass Menschenopfer von den Göttern gefordert wurden. Ohne ständigen Nachschub an Blut würde die Sonne von der Dunkelheit verschluckt werden.

Und: Wenn sie ihre Feinde nicht versklavten und umbrachten, dann würden ihre Feinde das mit ihnen tun. Die Welt, so glaubten sie, war eben so.

Doch die Welt stand niemals still, und als Ahuitzotl 1502 starb, schienen die Azteken kurz davor, das bisher glorreichste Kapitel ihrer Geschichte zu schreiben. Die langen Jahre der Schwäche waren vergessen, und ihren Nachbarn schienen sie selbstherrlicher, arroganter und anmaßender denn je.

Und mit ihrer Macht wuchs ihr Blutdurst – mit jedem Monat schienen die Schlangen der Opfer vor den Pyramiden länger zu werden.

Dann kam bei ihren Ritualen etwas hinzu, das es zuvor so nicht gegeben hatte.

Bei den Opferungen war es immer darum gegangen, die Götter mit dem zu versorgen, wonach sie verlangten: mit Blut und Fleisch. Manchmal hatte man dann ein kleines bisschen davon einer Art heiligem Trank beigemischt, den sich die Priester – in Nachahmung der Götter – an die Lippen hielten.

Nun gingen die Priester jedoch einen Schritt weiter. Nach jeder Opferung wurde das Fleisch des Opfers von den Knochen geschabt, in Stücke geschnitten und zusammen mit viel Blut zu einem würzigen Eintopf verarbeitet.

Dieser Eintopf wurde dann dem Krieger, der das Opfer gefangen hatte, und dessen Familie serviert. Mit anderen Worten, die Azteken verschlangen jetzt ihre Opfer *im wahrsten Sinne des Wortes.*

So vergingen also die Jahre. Oben auf den Pyramiden hoben und senkten sich die Messer, das Blut floss, die Herzen wurden gen Himmel gehoben, die Leichen die großen Steintreppen hinuntergeworfen.

Den Feierlichkeiten wohnte jetzt ein neuer Herrscher bei – der Neffe Ahuitzotls. Monat für Monat stand er da, am Großen Tempel, und ließ seinen kalten Blick über die langen Reihen Gefangener schweifen, die ohne irgendeine Hoffnung dem Tod entgegenschlurften.

Vom furchterregenden Krieger zum kaltblütigen Befehlshaber aufgestiegen, strahlte er einerseits Würde und Majestät aus, andererseits absolute Skrupellosigkeit. Kein Aztekenherrscher, nicht einmal Ahuitzotl, hatte jemals über eine solche Macht verfügt. Keiner war je so gefürchtet worden.

Doch seine Welt – aber das konnte er natürlich nicht wissen – war kurz davor, komplett in sich zusammenzubrechen. Sein Name: Montezuma.

5

Montezuma

In Tenochtitlan war es Mittag.

Es war ein schwüler, drückender Morgen gewesen und die Hitze nahm immer noch zu. Über den Bergen im Osten lagen schwarze Wolken. Das übliche Regenwetter des Frühlings kündigte sich an.

Es waren nur noch ein paar Tage bis zum Fest des Menschenschindens und in der Stadt spürte man die Aufregung. Auf den Marktplätzen standen die Leute in kleineren und größeren Grüppchen zusammen, die Luft war von aufgeregtem Geplapper erfüllt.

Im Palastviertel war der ganze Trubel jedoch nur ein leises Hintergrundgeräusch. Die Hohepriester und Beamten des Aztekenreiches erledigten ihre Angelegenheiten und man hörte vor allem das geschäftige Klappern ihrer Sandalen auf dem glatten Steinboden.

Der weitläufige große Hauptplatz war so angelegt worden, dass er Ordnung repräsentierte. Auf allen vier Seiten war er eingerahmt von Palästen, Tempeln und Schreinen, Schulen, Ballspielplätzen, Parks, künstlichen Wasserflächen, Höfen und kleineren Plätzen. Die vorherrschende Farbe hier war ein kühles Weiß. Über all dem erhob sich der Große Tempel, dessen Doppeltreppe siebzig Meter in den Himmel führte.

Einen kurzen Fußweg davon entfernt, über den Hof und an den Wachen vorbei, stand ein weiteres Gebäude – neuer, aber nicht weniger elegant, das Mauerwerk mit Jaguaren und Adlern verziert. Der Herrscherpalast.

Hinter dessen Eingangstoren, die lange Halle hinunter und durch ein weiteres Paar Flügeltüren, fand man sich unversehens in einem Labyrinth aus Büros und Werkstätten, in denen eifrige Betriebsamkeit herrschte. Im Stockwerk darüber, in den königlichen Gemächern, war es hingegen deutlich ruhiger.

Nicht minder verwinkelt als das Erdgeschoss, befand sich im Zentrum des ersten Stocks eine lange Halle mit einer Holzdecke, die mit Schnitzereien verziert war, die einen Wald darstellten. An den weiß gekalkten Wänden hingen bunte Wandteppiche aus Baumwolle. In der Mitte des großen Raumes stand ein niedriger Tisch mit weißer Tischdecke, daneben ein reich mit aufwendigen Schnitzereien verzierter Stuhl.

In der Feuerstelle brannten ein paar Holzscheite, die jedoch keinen Rauch abgaben, sondern nur einen süßen Duft. Barfüßige Diener huschten lautlos über den hölzernen Fußboden.

Eine Zeit lang herrschte nur Stille. Dann, mit einem Mal, schwangen die Türen auf und ein großer, schwarzhaariger, asketisch wirkender Mann betrat den Raum.

Er hatte tiefliegende dunkle Augen und einen feinsäuberlich gestutzten Bart und roch nach Seife. Er trug einen kunstvoll bestickten Umhang und goldene Sandalen, und auf seiner Stirn glitzerte – unter einem mit kleinen Goldplättchen verzierten Kopfputz aus schimmernd grünen Quetzalfedern – ein Diadem, das von einem türkisfarbenen Band gehalten wurde.

Montezuma. Großer Sprecher von Tenochtitlan, Hoher König der Mexica und Herrscher des Aztekenreichs.

■

Der Hohe König hatte gerade seinen Kopfputz abgenommen und sich hingesetzt, als zwei junge Frauen – die eine ein weißes Handtuch, die andere eine Schüssel Wasser in der Hand – an seiner Seite erschienen. Zwei weitere Frauen folgten, die Körbe mit Eiern und Maisbrot brachten.

Keine schaute von ihren Füßen auf. Sie alle wussten, dass es den Tod bedeutete, dem Blick ihres Herrn zu begegnen.

Weitere Diener erschienen, die einen vergoldeten Raumteiler herbeischleppten und um Tisch und Stuhl ihres Königs platzierten. Einer von ihnen flüsterte etwas, woraufhin weitere Bedienstete in den Raum strömten, die dampfende schwarze Porzellanschüsseln trugen.

Es gab gebratene Fasane, Tauben, Rebhühner und Wachteln. Außerdem Truthahn, Gans, Schwein, Wild, Hase, Kaninchen und eine unübersichtliche Anzahl von Schüsseln mit diversen Soßen und Beilagen – genug für eine kleine Armee.

Montezuma jedoch schien wenig Appetit zu haben und stocherte nur gedankenverloren in seinem Essen herum.

Dann nickte er seinem Kämmerer zu. Mehr Geflüster von den Dienern, und vier ältere Männer betraten den Raum.

Dies waren des Königs engste Berater – ihr Haar in langem Dienst ergraut. Sie standen vor ihm, schwiegen und warteten.

Hin und wieder fragte Montezuma etwas, und einer der Berater murmelte eine Antwort, ohne dabei den Blick zu heben. Irgendwann machte Montezuma eine Geste in Richtung einer schwarzen Schüssel. Der Berater griff sie sich dankbar und fing an zu essen – immer noch im Stehen und immer noch sehr darauf bedacht, seinem Herrn nicht ins Gesicht zu sehen.

Nachdem der König sein Mahl beendet hatte, erschienen die vier Frauen wieder, um den Tisch abzuräumen. Eine reichte ihm einen goldenen Krug, der bis zum Rand mit Schokolade gefüllt war. Die anderen brachten Teller mit köstlich aussehenden Kuchen.

Der Kämmerer klatschte in die Hände, woraufhin eine Gruppe Akrobaten und Spaßmacher hereingelaufen kam, die sofort damit begannen, vor dem Tisch des Königs auf und ab zu tanzen, zu hüpfen und zu kugeln.

Kurz sah ihnen Montezuma dabei zu, schien aber schnell wieder abgelenkt. Irgendetwas ging ihm im Kopf herum.

Der Kämmerer klatschte erneut und die Truppe hüpfte wieder hinaus. Sie war noch nicht ganz aus der Tür, da kam bereits eine zweite fast hereingefallen – bucklige Zwerge, die in gespielter Aufregung und Hast ständig ineinanderliefen und übereinanderstolperten.

Jetzt lachte Montezuma laut auf und lehnte sich in seinem Stuhl zurück. Er nickte einem Diener zu, und als die Zwerge mit ihrer Vorführung fertig waren, reichte man ihnen Essen und Schokolade.

Nachdem der Tisch abgeräumt war, kehrten die jungen Frauen mit einer kunstvoll bemalten Pfeife und einer Schüssel voller Kräuter zurück. Bald stiegen aus der Pfeife die ersten Rauchwölkchen auf und Montezuma schloss die Augen.

Zum ersten Mal an diesem Tag zeichnete sich auf seinem Gesicht Zufriedenheit ab. Bald verlangsamte sich sein Atem und er begann zu dösen.*

Als die Pfeife ausging, flatterten seine Lider kurz, dann öffnete er die Augen. Wortlos erhob er sich und schritt Richtung Tür. Die Diener verneigten sich, weiterhin den Blick fest am Boden.

Auf dem Flur standen die Wachen, an der Wand aufgereiht wie auf einer Schnur. Einer nach dem anderen verbeugten sie sich, als der König an ihnen vorbeischritt. Am Ende des Flurs nahm er die Treppe nach unten, und als er sich den Toren zum Garten näherte, schwangen diese lautlos auf. Dann war er verschwunden.

■

* Die Azteken hatten – anders als wir – offensichtlich keine Ahnung davon, dass Rauchen ungesund ist.

Jahre später, nachdem er ermordet worden war, sagte man von Montezuma, er wäre schwach, abergläubisch, ja feige gewesen.

In Wirklichkeit war er nichts von alledem. Für seine Untertanen war er ein Ehrfurcht gebietender und Furcht einflößender Mann, der es verdiente, in einer Reihe mit den Helden der Vergangenheit, wie Itzcóatl und Ahuitzotl, zu stehen.

Wie alle Aztekenherrscher war auch er von einem Ältestenrat gewählt worden, dem auch die Könige von Texcoco und Tlacopan, den Partnern in der Dreier-Allianz, angehörten. Bei seiner Wahl war er etwa fünfunddreißig Jahre alt gewesen und »bekannt für seine große Ritterlichkeit und seine vorbildlichen Taten«.

Als man seinen Namen vorschlug, gab es nicht einen, der widersprochen hätte. Seit seiner Zeit als Junge im *calmecac* hatte man sich Geschichten davon erzählt, wie ernsthaft er war und wie hart er arbeitete.

Die ersten Männer des Reichs betrachteten ihn als geborenen Anführer, mutig im Kampf und entschlossen bei wichtigen Beratungen. Auch sein Name in der Sprache der Nahua – Moteucuhzomatzin, »Der finster dreinblickt wie ein Herr« – schien ihn für Höheres zu prädestinieren.

Seit seiner Machtübernahme im Jahre 1502 hatte Montezuma seinem Namen alle Ehre gemacht. Er hatte Schlacht um Schlacht gewonnen, gnadenlos jeden Widerstand im Keim erstickt und Tausende Gefangene gemacht, die am Großen Tempel geopfert wurden.

Wie für seine Vorfahren auch, war Ordnung alles für ihn.

Die Welt musste im Gleichgewicht sein; alle Dinge mussten ihren Platz haben; jeder musste wissen, wohin er gehörte und was er zu tun hatte.

Im Tal von Mexiko war Montezumas Wort Gesetz. Jenseits davon, im Rest des aztekischen Reiches, arbeitete er hart daran, den Griff Tenochtitlans zu festigen.

Er reformierte das Provinz-System, richtete zur Erhaltung des Friedens bewaffnete Stützpunkte ein und sandte Beamte aus, die öffentliche Feierlichkeiten organisierten, Handelsverbindungen stärkten und Tributzahlungen entgegennahmen. Oft gefiel das den Leuten vor Ort nicht, manchmal begehrten sie auf.

Montezumas Rache folgte jedoch stets auf dem Fuße. Sobald die langen Reihen seiner Kämpfer am Horizont erschienen, Knüppel in der Hand und den Tod in ihren Augen, warfen sich die allermeisten auf den Boden und bettelten um Gnade.

Doch auch seine Macht hatte Grenzen. Alle paar Jahre wurde das Reich von Erdbeben und Hungersnöten erschüttert – etwas, das in der Geschichte Mexikos immer und immer wiederkehrte. Und er hatte es nie geschafft, die erbittertsten Rivalen der Azteken – die Republik Tlaxcala – zu unterwerfen.

Als er sich jetzt auf die Feierlichkeiten zu seinem fünfzehnjährigen Thronjubiläum vorbereitete, hatte er trotzdem allen Grund, zufrieden zu sein. Er hatte zwei Königinnen und Dutzende Frauen, die ihm zahllose Kinder geboren hatten. Sein Reich war stark. Der Handel blühte und auf den Märkten herrschte geschäftiges Treiben.

Seine Armeen hatten Schlachten in allen Ecken der bekannten Welt gewonnen. Und seine Priester sorgten für regelmäßigen Nachschub an Blut für die Götter, damit die Sonne weiterhin jeden Morgen aufging und auf den Winter wieder der Frühling folgte.

Für sein Volk war Montezuma gleichbedeutend mit dem Aztekenreich – die Personifikation seiner Geschichte und seiner Kultur. Und obwohl er den größten Teil seiner Zeit im Palast verbrachte, bestand keine Gefahr, dass man ihn jemals vergaß.

Er war überall: im Mauerwerk der Gebäude und in den Gebeten der Priester, in den Verlautbarungen der Beamten und in den Tänzen auf den Festen.

Wenn er in die Schlacht zog, trug er die Rüstung des Huitzilopochtli, des Gottes des Krieges. Und wenn er sprach, war es mit der Stimme des Tezcatlipoca, des Rauchenden Spiegels, des Gottes des Unsichtbaren und der Nacht.

Er war mehr als ein gewöhnlicher Sterblicher. Er war Montezuma.

■

Jetzt allerdings, da er so durch die schattige Kühle des Gartens flanierte, wirkte er geradezu menschlich.

Die Sonne schien, die Vögel zwitscherten, im Hintergrund plätscherten die Brunnen – und doch hatte diese beeindruckende Gestalt, allein mit ihren Gedanken inmitten all dieser Schönheit, etwas Einsames an sich.

Als er um die Ecke bog, vorbei am größten steinernen Wasserbecken des Palastgartens, blickte er auf und bemerkte die ungewöhnlich dunklen Wolken am östlichen Horizont. Ein Sturm zog auf.

Hier teilte sich der Weg und für einen Moment blieb er stehen. Sollte er sich kurz Zeit nehmen und nach den Tieren sehen? Er hätte Lust dazu gehabt, doch es gab so viel zu tun …

Montezuma war ein Sammler. Aber nicht irgendein Sammler – er war der größte Sammler der Welt, und er sammelte *alles.*

Auf der Westseite des Palastes lagen seine Bibliotheken und Schatzkammern. Dort gab es ganze Räume voller Silber und Gold, voller Truhen und Kisten mit Juwelen und Schmuck.

Es gab prächtige Federn in allen Farben, Berge von Jaguarfellen und Säcke voller Kakaobohnen. Es gab herrlich bemalte Schriftrollen und Kodizes – Geschichte, Geografie, Dichtung, Philosophie.

Es gab aufwendig dekorierte Schilde und antike Waffen. Es gab Holzschnitzereien und Arbeiten aus Stein. Es gab Metallfiguren von Göttern und Monstern. Es gab sogar kistenweise Muscheln, weil Montezuma nicht nur der Herr der Erde, sondern auch der des Meeres war.

Und vor allem gab es den Zoo.

Der Zoo war Montezumas größter Stolz. Auf der ganzen Welt gab es nichts Vergleichbares. Und er hatte einen sehr exklusiven Besucherkreis: Seine Eingänge wurden bewacht und eingelassen wurden nur der Herrscher und seine Familie.

Mehr als jeder andere Teil seiner Sammlung war Montezumas Zoo Zeichen seiner Macht. Denn so, wie die Götter über die Welt der Menschen walteten, waltete Montezuma über die Welt der Natur.

Ihm gehörte alles – von der zartesten Blume bis zum wildesten Tier. Und wenn er seine Besucher durch das Labyrinth aus Höfen, Gehegen und Käfigen führte, wollten diese ihren Augen nicht trauen.

Es gab Blumengärten und Kräutergärten. Es gab Reptilienhäuser mit sorgsam in großen Töpfen und Krügen verwahrten Eidechsen und Klapperschlangen.

Es gab Dutzende Vogelhäuser – von Netzen umgeben, damit ihm keines der Tiere entkam – voller Kraniche, Krähen, Papageien, Aras, Reiher, Pelikane und unzähliger buntgefiederter Singvögel.

Es gab Sperber und Habichte, Milane und Geier, Falken und Adler – die aus offensichtlichen Gründen getrennt von den Singvögeln gehalten wurden. »Die Adler«, schrieb ein Besucher später, »waren riesig und wurden behandelt, als seien sie Jaguare oder irgendein anderes wildes Tier.«

Und dann gab es natürlich die großen Wildtiere, die unablässig in ihren holzumzäunten Gehegen umherstrichen. Pumas und Füchse, Bären und Wildschweine, Jaguare und Schakale – gefüttert mit lebenden Truthähnen und Wild aus der Küche des Palasts.

Zu guter Letzt waren da noch Montezumas *Menschen*: nicht

nur die buckligen Zwerge, die ihn so amüsierten, sondern natürlich auch seine Frauen, seine Geliebten und die Tänzerinnen. Auch sie waren Teil seiner Sammlung und Zeichen seiner unermesslichen Größe.

Er war ja nicht nur irgendein König. Er war das Zentrum der Welt, der Herr der Menschheit.

Jetzt gerade jedoch, wie er so den Blick auf sein Spiegelbild im Wasser des Pools richtete, wollte ihn das alles nicht so recht freuen.

■

Alles hatte mit den Omen begonnen.

Die ersten Berichte hatten den Palast zwölf Monate zuvor erreicht, im Jahr *12 Haus*. Laut Montezumas Agenten hatten die Bauern des Tals einen großen Flammenball gesehen, »gleich einer Wunde am Himmel, aus der helle Funken und Blitze schossen, als regne es Feuer vom Himmel«.

Nächtelang glühte es so am Himmel und niemand konnte es sich erklären. Die Leute im Dorf, so seine Informanten, seien »vor Angst wie von Sinnen gewesen« und hätten »geschrien und geweint und sich die Hände vor den Mund geschlagen«.

Der zweite Vorfall ereignete sich in der Hauptstadt selbst. Eines Nachts hatte einer der kleineren Huitzilopochtli-Tempel Feuer gefangen und die Flammen züngelten bereits an den hölzernen Wänden hoch. Alle Leute, die rundherum wohnten, waren schnell zur Stelle und versuchten, die Flammen mit Wasser unter Kontrolle zu bringen. Aber – und das war das eigentlich Unerklärliche – das Feuer schien dadurch nur noch wilder zu toben. Es erlosch erst, als der Tempel völlig niedergebrannt war.

Einige Nächte darauf schlug ein Blitz im Tempel des Xiuhtecuhtli, des Herrn des Feuers, ein, worauf das strohgedeckte Dach sofort Feuer fing. Das Seltsame war nur, dass es gar kein Gewitter gegeben hatte, kein Donner war zu hören gewesen. Es war, als wäre der Blitz aus dem Nichts gekommen …

Ein viertes und ein fünftes Omen folgten. Zunächst wieder Berichte über weitere Feuerbälle am Himmel und »Funkenregen wie von glühenden Kohlen«, dann wurden die Wasser des Texcoco-Sees von solcher Unruhe erfasst und schlugen mit solcher Kraft gegen die Häuser am Ufer, als »koche der See vor Wut«.

Das sechste Omen war das bisher unheimlichste. Aus der Stadt kamen Berichte über eine geisterhafte Frau, deren lautes Wehklagen nachts durch die Straßen schallte. Viele sagten, sie hätten sie schluchzend rufen hören: »Oh, meine Kinder, wir müssen aus der Stadt fliehen!« Jegliche Versuche, der Stimme auf die Spur zu kommen, waren aber erfolglos geblieben.

Das siebte Omen war erst einige Wochen her, und Montezuma wurde schon flau im Magen, wenn er nur daran dachte. Fischer waren mit einem seltsamen Vogel, der sich in ihren Netzen verfangen hatte und einem Kranich ähnelte, in den Palast gekommen.

Die Federn des Vogels hatten die Farbe von Asche gehabt und seine Augen waren so kalt wie ein Spiegel aus schwarzem Glas gewesen. Als Montezuma diese genauer hatte betrachten wollen, war ihm gewesen, als betrachte er die Sternenkonstellationen des Nachthimmels.

Er hatte geblinzelt und noch einmal hingesehen. Und dieses Mal hatte er geglaubt, eine Armee fremder Krieger mit bleichen Gesichtern und roten Bärten zu sehen, die auf dem Rücken riesiger, hirschartiger Tiere in die Schlacht ritten.

Er hatte seine Priester herbeigerufen, in der Hoffnung, dass sie ihm das erklären konnten. Doch als die Priester dann gekommen waren, hatten ihm seine Diener berichtet, dass der Vogel sich im wahrsten Sinne des Wortes in Luft aufgelöst hatte. Er war spurlos verschwunden.

Und jetzt, ging es Montezuma durch den Kopf, war da auch noch dieses achte Omen. Vor ein paar Tagen hatten seine Wachen diese entstellte, ziellos umherirrende Gestalt auf der Straße aufgelesen und in den Palast gebracht. Ein Kind – auf dessen Schultern zwei Köpfe saßen.

Er schüttelte den Kopf. Was mochte das alles zu bedeuten haben?

Er hatte seinen Haushofmeister zu den *nahualli* geschickt, den Zauberern und Wahrsagern. Aber auch sie hatten kein Licht in die Sache bringen können.

»Alles, was wir sagen können«, hatte einer der Magier geantwortet, »ist, dass über die Zukunft im Himmel entschieden worden ist. Der große Montezuma wird zusehen können, wie sich das Geheimnis enthüllt; wenn er wirklich wissen will, wie es ausgeht, wird er das sehr bald tun.«

Daraufhin hatte Montezuma die Beherrschung verloren. Er hatte seine Wachen mit dem Befehl losgeschickt, die Frauen und Kinder der Zauberer hinzurichten und ihre Häuser dem Erdboden gleichzumachen.

Doch die beunruhigenden Nachrichten hatten nicht abreißen wollen. Kaufleute hatten berichtet, dass die Tlaxcalteken seltsame Staubwolken und -wirbel gesehen hatten. Und von den Küsten im Osten hörte man Geschichten über Fischer, die hölzerne Berge auf dem Meer hatten schwimmen sehen, auf denen fremdartige, rotbärtige, edel gekleidete Menschen wohnten.

Auf den Marktplätzen machte ein weiteres bizarres Gerücht die Runde: Der legendäre Gottkönig der alten Tolteken, Quetzalcoatl, die Gefiederte Schlange, würde bald über das Meer im Osten zurückkehren, um sein Reich zurückzufordern.

Wieder das Meer im Osten. Ein seltsamer Zufall. Aber all das konnte doch nur Unsinn sein.

Trotzdem wollte ihm das alles nicht so ganz aus dem Kopf …

Das Geräusch von Schritten riss ihn aus seinen Gedanken. Er wandte sich um und sah sich seinem Bibliothekar gegenüber, der in tiefer Verbeugung vor ihm verharrte, ein Bündel Papier unter dem Arm.

Schluss damit, dachte Montezuma. Feuerbälle am Himmel? Menschen mit zwei Köpfen? Das waren Geschichten für Bauern und Kinder. Sein Platz war bei seinen Beratern, nicht grübelnd hier im Park. Er hatte wahrlich genug zu tun.

Doch am nächsten Tag kam von der Küste her ein Mann, der keine Ohren hatte. Und alles änderte sich.

TEIL ZWEI

DIE SEEFAHRER

6

Der Junge aus dem Nirgendwo

Der Junge sah dem Stein nach, wie er den Hügel hinunterhüpfte und -kullerte, bis er ihn schließlich aus den Augen verlor. Er saß schon eine ganze Weile hier auf der halb verfallenen Mauer und träumte von Abenteuern. Das tat er oft.

Es war ein sonniger Tag im Frühling des Jahres 1492 in einem halb vergessenen kleinen Städtchen im spanischen Königreich Kastilien, und der Name des Jungen mit dem rotbraunen Haarschopf war Hernando – die meisten nannten ihn aber einfach Hernán. Er war acht Jahre alt und eher schmächtig, weil er als kleines Kind länger krank gewesen war.

Die anderen Jungen machten oft ihre Witze darüber, dass er wenig sprach, aber viel nachdachte. Man wisse wirklich nie, was ihm als Nächstes einfalle, sagten sie und kicherten.

Seinen Vater, Martín Cortés, kannte in Medellín – so der Name des kleinen Städtchens – fast jeder. Vor Jahren hatte er für die Gräfin gekämpft, und er prahlte oft damit, ein *hidalgo* zu sein, ein Ritter, der einer edlen Familie entstammte.

Doch die anderen Jungen machten sich auch über seinen

Vater lustig und behaupteten, dass dieser damals viel zu arm für die Anschaffung eines eigenen Pferdes gewesen wäre. *Trau niemals einem Cortés*, sagten sie. Dann pochte Hernán vor Wut das Blut in den Schläfen, so heftig, dass er dachte, ihm würde der Kopf platzen.

Aber zumindest waren sie jetzt nicht mehr arm. Seine Familie besaß einige Bienenstöcke, eine kleine Mühle und einen Weinberg außerhalb der Stadt – und in der Stadt ein schönes Steinhaus direkt am Hauptplatz. Und über seine Mutter, Catalina, waren sie sogar mit den Pizarros verwandt, einer bekannten Familie aus Trujillo, etwa eine Tagesreise zu Fuß nach Norden.

Medellín war von den Römern gegründet worden, doch die meisten der Gebäude waren jetzt verfallen – so wie die Mauer, auf der Hernán saß. Heute war Medellín eine Grenzstadt, in der es recht rau zuging, man von Gesetzen wenig hielt und Schlägereien an der Tagesordnung waren.

Dieser Teil Kastiliens, im äußersten Westen, nahe der portugiesischen Grenze, wurde Extremadura genannt – ein Name, der irgendwie passte. Die Winter waren eiskalt, die Sommer glühend heiß und die Landschaft – abgesehen von den vereinzelten Schlössern – karg und leer.

Von seinem Aussichtspunkt auf der Mauer konnte Hernán das Tal gut überblicken. In der Ferne erkannte er zwei kleine schwarze Punkte, die sich entlang des Flusses Richtung Süden bewegten. *Reiter*, dachte er.

Seine Gedanken wanderten in die Zukunft. Wo würde er

sein, wenn er so alt war wie sein Vater? Immer noch hier, also *nirgends*? Lieber Gott – bitte nicht!

Er war ein guter Reiter, das wusste er. Aber er war weder groß noch stark, für einen vernünftigen Soldaten würde es also nicht reichen.

An den meisten Tagen half er in der Kirche von San Martín mit. Dort hatte er Lesen gelernt. Von der riesigen, bunt illustrierten Bibel hatte man ihn kaum wegbringen können.

Ein Priester also? *Niemals*, dachte Hernán und presste dabei missmutig die Lippen aufeinander.

Obwohl er natürlich tiefgläubig war, hatte er nicht die Absicht, sein Leben in irgendeiner zugigen alten Kirche zu vergeuden und alten Mütterchen die Beichte abzunehmen. Er träumte davon, etwas zu *tun* – etwas Aufregendes. Ein Leben zu führen wie die Helden, von denen die Barden bei den Festen und Feierlichkeiten in ihren Liedern erzählten.

Diese Lieder waren Jahrhunderte alt und die Menschen hatten ihnen immer gerne zugehört, das wusste Hernán. Doch das war eine andere Zeit gewesen. Heute gab es nicht mehr nur Balladen, sondern auch *Bücher*.

Fünfzig Jahre zuvor hatte ein deutscher Erfinder, Johannes Gutenberg, eine neue Maschine gebaut, die Druckerpresse. Jetzt konnte man Bücher schneller und billiger herstellen als jemals zuvor – was für jemanden, der wie Hernán lesen konnte, natürlich wunderbar war.

Wenn er eines dieser gedruckten Bücher aufschlug – sein

Lieblingsbuch war *Tirant der Weiße*[*] –, dann nahm ihn das mit in eine Welt der Ritter und Riesen, zu verbotenen Inseln und unglaublichen Abenteuern. Er las von den Rittern des alten Kastilien, wie El Cid, der so heldenhaft gegen die Mauren gekämpft hatte. Oder er ritt in den Kampf mit Alexander dem Großen, den seine Abenteuerlust bis ans Ende der Welt geführt hatte. Sehnsüchtig stellte Hernán sich dann vor, wie es wohl sein musste, ein neues, unbekanntes Land zu entdecken. Übers glitzernde Meer zu fahren. Die höchsten Gipfel zu überwinden. Als Eroberer in eine Stadt zu reiten …

Träum weiter. Er seufzte und warf einen weiteren Stein den Hügel hinunter. Sehr viel wahrscheinlicher war, dass er hier versauern würde, wie alle anderen auch.

Einen Moment lang verdunkelte eine Wolke die Sonne, und er fröstelte kurz. Er blickte wieder auf und kniff die Augen zusammen. Die Reiter kamen näher.

Hernán hüpfte von der Mauer. Dann riss er vor Überraschung die Augen auf, drehte sich um, rannte los und rief nach seinem Vater …

■

An diesem Abend – die Sonne war bereits fast untergegangen – saß Hernán am Fuß der Treppe und horchte angestrengt,

---

[*] *Tirant lo Blanch*, die Geschichte eines Ritters, der die Christen gegen die Türken in die Schlacht führt, wurde 1490 veröffentlicht und war äußerst beliebt.

damit ihm nichts davon entging, was die Gäste zu berichten hatten.

Sie waren Pizarros, Verwandte seiner Mutter aus Trujillo. Onkel Gonzalo, ebenfalls *hidalgo* und ein grauhaariger Brummbär, und Hernáns Cousin Francisco, der bereits vierzehn war und wusste, was er wollte.

Hernáns Vater lauschte ihnen schweigend, nur ab und zu bedeutete er seinem Diener, ihnen noch etwas Wein zu bringen. Die Nachrichten waren so atemberaubend, so fantastisch, dass er sich damit begnügte, einfach zuzuhören.

»Die Welt«, meinte Gonzalo gerade, »hat sich für immer verändert.« Der lange Krieg gegen die Mauren, die Muslime im Süden, sei endlich vorbei.

Über Jahrhunderte hatten sich die Armeen Kastiliens, des größten der spanischen Königreiche,* weiter und weiter nach Süden vorgekämpft und dabei eine maurische Stadt nach der anderen eingenommen. Bis vor Kurzem hatten sie diese Kämpfe ausschließlich mit Schwertern, Spießen, Lanzen und Langbögen ausgefochten.

Jetzt, mit dem neuen Schießpulver, hatten sie Bombarden und

---

* 1492 bestand das, was wir heute als Spanien kennen, noch aus verschiedenen Königreichen. Das größte davon, das sich über weite Teile des heutigen Landes erstreckte und etwa fünf Millionen Einwohner hatte, war Kastilien. Eine weitere Million lebte in dem im Osten gelegenen Königreich Aragon mit den Städten Barcelona und Valencia. Im Norden, nahe der französischen Grenze, lag das winzige Königreich Navarra, und ganz unten im Süden das maurische Emirat Granada.

Kanonen, die Steinkugeln schleudern konnten. Manche ihrer Soldaten hatten kleinere Handkanonen und Arkebusen – lange, schwere Handfeuerwaffen, die Metallkugeln verschossen.

Jahr um Jahr waren die Kastilier ihrem Ziel näher gekommen. Gegen Ende des Jahres 1491 hatten sie dann die Stadtmauern von Granada erreicht – der letzten und schönsten der Maurenstädte, ein irdisches Paradies erhabener Moscheen und Minarette, marmorner Innenhöfe und glitzernder Springbrunnen.

»Und das wurde auch Zeit«, fuhr Gonzalo fort. »Wir haben ja schließlich das mächtigste Königspaar Europas an der Spitze, das Schwert und den Speer der Christenheit.« Isabella, die Königin von Kastilien, hatte die letzten Jahre fast ausschließlich auf dem Rücken ihres Pferdes zugebracht und ihre Soldaten gegen die Mauren geführt. Immer an ihrer Seite: ihr Ehemann Ferdinand, König von Aragon, ein charmanter, gut gelaunter Mann, aber auch ein findiger, gnadenloser Stratege.

»Für mich besteht kein Zweifel« – Gonzalo hatte sich heiser geredet – »dass Gott König Ferdinand und Königin Isabella auserwählt hat, ihr Volk in ein neues Zeitalter zu führen.« Mit der Niederschlagung der Mauren würden alle wahren Christen in einem einzigen mächtigen neuen Reich vereint sein – dem Königreich Spanien. Jetzt fehlte nur noch Granada …

»*Nein!*« Gonzalos Faust war krachend auf den Tisch niedergesaust und er lachte. »Gott sei gepriesen – *es fehlt nicht mehr!*« Die Nachricht von der Einnahme Granadas habe Trujillo am Tag zuvor erreicht.

Bereits am zweiten Januar habe der maurische Emir die Schlüssel der Stadt übergeben, bevor er über die Berge ins Exil geflüchtet sei. Vier Tage darauf seien dann Ferdinand und Isabella eingeritten, um den prächtigen Palast für Christus und für Spanien in Besitz zu nehmen.

Und nun – Gonzalo schien sich dem Ende seines Berichtes zu nähern – läuteten von Aragon bis in die Extremadura überall die Glocken und die Freudenfeuer brannten. Spanien war vereint! Sie seien wahrhaftig gesegnet, in solch einem Goldenen Zeitalter zu leben!

Hernán saß immer noch am Fuß der Treppe und sagte nichts. Aber sein Herz schlug wie wild. In dieser Nacht ließ ihn das Schlachtgetümmel und Siegesgeschrei in seinem Kopf lange wach liegen.

Vor seinem inneren Auge sah er Ritter und Kreuzfahrer, Entdecker und Piraten. Er stellte sich vor, wie er mit dem Schwert in der Hand eine Belagerungsleiter hinaufstürmte und sich zu seinen Füßen die Leichen von Mauren stapelten. Er sah sich als Hauptmann einer Elitetruppe, wie er neben König und Königin durch die Stadttore Granadas ritt.

Als ihm schließlich doch die Augen zufielen, sah er drei Schiffe im unendlichen Ozean und eine Stadt in der Mitte eines glitzernden Sees. Er sah merkwürdige Menschen mit Masken und Federn, die in einer geschmückten Halle tanzten. Er sah einen Ritter, der die Stufen einer Pyramide hinaufschritt, und einen Herrscher, der die Hand ausstreckte …

Er hörte fremdartige Flötentöne und Gesänge. Das Schlagen von Trommeln. Das Donnern von Kanonen und das Geschrei von Kindern. Er sah schwarzen Rauch über der Stadt aufsteigen und das Wasser des Sees sich rot färben …

Dann verschwanden die Bilder und er war eingeschlafen.

▪

Vier Jahre vergingen. Im Jahre 1496, nicht lange nach seinem zwölften Geburtstag, verließ Hernán Cortés Medellín.

Seine Eltern hatten ihn zu seiner Tante nach Salamanca geschickt, wo er an der Universität – der ältesten Spaniens und »Kinderstube vieler Gelehrter und Edelmänner«, wie es ein Professor ausdrückte – Juristerei studieren sollte.

Salamanca war berühmt für seine steinernen Klöster und weit in den Himmel ragenden Kirchtürme, und im Moment pulsierte die Stadt vor Aufregung. Sie schimmerte im Licht der Sommersonne und schien wie geschaffen für hitziges Diskutieren, Debattieren, Tanzen und Flirten. Umgeben von neuen Büchern, neuen Ablenkungen und neuen Ideen schien Hernán alles möglich.

In seinem tiefsten Inneren aber wusste er, dass er kein Gelehrter war. Es machte ihm viel mehr Spaß, mit seinen Freunden zu würfeln oder mit den Mädchen der Nachbarschaft zu scherzen, als die ganze Zeit seine Nase in irgendwelche Lehrbücher zu stecken.

Abenteuergeschichten liebte er immer noch. Doch wenn er

und seine Freunde sich abends auf eine Flasche Wein zusammensetzten, ging es immer nur um eine bestimmte Geschichte. Und das Außergewöhnliche daran war, dass es keine erfundene Abenteuergeschichte war.

Sie alle wussten, dass sie in einer Zeit der Entdeckungen lebten. Ihre portugiesischen Nachbarn waren bereits seit den 1420ern immer weiter Richtung Westen und Süden auf dem Atlantischen Ozean unterwegs.

Angespornt von ihrem Prinzen Heinrich dem Seefahrer hatten die Portugiesen eine neue Schiffsform entwickelt – die Karavelle. Sie war deutlich leichter und schneller als ihre Vorgänger und hatte dreieckige Segel, was ihr erlaubte, auch gegen den Wind zu segeln.

Ausgerüstet mit diesen neuen Schiffen waren Portugals Seefahrer bis zur Insel Madeira und zur Inselgruppe der Azoren vorgedrungen, Hunderte von Kilometern von ihrer eigenen Küste entfernt. Und das war erst der Anfang gewesen.

In den 1430ern waren die Portugiesen bereits entlang der westafrikanischen Küste unterwegs und hatten die großen Flüsse des Senegal und Gambias, die Goldküste und die Mündung des Niger erreicht. Von den dortigen Stammesführern kauften sie Gold und Elfenbein – und Tausende Gefangene für die Sklavenmärkte Lissabons.

Diese Expeditionen waren finanziell äußerst lukrativ, und schon bald drängten sich ausländische Seeleute in den Häfen von Lissabon, um auf einem dieser Schiffe anzuheuern. Unter ihnen befand sich auch ein schlanker, blauäugiger junger Mann aus der Hafenstadt Genua*, der wahrscheinlich Cristoforo Colombo hieß.

Die Genueser waren in ganz Europa als Reisende und Kaufleute bekannt, und Colombo bildete da keine Ausnahme. Viel ist aus seinen Anfangsjahren nicht bekannt, doch seine frühen Reisen dürften ihn sowohl nach Griechenland, England, Irland und Island als auch nach Nordafrika, Madeira und Ghana geführt haben.

Aber Colombo – oder Kolumbus, wie wir ihn heute nennen – war nicht nur ein leidenschaftlicher Seefahrer, sondern, wie Hernán Cortés auch, ein leidenschaftlicher Leser.

Kolumbus reiste viel und las viel – besonders angetan hatten es ihm Bücher über Geografie und Entdeckungsfahrten. Er las die Berichte Marco Polos, eines berühmten Venezianers, der die Wüsten Asiens durchquert und es bis an den Hof des Großen Khan geschafft hatte.

Ihm waren Gerüchte zu Ohren gekommen, dass Seeleute weit, weit draußen auf dem Meer Umrisse im Nebel gesehen hätten … Die sagenumwobene Insel Avalon? Das geheimnisumwitterte Hy-Brasail? Und er war geradezu besessen von der Idee, dass man, wenn man auf dem Atlantik nur weit genug nach Westen führe, einen Seeweg nach China, Indien und Japan

---

* Genua liegt heute in Italien, damals war die Stadt jedoch eine unabhängige Republik.

finden könnte – eine Idee, die von vielen Gelehrten geteilt wurde.

Solch eine Reise wäre selbstverständlich nur möglich, wenn die Erde rund wäre. Aber wie die allermeisten gut informierten Leute wusste Kolumbus natürlich, dass dem so war – nur ungebildete Bauern glaubten, die Erde sei eine flache Scheibe.

So schmiedete Kolumbus also seine Pläne. Es war nur eine Frage der Zeit, so dachte er, bis jemand den Ozean Richtung China und Indien überquerte. Dieser Jemand musste *er* sein.

Solch eine Expedition würde unglaublich teuer werden – er würde also königliche Unterstützung benötigen. Doch als er sich an die Portugiesen wandte, sagten diese Nein. Die Route die afrikanische Küste hinunter, wo sie bereits so viel Geld machten, interessierte sie viel mehr.

Also wandte sich Kolumbus in den späten 1480ern – um die Zeit, als Hernán sprechen und laufen lernte – an Ferdinand und Isabella und bot Kastilien seine Dienste an.

Er hatte Glück: Die Kastilier hatten ihre Augen bereits nach Westen gerichtet. Einige Jahrzehnte zuvor hatten sie die Kanarischen Inseln vor der Küste Afrikas, zu denen unter anderem Teneriffa und Lanzarote gehören, unter ihre Kontrolle gebracht. Nachdem sie die Einheimischen mit brutaler Gewalt unterworfen hatten, pflanzten sie dort jetzt mithilfe afrikanischer Sklaven Zuckerrohr an.

Einige Wochen nach der Einnahme Granadas riefen Ferdinand und Isabella Kolumbus zu sich und versprachen, seine Expedition zu unterstützen. Und dann, am Abend des 3. August 1492, stach Kolumbus von Palos de la Frontera aus mit drei Schiffen – der *Niña*, der *Pinta* und der *Santa Maria* – Richtung Westen in See.

Das eigentlich Unglaubliche für Hernán und seine Freunde war aber das, was dann geschah. Kolumbus hatte nicht den Seeweg nach China und Indien gefunden. Es hatte sich herausgestellt, dass die Erde viel, viel größer war, als er gedacht hatte.

Früh am Morgen des 12. Oktober, nach mehr als zwei Monaten auf hoher See, hatten seine Aussichtsposten Land gemeldet. Es war San Salvador*, eine der Inseln, die wir heute als die Bahamas kennen.

Als er sich schließlich Anfang 1493 auf den Rückweg nach Europa machte, hatte er auch noch zwei größere Inseln – Kuba und Hispaniola** – besucht. Zu diesem Zeitpunkt glaubte er zwar immer noch, die »indischen Inseln« – damit meinte er die Gewürzinseln Asiens – gefunden zu haben, doch tatsächlich war er der erste Europäer seit der Wikingerzeit, der seinen Fuß auf amerikanischen Boden gesetzt hatte.

Zu Hause wurde Kolumbus empfangen wie ein Held. In Barcelona strömten die Leute auf die Straßen und riefen seinen

---

* Der Name stammt von Kolumbus selbst und bedeutet »heiliger Erlöser« auf Spanisch.

** Die Insel Hispaniola teilen sich heute zwei Länder. Im Osten die spanischsprachige Dominikanische Republik, das beliebteste Urlaubsziel in der Karibik. Im Westen das französischsprachige Haiti, eines der ärmsten Länder der Welt.

Namen. Und als er Ferdinand und Isabella seine Geschenke überreichte – Chilischoten, Süßkartoffeln, Affen, Papageien und eine Handvoll Sklaven, die er auf Hispaniola gefangen genommen hatte –, fielen diese auf die Knie und dankten Gott für seine Güte.

Kolumbus beharrte zwar weiterhin darauf, dass ihn seine Reise bis nach Asien geführt hatte, doch die meisten Gelehrten sahen das anders. Was er gefunden hatte, so sagten sie, müsse eine Neue Welt sein: ein unbekannter Kontinent, der noch nicht auf irgendwelchen Karten verzeichnet sei.

Wie auch immer man das sah – für viele war die Entdeckung dieser »indischen Inseln« eine enorm aufregende Sache. Die Welt war plötzlich um ein Vielfaches größer geworden, und die Möglichkeiten, die sich dadurch boten, schienen endlos.

Man fragte sich, welche Reichtümer einen wohl dort, auf der anderen Seite des Meeres, erwarteten. Berge von Gold, wie Kolumbus behauptete? Silber? So viele Edelsteine, dass man sie nicht mehr zählen konnte?

Es überrascht also nicht, dass Ferdinand und Isabella fest entschlossen waren, über dieser Neuen Welt ausschließlich spanische Flaggen wehen zu sehen. Zu diesem Zweck schlossen sie im Sommer 1494 mit ihren portugiesischen Nachbarn eine Abmachung, die als Vertrag von Tordesillas bekannt wurde.

Im Vertrag wurde eine von Norden nach Süden verlaufende Grenzlinie durch den Atlantik festgelegt. Jegliches neu entdeckte Land östlich der Linie – insbesondere auch in Afrika – würde

Portugal gehören. Alle neuen Ländereien westlich davon – Kolumbus' Inseln etwa – fielen an Spanien.*

Währenddessen war Kolumbus im Herbst 1493 ein weiteres Mal Richtung Westen aufgebrochen. Diesmal hatte er über eintausend Kolonisten dabei, die dort die ersten permanenten spanischen Siedlungen errichten sollten. Diese Fahrt wurde jedoch zu einer einzigen Katastrophe – nicht nur für Kolumbus, sondern auch für die Taíno, die dort ihre Heimat hatten, wohin Kolumbus gerade unterwegs war.

Kolumbus erkundete zwar Teile von Kuba, Jamaika und Hispaniola, ansonsten ging aber alles schief. Die Siedler zerstritten sich untereinander, und Kolumbus fand nicht einmal eine Spur des Goldes, mit dem er geprahlt hatte.

Aus Verdruss unternahm er Raubzüge gegen die Taíno und nahm Tausende gefangen, um sie als Sklaven nach Europa zu verschicken. Bereits jetzt fragten sich einige seiner Kameraden, ob er womöglich, ob seiner Besessenheit von Asien, verrückt geworden war. Und bereits jetzt färbten sich die Wasser der Karibik blutrot – ein schreckliches Omen für das, was da noch kommen würde …

Bald erreichten die ersten Berichte über Kolumbus' Verhalten

---

* Der Vertrag stellte sich aber als für die Spanier ungünstiger heraus als gedacht. Ihnen war nicht klar gewesen, dass sich nicht unerhebliche Teile Südamerikas weit östlich der Karibik befinden – und damit auf der portugiesischen Seite der Grenzlinie. Deshalb fiel Brasilien an Portugal, und deshalb sprechen die Brasilianer noch heute Portugiesisch.

Königin Isabella, die die Taíno als ihre Untertanen betrachtete und höchst erbost darüber war, dass Kolumbus es gewagt hatte, diese zu versklaven. Und so erließen sie und Ferdinand im Frühjahr 1495 ein aufsehenerregendes Dekret.

Die Westindischen Inseln, so ließen sie verlauten, seien ab sofort nicht mehr Kolumbus' Privatvergnügen.* Jeder Spanier könne jederzeit – solange er dem König und der Königin einen bestimmten Anteil seines Gewinns überließe – seine eigene Expedition dorthin starten und eigenes Land für sich entdecken.

Und so verließen Monat für Monat immer mehr Schiffe die Häfen im Süden und nahmen Kurs auf die Westindischen Inseln. Ihre Passagiere: Entdecker, Schatzjäger, Raufbolde, Gesetzlose, naive Halbwüchsige und kampferprobte Bukaniere, denen allen eines gemeinsam war – der Hunger nach Reichtum und Ehre, den sie auf den Inseln und in den Dschungeln der Neuen Welt zu stillen hofften.

Unterdessen ließen sich Hernán Cortés und seine Freunde in den Tavernen von Salamanca ihren Wein schmecken und redeten über die Zukunft. Sie redeten über die Abenteuer, die sie da draußen, im Westen, erwarteten, über Burgen, die es einzu-

---

* Kolumbus unternahm noch zwei weitere Fahrten in die Karibik, die jedoch noch unglücklicher verliefen. Am Ende seiner dritten Reise wurde er von einem königlichen Beamten festgenommen und nach Spanien zurückgeschickt, und auf seiner vierten Reise erlitt er Schiffbruch auf Jamaika und musste gerettet werden. Als er schließlich zurückkehrte, war er von Krankheit gezeichnet. Er starb 1506 in der Stadt Valladolid.

nehmen, Feinde, die es zu bezwingen und Prinzessinnen, die es zu erobern galt.

Sie redeten über Schiffe und Seefahrten, über Inseln, die noch nie ein Reisender betreten hatte, über Länder, in denen die Sonne nie unterging, Menschen ohne Köpfe, denen die Augen in der Brust saßen, solche, denen wie Tieren Schwänze wuchsen, und solche, die zum Abendessen gerne Menschenfleisch verspeisten …

Vor allem aber redeten sie über *Gold.*

■

Hernán war siebzehn, als er sich 1501 auf den Weg zurück nach Medellín machte. Äußerlich hatte er sich verändert – er war jetzt ein junger Mann und hatte sich einen rotbraunen Bart stehen lassen –, innerlich nicht.

Ja, er war den Mädchen und dem Würfelspiel zugetan, und ein ums andere Mal geriet er in kleinere Auseinandersetzungen; insgesamt jedoch hatte er sich einen kühlen Kopf und ein ausgeglichenes Gemüt bewahrt. Und er konnte nicht aufhören, nachzudenken, vorauszuplanen und zu überlegen, wie er die Dinge zu seinem Vorteil wenden könnte.

Seine Eltern waren nicht allzu begeistert, ihn wieder zurückzuhaben. Sie hatten gehofft, dass ihm seine Universitätsausbildung zu einer Anstellung als königlicher Beamter – damals eine sehr respektable Tätigkeit – verhelfen würde.

Hernán wollte davon nichts hören. Es war schließlich das

Zeitalter der Entdeckungen, und so viele junge Männer aus der Extremadura waren bereits fortgegangen, um woanders ihr Glück zu suchen – da konnte und wollte er sein Leben nicht hinter einem Schreibtisch verbringen.

Wenn man nur Ehrgeiz genug habe – wie immer bebte seine Stimme bei diesem Thema vor Leidenschaft – könne man als junger Mann in der Neuen Welt mehr Reichtum und Ruhm ernten als jeder königliche Beamte. Und wie der Zufall es wolle, plane just in diesem Moment ein Kapitän aus der Extremadura eine Expedition zu den Westindischen Inseln.

Der Name des Kapitäns sei Nicolás de Ovando und die Königin habe ihn gerade zum Gouverneur von Hispaniola ernannt. Ovando habe den Auftrag, in der vor sich hin dümpelnden Kolonie die Ordnung wiederherzustellen, sie durch Bebauung auszuweiten und sich auf die Suche nach Gold zu machen.

Hernán lehnte sich über den Tisch und seine Augen glitzerten. Eine bessere Gelegenheit werde es nicht mehr geben und er dürfe jetzt keine Zeit mehr verlieren. Es tue ihm weh, sich von seinen Eltern zu verabschieden, und er werde sein Leben als Kind in Medellín niemals vergessen. Doch jetzt müsse er sich nach Süden aufmachen, nach Sevilla, zum Hafen …

7

Insel der Geheimnisse

Hernáns Augen waren vor Staunen weit aufgerissen, als er sein Pferd durch das Stadttor von Sevilla lenkte. Es war der erste Tag des Jahres 1502 und er war soeben in der größten Stadt Spaniens angelangt.

Niemand bildete sich mehr auf seine Geschichte ein, als die Bewohner von Sevilla. Sie behaupteten gerne, ihre Stadt sei vom Helden Herakles gegründet worden – was viele, so auch Hernán, aber für eine Legende hielten.

Über viele Jahrhunderte war Sevilla die reichste der maurischen Städte gewesen und die Stadt war voll von Andenken an ihre islamische Vergangenheit: von der *Giralda*, einst das elegante Minarett einer Moschee und jetzt der Glockenturm der Kathedrale der Stadt, bis zum *Alcázar*, dem atemberaubenden königlichen Palast.

Hernán hatte zwar einige Jahre in Salamanca verbracht, doch was er hier sah, raubte ihm den Atem – die Menschenmengen, das Chaos, das babylonische Sprachengewirr. Es schien, als habe sich die ganze Welt hier eingefunden: Seeleute aus Lissabon und

Genua, Kaufleute aus England und Deutschland, Sklaven aus Nordafrika und vom Golf von Guinea.

Letztere wurden auf dem Vorplatz der Kathedrale feilgeboten, und ein zahnloser alter Mann war gerade dabei, ihnen mit einem Rasiermesser die Namen ihrer neuen Herrn in die Wange zu ritzen.

Niemand störte sich daran. Handwerker, Schiffskapitäne, selbst Bäcker und Maler besaßen Sklaven. Uns erscheint das grausam, doch man dachte sich schlicht nichts dabei.

Jetzt kam Hernán ins Zentrum der Stadt, ein verwinkeltes Durcheinander aus kleinen Plätzen und Seitenstraßen – und noch mehr Menschen. Diebe, Bettler, Wahrsager und Geldwechsler drängten sich um Brunnen und Obstbäume, Glockentürme und Badehäuser, neu gebaute Kirchen und halb verfallene Moscheen.

Sevilla schien vor Energie zu bersten, die Stadt schien genau zu wissen, wie man *lebt.* Doch Hernán hatte wenig Zeit, von ihren Vergnügungen zu kosten. In wenigen Wochen würde er in die Neue Welt aufbrechen. Er konnte es kaum erwarten.

■

Es war der zweite Tag seines Aufenthalts in Sevilla, und Hernán kämpfte sich durch die Menschenmassen Richtung Guadalquivir, dem breiten Strom, der rund 80 Kilometer nach Sevilla ins Mittelmeer mündet. Unten am Hafen war Nicolás de Ovando – tatsächlich ein entfernter Verwandter von Cortés – mit den letzten Vorbereitungen vor der großen Fahrt beschäftigt.

An den Docks, wo Ovandos Schiffe gerade mit Nahrungs- und Wasservorräten beladen wurden, herrschte das übliche geschäftige Durcheinander. Mehr als zweitausend Kolonisten, viele davon wie Hernán aus der Extremadura, mussten an Bord gebracht und einquartiert werden; dann waren da noch die Navigationsinstrumente, die Waffen und Rüstungen, Dutzende Hunde und sechzig Pferde.

Nicht zu vergessen Zuckerrohr für die Plantagen, Maulbeerbäume für die Seidenproduktion, die Sklaven, die Diener und die, von denen niemand wusste, zu wem genau sie gehörten oder was genau sie hier machten. Und, ganz zum Schluss, die Frauen und Kinder.

Am 13. Februar 1502 war es dann endlich so weit. Die letzten Passagiere wurden an Bord gescheucht, die Priester sprachen ihre Gebete, die Kapellen am Ufer stimmten Abschiedslieder an, die Menge am Kai schwenkte die Hüte.

Langsam, majestätisch glitt Ovandos Flaggschiff auf den Guadalquivir hinaus, um die Flotte erst zum Küstenhafen Sanlúcar de Barrameda und dann aufs offene Meer, Richtung Neue Welt, zu führen. Es gab nur ein Problem.

Hernán Cortés war nicht dabei.

■

Was war schiefgegangen?

Einige behaupteten später, Cortés sei im Zuge eines überstürzten Aufbruchs aus den Gemächern einer Dame aus einem

Fenster gefallen. Andere wiederum sagten, er sei abgestürzt und habe sich das Bein verletzt, als er gerade zu betreffender Dame *hinauf*klettern wollte.

Jedenfalls lag der verletzte Cortés fluchend in einer billigen Absteige, als die letzte Mastspitze von Ovandos Flotte am Horizont verschwand. Es schien, als hätte das Schicksal beschlossen, dass er doch in Spanien bleiben würde.

Nachdem sich seine Verletzung gebessert hatte, war er lust- und ziellos von Ort zu Ort gezogen und hatte sein Glück als Notar versucht – in Valencia, in Granada und in Valladolid, aber lange geblieben war er nirgendwo.

Im Frühjahr 1504 war er dann zurück in Sevilla, wo er wieder Arbeit in einem Notarbüro fand. Nach Feierabend schlenderte er hin und wieder hinunter zum Fluss und sah zu, wie die Frachtkisten aus der Neuen Welt entladen wurden.

Eines Abends fand er sich in einer Unterhaltung mit einem Seemann, einem narbengesichtigen alten Seebär mit einem starken baskischen Akzent. Bald gehe es wieder los Richtung Westen, meinte er. Soweit er wisse, gebe es an Bord noch ein oder zwei freie Plätze.

Hernán Cortés spürte sein Herz schneller schlagen. Gab ihm Gott doch eine zweite Chance?

Eine Woche später stand Cortés an die Reling gelehnt – die *Trinidad* entfernte sich gerade gemächlich von der Küste – und blickte zurück auf das Land, das er hinter sich ließ. So stand er eine Weile, spürte den Wind in den Haaren und das Salz der

Gischt auf der Zunge, seine Augen auf die langsam entschwindende Küstenlinie gerichtet.

Dann wandte er sich um. Spanien lag jetzt hinter ihm. Seine Zukunft lag im Westen.

■

Unter windgeblähten Segeln und stolz leuchtenden roten Kreuzen waren sie eine Woche unterwegs. Am siebten Tag machten sie an ihrer ersten Zwischenstation halt, den Kanarischen Inseln vor der Küste Afrikas.

Während sie hier weitere Fässer mit Nahrung und Trinkwasser an Bord nahmen, beobachtete Cortés durch einen Schleier aus Hitze und Licht, wie Dutzende in Ketten gelegte schwarze Gestalten den Kai entlanggeführt wurden.

Afrikaner für die Zuckerplantagen, vermutete er.

Einen Augenblick lang fragte er sich, wie deren Leben wohl ausgesehen haben mochte, bevor sie den Spaniern übergeben worden waren. Dann zuckte er die Achseln und widmete sich wieder seinen Würfeln.

Ab jetzt ging es direkt Richtung Westen, hinein in eine gewaltige blaue Leere. Sie ließen die christliche Welt hinter sich. Da draußen würde *nichts* sein, *rein gar nichts,* bis sie schließlich Westindien erreichten.

Zu Beginn spürte Cortés ein aufgeregtes Kribbeln, wenn er daran dachte, was auf ihn wartete: Abenteuer, der Kitzel des Unbekannten …

Aber als die Tage einer nach dem anderen vergingen, ließ sein Enthusiasmus nach. Eine Atlantiküberquerung sei »wie ein Gefängnis, aus dem es, auch ohne Ketten, kein Entkommen gibt«, schrieb ein anderer Reisender.

Um die Stunden irgendwie herumzubringen, vertrieben sich Cortés und die anderen Passagiere die Zeit mit Würfeln, Kartenspielen und Schach, oder sie wetteten auf Hahnenkämpfe. Manchmal las einer den anderen vor. Die meisten von ihnen mochten Geschichten von Rittern und Ungeheuern und alle liebten Lieder und Balladen.

Den Ozean zu überqueren, war aber natürlich auch gefährlich. Wenn ein Sturm über sie hereinbrach, mächtige Wellen das Deck überspülten und die Matrosen verzweifelt versuchten, das Wasser irgendwie wieder von Bord zu bekommen, war Cortés nicht der einzige Reisende, der die Augen schloss und ein Gebet vor sich hin murmelte.

Nachts rollte er sich in einer Ecke auf einem dünnen Strohsack zusammen. An Schlaf war wegen der ständigen Geräuschkulisse – das Ächzen des Holzes, das Knarzen der Takelage, die Matrosen, die über ihm an Deck herumliefen – jedoch meist nicht zu denken.

Und das Essen hätte nicht fader sein können: eine Tagesration Schiffskekse – eine Art harte, geschmacklose Cracker –, dazu eine Kelle Bohnen und ein wenig gepökeltes Schweinefleisch. Es dauerte nur wenige Tage, da konnte Cortés es bereits nicht mehr sehen. Aber es gab nichts anderes.

Am schlimmsten war jedoch der Gestank. Es gab nur eine behelfsmäßige Toilette – ein Holzgitter, das über das Deck in die Luft hinausragte – und sehr bald waren die blauen Hosen der Matrosen sehr, sehr schmutzig.

So folgte ein langer Tag auf den anderen. Und gerade als Cortés dachte, er halte das alles nicht mehr länger aus, begann die Luft, sich wärmer anzufühlen und irgendwie besser zu riechen.

Dann, eines Morgens, nach acht Wochen auf See, ein heiserer Ruf aus dem Ausguck. Cortés rannte zur Reling und kniff die Augen zusammen. Ja, kein Zweifel: Dort am Horizont zeichnete sich ein verschwommener dunkler Fleck ab.

Hispaniola!

■

Seit Kolumbus' erster Expedition hatte das Wort »Hispaniola« etwas Elektrisierendes an sich. Hier, auf der »spanischen Insel«, hatte Kolumbus seine erste Festung errichtet, La Navidad.

Jetzt, da Cortés ungeduldig darauf wartete, von Bord gehen zu können, sah er, warum die ersten Entdecker so aufgeregt gewesen waren. Die Brandung überspülte einen goldenen Strand, in der Ferne erhoben sich grüne Hügel. Ein Land wie aus einer der Geschichten, die er als Junge so geliebt hatte. Er konnte Papageien in den Bäumen sehen, und Leguane, die es sich auf den Felsen in der Sonne gemütlich gemacht hatten.

Hispaniola hatte den Ruf eines Inselparadieses. In den Trinkhallen Sevillas waren die Gerüchte um die Goldvorkommen, die es dort geben sollte, Tagesgespräch. Und als Cortés jetzt Santo Domingo erkundete, die neue Hauptstadt der Insel, hatte er das Gefühl, all die Geschichten könnten wahr sein.

Die Straßen um den Hafen herum wimmelten von Seeleuten, Neuankömmlingen, Lastenträgern und Händlern, die in kleinen Buden oder aus Kisten heraus allerlei Dinge feilboten. Irgendjemand hinter ihm rief etwas – er drehte sich um und machte einer Viehherde Platz, die die Straße hinuntergetrieben wurde. Direkt dahinter folgte ein Träger mit einer Kiste frisch gedruckter Bücher, die gerade aus Spanien angekommen war.

Wo immer er hinsah, hörte er das Schlagen von Hämmern und das Klirren von Meißeln. Dort arbeitete man am neuen Haus des Gouverneurs, hier legte man gerade den Grundstein für ein Krankenhaus.

Kirchen und Klöster, Herrenhäuser und Handelskontore … Wahrlich, dachte Cortés, Santo Domingo wird eine Hauptstadt, die der Größe Spaniens zur Ehre gereicht.

Er wollte keine Zeit verlieren und gleich beim Gouverneur vorsprechen. Nicolás de Ovando war allerdings gerade nicht in der Stadt, weil er sich um einen Vorfall in den Goldminen kümmern musste. Stattdessen wurde er von dessen Sekretär empfangen, einem jungen Mann namens Medina.

Als Cortés darlegte, was er vorhatte, huschte ein Schmunzeln über das Gesicht seines Gegenübers. »Es ist ein Irrglaube«, begann der Sekretär, »dass man nur hierherkommen müsse, um bereits mit Gold aufgewogen zu werden. Ihr werdet Land bekommen, auf dem Ihr einen Hof errichten könnt. Aber Ihr werdet hart arbeiten müssen – und Ihr werdet Glück brauchen.«

Cortés spürte, wie ihm das Blut in den Schläfen pochte, erwiderte jedoch nichts. Diesem bornierten Bürohengst würde er es schon zeigen.

Glücklicherweise wusste Ovando deutlich besser, wie man Gäste willkommen hieß. Als er zurückkam, lud er Cortés sogleich zum Essen ein und wollte haarklein alle Neuigkeiten aus der Extremadura wissen.

Dann ließ er eine Karaffe Wein bringen und begann, die Situation in Hispaniola zu erläutern. Die Dinge besserten sich allmählich, sagte er. Seine Männer seien dabei, auf der ganzen Insel Städte im spanischen Stil zu bauen. Er habe Pläne für einen Palast und eine Festung, die künftig den Hafen bewachen solle.

Und, fuhr er fort, langsam, aber sicher finde man auch Gold. Zwanzig Schiffe mit Goldbarren für die *Casa de Contratación** in Sevilla schicke man jährlich über den Atlantik – nicht so viele, wie sich Ihre Majestäten wünschen würden, aber besser als nichts.

Was Cortés betreffe – seine Stimme bekam einen vertraulichen Unterton –, für ihn gebe es genug zu tun. Sie hätten immer noch diese Schwierigkeiten mit den Einheimischen ganz im

---

* Die *Casa de Contratación*, eine riesige Kolonialbehörde mit umfassenden Befugnissen, war das verwalterische Zentrum der spanischen Eroberung; hier musste alles Gold aus der Neuen Welt abgeliefert werden, und jedes Gramm wurde genauestens in den Büchern verzeichnet, die bis heute erhalten sind. (Anm. d. Übers.)

Westen der Insel, die sehr viel Starrsinn an den Tag legten. Und – er räusperte sich – es gebe noch einiges an Aufräumarbeiten zu erledigen nach dieser unerfreulichen Sache mit Königin Anacaona …

Cortés runzelte die Stirn. Er hatte keine Ahnung, wovon sein neuer Gönner sprach.

Das sollte sich jedoch bald ändern. Das sonnige Paradies, das Hispaniola augenscheinlich war, barg nämlich ein dunkles Geheimnis: Für die meisten ihrer Bewohner war die Insel kein Paradies mehr – sie war zur Hölle auf Erden geworden.

▪

In Wahrheit war die Insel nämlich längst besiedelt. Als Kolumbus 1492 hier landete, fand er eine Bevölkerung von mindestens einhunderttausend* Menschen vor – die Taíno, deren Vorfahren vor Jahrhunderten in ihren Kanus vom Festland hierhergekommen waren.

Die Taíno lebten in Holzhütten und ihre Häuptlinge hießen *caciques*. Sie kleideten sich in Röcke und Lendenschurze aus Baumwolle, ihre Häuptlinge trugen einen Federkopfschmuck.

Sie ernährten sich von den Wurzeln der Maniok-Pflanze, Süßkartoffeln, Ananas, Paprika und Bohnen. Sie stellten Körbe

---

* Unter den Historikern herrscht große Uneinigkeit über diese Zahl. Manche sagen »mehrere Zehntausend«, was sehr niedrig erscheint; andere »mindestens eine Million«, was wiederum sehr hoch angesetzt ist.

und Holzfiguren her und spielten, wie die Menschen in Mexiko, ein Spiel mit einem Gummiball auf einem speziell dafür eingerichteten Spielfeld.

Zunächst war Kolumbus von den Taíno sehr angetan gewesen. »Man kann ihnen ganz einfach befehlen zu arbeiten, Saat auszubringen, oder irgendetwas anderes zu tun, das zur Errichtung einer Siedlung nötig ist«, teilte er Ferdinand und Isabella mit. »Sie könnten sich anziehen wie wir und unsere Gepflogenheiten annehmen.«

Und so war es mit dem Paradies bald nicht mehr weit her. Bei seiner zweiten Expedition versuchte Kolumbus, einige Taíno als Sklaven gefangen zu nehmen, wogegen sich diese heftig zur Wehr setzten. Auf der ganzen Insel brachen Kämpfe aus, und die Spanier setzten Hunde, Pferde und Stahl ein, um den Widerstand der Taíno zu brechen.

Als Ovando 1502 auf Hispaniola ankam, hatte sich die Insel bereits bis zur Unkenntlichkeit verändert. Die dreihundert Spanier, die sich hier niedergelassen hatten, zwangen Tausende Taíno, für sie als Diener oder in den Goldminen zu arbeiten.

Königin Isabella hatte Ovando damit beauftragt, aus den Taíno gehorsame Christen zu machen und sie in hübsche kleine Dörfer mit Kirchen und Schulen umzuquartieren. Gleichzeitig hatte sie ihm aber auch zu verstehen gegeben, dass die Goldlieferungen nach Sevilla weitergehen müssten – was bedeutete, dass die Taíno bis an die Grenzen ihrer Kraft zur Arbeit angetrieben werden mussten.

Unter den Spaniern war Ovando als ernster und ehrlicher Mann bekannt. Unter den Taíno hingegen erwarb er sich bald den Ruf eines »Mannes des Blutes«, der jeglichen Widerstand mit brutaler Härte bestrafte.

Als im entlegenen Westen der Insel Unruhen ausbrachen, führte er mehrere Hundertschaften Soldaten in den Kampf, um den Rebellen den Garaus zu machen. Königin Anacaona, die Anführerin der Taíno dort, versuchte ihn zu besänftigen, indem sie für ihn ein Fest mit Musik und Tanz veranstaltete.

Ovando fürchtete jedoch, dass man ihn in eine Falle locken wollte. Vor dem Fest vereinbarte er mit seinen Männern ein Signal. Als er dann während der Feier seine Hand auf das goldene Kreuz legte, das er um den Hals trug, zogen seine Leute ihre Schwerter und begannen, auf die Taíno einzustechen.

Die meisten der Häuptlinge, die im größten Haus des Dorfes Zuflucht gesucht hatten, wurden bei lebendigem Leibe verbrannt. Königin Anacaona hingegen wurde auf Ovandos Befehl nach Santo Domingo geschleppt und auf dem Hauptplatz der Stadt aufgehängt – als Warnung.

Solcherlei war bald an der Tagesordnung. Woche für Woche netzte jetzt Blut den Boden Hispaniolas.

Wie viele Taíno genau auf diese und ähnliche Weise abgeschlachtet wurden, weiß man nicht. Hunderte? Tausende? Zehntausende?

Schuldgefühle irgendwelcher Art hatte Ovando nicht. Alles, was er tat, war schließlich zum Besten der Taíno selbst. Wenn sie nicht dazu bereit waren, als hart arbeitende Christen zu leben, welchen Sinn hatte es dann, dass sie *überhaupt* lebten?

Im Laufe der Zeit wurden die Folgen all dessen auf grauenvolle Weise deutlich: Die ganze Welt der Taíno – ihre Dörfer, ihre Familien – war auseinandergebrochen.

Zudem hatten sie keinerlei Immunität gegen die von den Europäern eingeschleppten Krankheiten – und viele von ihnen starben daran. Spanisches Vieh zog über ihr Land und zerstörte ihre Felder. Ihre Traditionen, ihre Götter und Göttinnen wurden verboten. Und sie wurden zu Tausenden in die Goldminen gezwungen, wo sie von Sonnenaufgang bis Sonnenuntergang Sklavenarbeit leisten mussten.

Viele verloren den Lebenswillen, nahmen keine Nahrung mehr zu sich und warteten einfach auf den Tod. Andere brachten sich um, manche sogar ihre eigenen Kinder. Bald bemerkten selbst die Spanier, dass ihnen die Taíno ausgingen.

Was also tun? Eine Möglichkeit wäre es, so die Überlegungen der Spanier, Taíno aus dem Rest der Karibik zu importieren.

Und so wurden in den ersten Jahren des sechzehnten Jahrhunderts Zehntausende Taíno von den umliegenden Inseln entführt, mit glühendem Eisen im Gesicht gebrandmarkt und in die Goldminen getrieben. Mehr als die Hälfte von ihnen starb bereits während der ersten Wochen.

Auch das stellte also langfristig keine Lösung für das Dilemma der Spanier dar – die Taíno starben wie die Fliegen, und ein toter Arbeiter arbeitete nun mal nicht.

Man überlegte erneut, was zu tun sei. Schließlich entschied man, Arbeitskräfte von weiter her über das Meer zu holen. Afrikanische Sklaven waren zu Hause in Spanien ein gewohnter Anblick. Warum sie also nicht auch hierher in die Karibik holen?

Im Herbst 1505 genehmigte König Ferdinand den ersten Sklaventransport aus Afrika, fünf Jahre später dann den zweiten. Dieses Mal waren es zweihundert – die natürlich alle den Rest ihres Lebens in den Goldminen verbringen würden.

Vielen von ihnen waren wahrscheinlich in Westafrika in die Sklaverei verkauft worden, bevor sie dann von den Portugiesen nach Norden verschifft worden waren. Einige werden aber auch die Kinder von Sklaven gewesen sein, die sich bereits in Spanien befanden, verdammt zu einem Leben in furchtbarem Leid.

Zu diesem Zeitpunkt waren die Zahlen noch relativ niedrig. Aber wir befinden uns ja erst am Anfang.

■

Was mag Hernán Cortés sich gedacht haben, als er Zeuge des Niedergangs der Taíno wurde? Was, als er zusah, wie man die Afrikaner von den Sklavenschiffen zerrte?

Am wahrscheinlichsten ist, dass er gar nichts gedacht hat. Für die Spanier war Sklaverei ein Naturgesetz und damit etwas ganz Selbstverständliches.*

---

* *Christen* zu versklaven, hielten sie jedoch für falsch. Das erklärt, warum einige über die Versklavung der Taíno sehr bestürzt waren. Sie waren der Meinung, dass man die Taíno lieber zum Christentum bekehren sollte.

Für die meisten zumindest – einige wenige spanische Siedler sahen das durchaus anders und äußerten ihren Unmut angesichts der Behandlung der Taíno.

So hielt etwa ein mutiger Mönch, Antonio de Montesinos, eine bemerkenswerte Predigt vor Siedlern in Santo Domingo. Sie zwängen, donnerte es von der Kanzel, die Taíno in eine »grauenhafte und entsetzliche Sklaverei«, womit sie eine Todsünde begingen, für die sie in der Hölle schmoren würden.

Die Siedler waren außer sich. In Spanien hatte König Ferdinand jedoch durchaus ein offenes Ohr für das, was Montesinos zu sagen hatte. Und er beschloss, dass die Dinge sich ändern mussten.

Er ließ verlautbaren, dass die Taíno von jetzt an behutsamer zu behandeln seien. Sie müssten immer noch zum Christentum konvertieren und weiterhin für die Spanier arbeiten, jedoch dürfe »Gewalt nicht mehr angewendet werden, sondern statt ihrer viel Sanftmut«.

Und Ferdinand hatte noch mehr auf Lager: Von nun an müsse jede spanische Expedition ein Exemplar des *Requerimiento*, einer speziell für diesen Zweck verfassten Proklamation, bei sich tragen, die beim Zusammentreffen mit Einheimischen vom Hauptmann der jeweiligen Truppe laut zu verlesen sei.

Dieses Requerimiento – zu deutsch etwa »Aufforderung« oder »Mahnung« – war ein recht außergewöhnliches Dokument. Es begann mit einem kurzen Abriss der Geschichte der Welt und führte dann weiter aus, dass der Papst Westindien dem König und der Königin von Spanien übereignet hatte, damit man dessen Bewohner zum Christentum bekehren könne.

Alle Einheimischen müssten Christen und Untertanen Spaniens werden – dann würden sie gut behandelt.

Falls sie sich jedoch weigerten, würden die Spanier ihnen »so viel Schaden und Nachteil verursachen, wie sie nur konnten«, etwa ihre Besitztümer beschlagnahmen und ihre Familien versklaven. »Jegliche daraus folgenden Todesfälle und Verluste«, so das Requerimiento weiter, »liegen ganz in eurer Verantwortung.«

Selbst einige spanische Kirchenmänner fanden das lächerlich. Wie könne man erwarten, dass ein spanischer Hauptmann das Leuten vorlas, die gerade ihr Dorf verteidigten? Wie könne irgendjemand erwarten, dass die Bewohner der Neuen Welt überhaupt verstanden, was man ihnen da vorlas?

Ab 1513 war das Requerimiento jedoch Gesetz. Und wie seine zukünftige Zuhörerschaft bald herausfinden sollte, war der Preis für dessen Missachtung der Tod.

■

Und was machte Hernán Cortés inzwischen?

Mit den Monaten war er ein bisschen im Hintergrund verschwunden. Er hatte einige Arbeiten für Gouverneur Ovando erledigt und war danach eine Zeit lang für eine Zuckermühle tätig gewesen. Schließlich hatte er eine Anstellung als Notar in Azúa de Compostela, einer neu gegründeten Stadt im Süden der Insel, gefunden.

Auf dem Papier war das eine Beförderung, aber für Cortés fühlte es sich ganz und gar nicht so an. Wenn er hinter einem Schreibtisch hätte versauern wollen, so ging es ihm oft durch den Kopf, hätte er genauso gut in Spanien bleiben können.

Azúa, das Cortés abgelegener, ärmlicher und staubiger erschien als Medellín, hatte weniger als tausend Einwohner und seine Kirche war eine ehemalige Taínohütte.

In der erdrückenden Hitze der Stadt zerrannen Cortés' Ambitionen im Sand. Er flirtete mit verheirateten Frauen und nahm sich eine Taíno zur Geliebten. Er betrank sich und geriet dann in Schlägereien, denen er eine Narbe am Kinn zu verdanken hatte.

Er hatte kein Ziel mehr. Er war ein Nichts. Er war ein Niemand.

Andernorts auf der Insel ging das Leben seinen inzwischen gewohnten Gang. In Santo Domingo wurde weiter fleißig gebaut, die Goldschiffe durchpflügten die Seestraßen von und nach Sevilla, und der Zustrom spanischer Siedler riss nicht ab – genauso wenig wie der der Sklaven für die Plantagen und Goldminen.

Und die Taíno wurden weniger und weniger. Sechzigtausend, fünfzigtausend, dreißigtausend … und niemand hatte auch nur den blassesten Schimmer einer Idee, was man dagegen tun könnte.

Dann, eines heißen Sommertags, hörte Cortés Neuigkeiten aus der Alten Welt. König Ferdinand hatte die Karten neu gemischt. Ovando war nach Spanien zurückbeordert und Kolumbus' Sohn Diego zum neuen Gouverneur Westindiens ernannt worden. Er befand sich bereits auf dem Weg.

Cortés fragte sich, was das wohl für ihn bedeutete. Würde er seine Stellung verlieren? Oder – noch schlimmer – würde er sie behalten müssen und hier am Arsch der Welt verrotten?

Wochenlang brütete er so vor sich hin. Dann, während eines Besuchs in Santo Domingo, wurde er in einer Bar zufällig Zeuge eines Gesprächs.

Die beiden Männer neben ihm besprachen eine Expedition. Ziel war jedoch nicht irgendeine Taínosiedlung hier auf Hispaniola, sondern die große, bewaldete Insel jenseits des *Paso de los Vientos** im Westen: Kuba.

Anführer der Expedition würde, so schien es, Diego Velázquez sein, einer der reichsten Männer auf Hispaniola. Er wollte nach Kuba, um einen geflohenen Taíno-Rebellen, einen gewissen Hatuey, zu stellen. Und wenn er ihn erwischt hatte, wollte er sich die ganze Insel unter den Nagel reißen, sozusagen als Belohnung.

Als Cortés an diesem Abend die Bar verließ, hatte er zum ersten Mal seit Monaten ein Lächeln im Gesicht.

Als er am nächsten Abend wieder zu Hause war, lud er seine Nachbarn zum Essen ein. Der Wein floss reichlich, und er erzählte ihnen, was er vorhatte – mit Velázquez nach Westen zu

---

* Die spanische Bezeichnung für die Meerenge zwischen Hispaniola und Kuba. (Anm. d. Übers.)

segeln, den Rebellenhäuptling aufzuspüren und dann dort mit dem Schwert seinem Glück auf die Sprünge zu helfen.

Einer seiner Gäste lachte. Die anderen starrten ihn schweigend an.

Cortés ließ sich Stift und Papier bringen. Kurz beugte er sich darüber und kritzelte etwas, dann schob er das Blatt in die Mitte des Tisches und lehnte sich zurück.

Das Rad des Schicksals. Sie alle kannten das uralte Symbol für die Wankelmütigkeit der Göttin Fortuna. Im einen Moment war man ganz oben und genoss Ruhm und Reichtum, schon im nächsten – man wusste kaum, wie einem geschah – konnte es steil und unaufhaltsam abwärtsgehen.

»Zeit«, sagte Cortés, »am Rad zu drehen.« Er lächelte. »Entweder speise ich demnächst zum Klang von Trompeten oder ich sterbe als Dieb auf dem Schafott.«

Wenige Tage später war er auf dem Weg nach Kuba.

8

Tod im Paradies

Kuba, die größte der Karibischen Inseln, hatte eine seltsame und blutige Geschichte.

Als Kolumbus dort im Jahr 1492 ankam, nahm er an, er befände sich in Japan. Später, während seiner zweiten Reise, entschied er sich um – das hier müsse Teil des asiatischen Festlands sein.

Als die Einheimischen ihm seinen Irrtum erklären wollten, weigerte er sich, ihnen auch nur zuzuhören. Seine Mannschaft musste schwören, jedem zu sagen, dass sie in China gewesen waren. Jedem, der das nicht tat, hatte Kolumbus damit gedroht, ihm die Zunge herauszuschneiden.

Aber natürlich *war* Kuba eine Insel – und eine von berückender Schönheit noch dazu, voller Kokospalmen und Zedern, die sich sanft im Wind wiegten. Wie Hispaniola war auch Kuba Heimat der Taíno, die sich hier hauptsächlich von Maniok und Schildkröten ernährten. Allerdings war Kuba weniger dicht besiedelt und die Dörfer der Taíno lagen weiter auseinander als auf Hispaniola.

Die Expedition, der sich Cortés angeschlossen hatte, hatte ihr

Ziel jetzt fast erreicht. Cortés stand am Bug des Flaggschiffs und betrachtete die Küstenlinie: ein schmaler Streifen Sandstrand, dahinter dichter grüner Dschungel, und ganz in der Ferne konnte er dunkle Hügel ausmachen. Irgendwo da drin, dachte er, versteckt sich dieser Taínohäuptling.

Hinter ihm stand mit verschränkten Armen der Kommandant des Schiffs, Diego Velázquez. Der Sohn einer adligen Familie war eine beeindruckende Erscheinung: groß und von recht ausladendem Körperumfang (*fett*, sagten manche – aber natürlich nur, wenn er nicht in der Nähe war).

Wenige in Westindien konnten es mit Velázquez' Kampferfahrung aufnehmen. Er hatte für Ferdinand und Isabella in Granada gekämpft, war auf Kolumbus' zweiter Expedition dabei gewesen und hatte bei der Eroberung Hispaniolas unter Ovandos Kommando gedient.

Und wenige waren so beliebt. Seinen Freunden gegenüber loyal, seinen Anhängern gegenüber großzügig, war Velázquez als einer der besten Gastgeber der Karibik bekannt – ein Mann, der Essen und Trinken genoss und dessen Feiern sich bis in die frühen Morgenstunden hinzogen.

Die Küste kam näher. Cortés konnte jetzt zwei kleine Gestalten ausmachen – dunkle Schatten vor einem goldenen und grünen Hintergrund. Eine hielt etwas in der Hand, das wie ein Bogen aussah. Die andere fuchtelte mit irgendetwas herum – einem Speer?

Cortés' Hand schloss sich fester um den Griff seines Schwertes. Sein Blick traf den von Velázquez, der ihm aufmunternd zunickte.

Jetzt waren sie fast da …

■

Hoch oben in den Hügeln wartete der, den sie jagten, auf sie.

Hatuey muss, um den Spaniern zu trotzen, von enormer Willenskraft gewesen sein. Leider wissen wir fast nichts über ihn oder sein Leben auf Hispaniola.

Man erzählt sich, dass er – nachdem er mit seinen Gefährten per Kanu den *Paso de los Vientos* durchquert hatte – die Häuptlinge Kubas zusammenrief, um sie vor den Spaniern zu warnen. »Sie haben einen Gott, den sie verehren und anbeten«, soll er gesagt haben. »Und sie unterwerfen und töten uns, weil sie diesen Gott unbedingt von uns haben wollen.«

Er deutete auf einen Korb mit Gold, den er mitgebracht hatte. »Das«, sagte er düster, »ist der Gott der Christen. Das ist das, was sie anbeten.«

Als ihm seine Kundschafter mitteilten, dass Cortés und Velázquez am Ostufer der Insel gelandet waren, befahl er seinen Leuten, sich in den Wald zurückzuziehen. Ihm war klar, dass sie mit Pfeil und Bogen gegen spanischen Stahl nichts ausrichten konnten.

Es nützte jedoch alles nichts. Die Spanier waren zu entschlossen und zu gut organisiert. Nachdem sie einige Tage lang den Wald durchkämmt hatten, spürten Velázquez' Hunde Hatueys

Versteck auf. Man zerrte ihn aus dem Wald und fesselte ihn an einen Pfahl.

Während die Spanier zu seinen Füßen einen Scheiterhaufen aufschichteten, murmelte ein Priester, der sich neben ihn gestellt hatte, etwas über den Glauben der Christen.

»Wenn du Christus als deinen Erlöser anerkennst«, sagte der Padre, »kommst du in den Himmel und dir wird Seligkeit und ewiger Friede zuteil werden. Wenn du dich weigerst, wirst du in die Hölle verdammt und dort ewige Qual und Pein leiden.«

Hatuey sah ihm in die Augen. »Kommen alle Christen in den Himmel?«, fragte er.

»Natürlich«, antwortete der Priester.

Hatuey lächelte. »Dann ist mir die Hölle lieber«, sagte er. »Ich habe keine Lust, die Ewigkeit mit Unmenschen wie euch zu verbringen.«

Ein Schatten legte sich über das Gesicht des Priesters. Er nickte den Wachen wortlos zu, woraufhin diese ihre Fackeln an das Holz legten.

■

Die Spanier brachen über die Insel herein wie eine Sturmflut.

Die Taíno hatten Velázquez' dreihundert mit Schwertern, Arkebusen und Kanonen bewaffneten Männern nichts entgegenzusetzen. Sie hatten keinerlei Kampferfahrung und so etwas wie spanische Ritter in Angriffsformation hatten sie noch nie gesehen.

Am verhasstesten war ihnen einer von Velázquez' Vertrauensmännern: ein rotbärtiger Koloss namens Pánfilo de Narváez. Er war bereits auf Jamaika knietief im Blut gestanden und sein Ruf, grausam und kaltblütig zu sein, war ihm vorausgeeilt.

Mit einer kleinen Gruppe Bogenschützen und berittener Soldaten hieb und brannte sich Narváez durch den kubanischen Dschungel. Eigentlich hätte er den Taíno das Requerimiento vorlesen und ihnen die Chance geben müssen, zum Christentum zu konvertieren.

Aber Narváez war ein Mann des Schwertes. Er zog es vor, seine Feinde zuerst abzuschlachten und ihnen dann von der Bibel zu erzählen.

Die Kämpfe dauerten zwei Jahre – zwei Jahre des Blutes, des Eisens, des Feuers und des Terrors. Die Dorfbewohner, die sich sofort unterwarfen, wurden verschont. Wer sich widersetzte, wurde an Ort und Stelle niedergemacht.

Der schreckliche Höhepunkt des Gemetzels trug sich im Dorf Caonao zu, weit von der Küste entfernt, im Herzen des Dschungels. Die Spanier hatten einen blassen und ernsthaften jungen Ordensbruder vorgeschickt, der mit den Taíno sprechen sollte, und dieser hatte sie überredet, ihre neuen Herren mit Fisch und Brot zu begrüßen.

Als Narváez in das Dorf einritt, wartete das Essen auf ihn. Auch etwa zweitausend Taíno warteten – die Panik ins Gesicht geschrieben und die ungläubigen Augen auf die Pferde der Spanier gerichtet.

Für einen Moment sah es so aus, als würde es diesmal kein Blutbad geben. Doch gerade als der junge Ordensbruder seine Arme zum Himmel heben wollte, um Gott zu danken, passierte es.

Worte wurden gewechselt, einer der Spanier zog sein Schwert – und plötzlich hatten alle Spanier ihre Schwerter in der Hand und stürmten um sich schlagend und stechend und mit vor Mordlust verzerrten Gesichtern auf die hilflosen Taíno ein.

»Innerhalb kürzester Zeit«, schrieb der Ordensbruder später, »war der Boden mit blutigen Leichen übersät. Männer, Frauen, Kinder und Alte, die alle arglos und verängstigt dagesessen hatten, ihre Augen auf den Spaniern und deren Pferden.«

Einige der Taíno retteten sich in den Busch. Die Spanier gaben ihren Pferden die Sporen, setzten den Flüchtenden nach und stachen wie berauscht von der Freude am Töten um sich.

Inmitten der Leichen saß Narváez hoch zu Ross, »unbeweglich wie eine Marmorstatue«. Der Padre rannte mit tränenüberströmtem Gesicht auf ihn zu und hielt ihm flehentlich die Hände entgegen.

»Nun, Hochwürden«, spöttelte Narváez, »gefällt Euch, was unsere spanischen Burschen vollbracht haben?«

»Mögt Ihr und sie zum Teufel gehen!«, gab der zurück.

Narváez lachte nur, dann ließ er sein Pferd gemächlich davontrotten.

■

Der Name des jungen Ordensbruders war Bartolomé de Las Casas. Er war der Sohn eines Kaufmanns und hatte zur gleichen Zeit wie Cortés in Salamanca studiert. Vielleicht waren sie sich sogar begegnet, aber das wissen wir nicht.

Las Casas war 1502 mit Ovando in der Neuen Welt angekommen. Damals hatte er an der spanischen Eroberung nichts auszusetzen gehabt; in Kuba besaß er sogar ein eigenes Anwesen.

Doch das Massaker von Caonao stürzte ihn in abgrundtiefe Verzweiflung. Er verbrachte lange, dunkle Stunden des Grübelns und zermarterte sich das Hirn, um Gottes Willen zu verstehen.

Schließlich klappte er seine Bibel zu und fasste einen Entschluss. Er begann, zu seinen spanischen Landsleuten zu predigen und ihnen ihre, wie er es nannte, »Blindheit, Ungerechtigkeit, Tyrannei und Grausamkeit« vorzuwerfen.

Seine Gefährten konnten es nicht glauben, als er sein Anwesen an Velázquez zurückgab und nach Spanien zurückfuhr, um bei König Ferdinand höchstpersönlich seine Anliegen vorzutragen.

Las Casas berichtete dem König vom fürchterlichen Elend der Taíno. Und davon, dass Überarbeitung, Hunger und Krankheiten sie schneller und schneller sterben ließen.

Die Lösung, führte Las Casas aus, müsse darin bestehen, diesen leidenden Menschen ihre Last zu erleichtern, indem man sie in Dörfern versammle, von denen jedes ein eigenes Hospital haben müsse. Es müsse ihnen erlaubt werden, ihren Boden zu bestellen, und man solle ihnen Priester, Ärzte und Anwälte zur Verfügung stellen. Nur so, schloss er, könnten Kuba und Hispaniola »die besten und reichsten Inseln der Welt werden«.

Leider war Ferdinand zur Zeit des Besuchs von Las Casas bereits schwer krank und starb, bevor er eine Entscheidung treffen konnte. Ferdinands Nachfolger, sein Enkel Karl V., erklärte sich jedoch bereit, drei Mönche in die Karibik zu schicken, um dort Untersuchungen aufzunehmen.

Als die Mönche Ende 1516 Hispaniola erreichten, war ihnen sofort klar, dass etwas nicht stimmte. Während Las Casas' Abwesenheit schien sich die Situation der Taíno noch verschlechtert zu haben.

Die Mönche waren damit einverstanden, für die überlebenden Taíno neue Dörfer zu bauen, wo sie ihre eigene Nahrung anbauen konnten. Auch für die Möglichkeit zum Kirchgang und für medizinische Versorgung sollte gesorgt werden. Wer aber würde jetzt das Gold aus den Minen holen? Wie konnte man weiterhin Profit machen?

Die Antwort der Mönche war einfach: Man hatte doch bereits mehrere Hundert afrikanische Sklaven in die Karibik gebracht. Und diese schienen nicht nur härter zu arbeiten als die Taíno, sondern auch die Hitze besser zu vertragen.

Warum also nicht mehr davon herbringen – *viel mehr*? Warum nicht für einen regelmäßigen Zustrom an Männern, Frauen und Kindern sorgen, der sich aus dieser reichen Quelle an der afrikanischen Küste am Golf von Guinea speiste?

Und so geschah es. Im August 1518 erlaubte ein neu erlassenes Dekret den Transport von viertausend Sklaven in die Neue Welt. Damit hatte die düstere Geschichte des transatlantischen Sklavenhandels offiziell begonnen.

Für die Taíno war es jedoch bereits zu spät. Ihre tragische Geschichte war fast zu Ende.

Später im selben Jahr suchte eine Pockenepidemie die Neue Welt heim. Selbst zu Hause in Europa, wo man die Pocken sehr gut kannte, forderte die Krankheit regelmäßig viele Opfer.

Sie begann mit Fieber, dann kam schnell ein schuppender Ausschlag hinzu, der oft Narben hinterließ. Etwa ein Drittel all derer, die sich angesteckt hatten, starb – jährlich waren das Hunderttausende.

In der Karibik, deren ursprüngliche Bevölkerung keinerlei Immunabwehr gegen die Krankheit hatte, war eine Ansteckung mit den Pocken ein Todesurteil. Es ist unmöglich zu sagen, wie viele Taíno daran gestorben sind – aber nur, weil wir nicht wissen, wie viele noch am Leben waren, bevor der Virus zuschlug.

Als die Epidemie schließlich wieder abflaute, hatte sich das menschliche Antlitz der Karibik für immer verändert: Die Taíno, ein friedliches Volk, das sich vor der Ankunft der Spanier jahrhundertelang durch Jagen und Fischen ernährt hatte, gab es nicht mehr.

Das, was ihnen angetan wurde, bleibt eine der größten menschlichen Katastrophen der Geschichte. Heute gibt es nur noch sehr wenige Spuren ihrer Existenz – darunter die Wörter *hammock, canoe, hurricane* und *barbecue.**

Davon abgesehen ist ihre Sprache verschwunden und sie sind für immer verstummt.

■

Für Kubas neue Herren ging das Leben hingegen weiter.

Diego Velázquez hatte eine Vielzahl neuer Dörfer und Städte gegründet – alle mit einem zentralen Hauptplatz, um den sich Kirche, Palast und Rathaus gruppierten – und damit bereits um die Mitte der 1510er-Jahre das Gesicht der Insel radikal verändert.

An seine getreuesten Genossen hatte er Anwesen – *haciendas* – verteilt, wo sie Landwirtschaft betrieben. Und da er auch Hunderte Pferde, Schafe, Schweine und Kühe importiert hatte, sah es dort auch abseits der größeren Ortschaften jeden Tag europäischer aus.

Schiffe aus Sevilla sorgten für regelmäßigen Nachschub an Wein, Mehl und Leder. Und im Gegenzug sandte Velázquez das zurück, was die Alte Welt an der Neuen am meisten interessierte. *Gold.*

Er hatte mit dem Bau einer neuen Hauptstadt begonnen – Santiago, nach dem Schutzpatron Spaniens –, die auch der Haupt-

---

* Einige dieser Wörter sind sicherlich auch vielen deutschsprachigen Leserinnen und Lesern bekannt: »hammock« heißt Hängematte, »canoe« Kanu, »hurricane« Wirbelsturm und »barbecue« Grillfest. (Anm. d. Übers.)

sitz seiner Verwaltung werden sollte. Für sich selbst baute er ein prächtiges Herrenhaus, das heute noch steht.

Jeden Morgen saß er über seinen Büchern, um sicherzustellen, dass er nicht zu viel und nicht zu wenig von dem, was die Insel abwarf, nach Spanien schickte. Stets an seiner Seite: sein Sekretär, Hernán Cortés.

Cortés war jetzt dreißig, ein Mann in der Blüte seiner Jahre. Er war immer noch eher schmächtig, aber agil, hatte immer noch seinen rötlichen Bart und den kühlen, wachsamen Blick.

Von Velázquez hatte er ein Anwesen auf dem Land bekommen, wo er Vieh züchtete, nach Gold grub und die erste Eisenhütte des Landes gründete. Das Leben war gut zu ihm gewesen, in vielerlei Hinsicht.

Trotzdem langweilte er sich – das war immer noch nicht das abenteuerliche Leben, nach dem er sich gesehnt hatte – und verbrachte seine Zeit mit Glückspiel und Frauengeschichten. Und obwohl Velázquez immer sehr freundlich zu ihm gewesen war, hatte Cortés die Nase voll davon, immer in dessen Schatten zu stehen.

Dann, im Jahr 1515, kam es zu einer Auseinandersetzung zwischen den beiden. Cortés hatte seit Monaten einer jungen Frau aus einer angesehenen spanischen Familie den Hof gemacht, einer gewissen Catalina Suárez. Eines Abends dann gab er ihr aus einer Laune heraus ein Heiratsversprechen, das er nicht ernst meinte.

Als Catalina das herausfand, sprach sie umgehend mit tränenüberströmtem Gesicht bei Velázquez vor. Der Gouverneur war ein guter Bekannter von Catalinas Schwester und war auch deshalb sofort auf ihrer Seite.

Ehe Cortés sich versah, schleppte man ihn ins Gefängnis der Stadt, warf ihn in eine fensterlose Zelle und schlug die Tür zu.

Wenig überraschend brauchte er nicht lange, um sich eines Besseren zu besinnen. Als Hernán Cortés und Catalina Suárez einige Tage später vor dem Altar knieten, um Gottes Segen für ihre Verbindung zu erbitten, stand Diego Velázquez – die Arme verschränkt und ein ironisches Lächeln im Gesicht – nur wenige Schritte daneben.

Nach der Hochzeit schien Cortés ein neuer Mann. Wann immer man das frisch vermählte Paar zusammen in der Öffentlichkeit sah, konnte sich Cortés vor offensichtlicher Begeisterung über seine Gemahlin kaum im Zaum halten – er schien, so meinten die Leute, so glücklich, »als sei sie die Tochter einer Herzogin«.

Auch dem Gouverneur schien er nichts nachzutragen. Tatsächlich hatten ihn seine Freunde noch nie so gehorsam und pflichtbewusst erlebt. »Sehr zurückhaltend, fast unterwürfig, als wäre er der niedrigste aller Diener«, beschrieb es einer von ihnen.

Für Velázquez war die Sache sowieso Schnee von gestern. Um seinen guten Willen zu zeigen, ernannte er Cortés sogar zum obersten Magistraten von Santiago, der über Streitigkeiten zu befinden hatte und die Stadtverwaltung leitete.

Das Leben verlief also wieder in seinen gewohnten Bahnen. Aller Streit lag hinter ihnen. Ende gut, alles gut. So schien es zumindest.

Nur ganz selten, und auch nur wenn er sich ganz sicher war, dass niemand ihn beobachtete, verschwand das Lächeln aus Cortés' Gesicht und seine Augen wurden kalt …

9

Die Goldjäger

Über Santiago war gerade die Sonne untergegangen.

Die Männer um Velázquez' Tisch hatten gut gegessen. Sein Ruf, ein exzellenter Gastgeber zu sein, war wohlverdient: Heute beispielsweise hatte er seine Gäste mit grüner Schildkrötensuppe, gebratenem Leguan und gefüllten Singvögeln verwöhnt. Auch der helle Sherry war hervorragend gewesen.

Und jetzt – Velázquez' Bedienstete räumten gerade den Tisch ab – gab es noch etwas ganz Besonderes. Die Taíno hatten ihnen das gezeigt: Ein getrocknetes Kraut, das sie »Tabak« nannten, wurde in ein Blatt eingerollt, das man an einem Ende anzündete; um das andere schloss man die Lippen und sog den Rauch ein.

Als die ersten Rauchwölkchen über ihren Köpfen hingen, lehnte sich Velázquez zufrieden zurück. Zu seiner Rechten saß sein Cousin, zu seiner Linken sein Spaßmacher. Dann kamen sein Sekretär, sein Buchhalter, der Schatzmeister der Insel und einige örtliche Grundbesitzer – die meisten von ihnen bereits nicht mehr ganz nüchtern.

In einer Ecke ganz am Ende saß Cortesillo – der kleine Hernán Cortés – und hörte, wie immer, nur zu. *Cortesillo* … Plötzlich fiel Velázquez diese lächerliche Sache mit Catalina wieder ein, und fast hätte er laut aufgelacht.

Was für ein Fiasko! *Der arme kleine Cortesilllo!* Aus dem würde nie irgendetwas Vernünftiges werden …

Draußen bellte ein Hund in der Nacht, und Velázquez sah durchs Fenster. Der Mond war voll, und für einen Moment fragte sich Velázquez, was da draußen noch alles sein mochte, über den Hügeln, jenseits des Meeres …

Kolumbus hatte bis zu seinem Tod 1506 darauf bestanden, dass er den Seeweg nach Asien gefunden hatte. Aber Velázquez wusste es besser – das hier waren keine *indischen* Inseln, was auch immer der verrückte Genueser behauptet haben mochte.

Ein Jahr nach Kolumbus' Tod hatte der deutsche Gelehrte Martin Waldseemüller die erste Weltkarte gezeichnet, auf der ein Kontinent *Amerika* zu sehen war, benannt nach dem Florentiner Amerigo Vespucci.

Trotzdem, dachte Velázquez, gab es noch so viel zu entdecken. Jahr um Jahr füllten spanische Abenteurer die Leerstellen und nahmen mehr und mehr der Neuen Welt für sich in Besitz.

Im Süden hatten Kolonisten an eben erst erkundeten Küsten Fuß gefasst. Und weit im Norden war ein anderer Granada-Veteran, Juan Ponce de León, auf eine riesige Insel gestoßen, die er *La Florida* – das Land der Blumen – genannt hatte.*

---

* Keine Insel, wie wir heute wissen, sondern eine Halbinsel, auf der der heutige US-Bundesstaat Florida liegt.

Die spektakulärsten Neuigkeiten waren aber aus dem Südwesten gekommen. Dort hatte ein weiterer Entdecker, Vasco Núñez de Balboa, den Dschungel des heutigen Panama durchquert und einen neuen Ozean entdeckt, der sich wie ein Wunder vor ihm aufgetan haben muss.*

Velázquez schenke sich Wein nach. Dieser Ozean im Westen, so faszinierend er sein mochte, war weit weg. Ein anderes Rätsel, das deutlich näher lag, interessierte ihn viel mehr.

Seit Jahren gab es Gerüchte über eine weitere riesige Landmasse direkt westlich von Kuba. Kapitäne hatten berichtet, am westlichen Horizont eine lang gestreckte, flache Küstenlinie gesehen zu haben. Und einige Taíno hatten behauptet, andere Eingeborene getroffen zu haben, die aus dieser Richtung gekommen und »fünf oder sechs Tage mit dem Kanu« unterwegs gewesen waren.

Wo genau waren die hergekommen? Von einer anderen Insel? Oder gab es da draußen im Westen vielleicht doch etwas deutlich Größeres?

Plötzlich brach weiter unten am Tisch Gelächter aus und Velázquez sah auf. Sein Spaßmacher, Francisco Cervantes, erzählte gerade eine Geschichte über ihre Zeit während des Krieges gegen die Mauren und übertrieb dabei schamlos.

Velázquez lehnte sich zurück. Eine weitere Expedition würde

---

* An diesem denkwürdigen Tag im Jahr 1513 sind Balboa und seine Männer die ersten Europäer, die den Pazifik zu Gesicht bekommen.

ihn viel Geld kosten. Aber vielleicht war es an der Zeit, herauszufinden, was sich da draußen jenseits des Wassers im Westen befand.

Wäre es nicht wundervoll, wenn er eine neue Sklavenquelle finden könnte? Oder noch besser – *Gold* …

Velázquez lächelte, dann leerte er seinen Pokal.

Ganz unten am Tisch sah Cortés in seine Richtung. Und wartete.

■

An einem heißen, strahlend hellen Tag im Februar 1517 brach die kleine Expeditionsflotte auf. Ihr Anführer und Kapitän, Francisco Hernández de Córdoba, ein grauhaariger alter Soldat, hatte zwei der Schiffe aus eigener Tasche bezahlt, Velázquez das dritte.

Keiner von Hernández de Córdobas Männern hatte die geringste Vorstellung davon, was sie da draußen erwartete. »Mehr Inseln«, murmelten einige. »Wird aussehen wie Kuba, nur größer«, sagten andere.

Doch als die Küste Kubas langsam hinter ihnen in der Ferne verschwand, fühlten sie alle diese seltsame Spannung, den Nervenkitzel des Neuen, die Verlockung des Unbekannten.

Sechs Tage lang segelten sie nach Westen. Dann ein Ruf aus dem Ausguck. Eine Insel – flach und bewaldet, die Bäume voller Vögel in allen Farben!

Als Hernández' Männer an Land gingen, fanden sie die Insel

verlassen vor. Was sie jedoch fanden, waren Statuen halb nackter Frauen – irgendwelche Göttinnen, vermuteten sie. Deshalb nannten sie die Insel *Isla Mujeres*, die Insel der Frauen.

Sie segelten weiter, einer langen goldenen Küstenlinie entgegen. Unweit des heutigen Badeorts Cancún sichteten sie eine kleine Flotte Kanus. Es hatte den Anschein, dass die ortsansässigen Fischer ihnen entgegenruderten, um die Neuankömmlinge aus der Nähe zu begutachten.

Die Ruderer – keine Taíno, sondern Maya mit bemalten Gesichtern und Kleidung aus Baumwolle – kamen an Bord von Hernández' Flaggschiff, wo man ihnen als Gastgeschenke Glasperlen, Seide und Glöckchen aus Kupfer überreichte.

Am nächsten Tag kamen weitere Maya zu Besuch. Ihr Häuptling lud die Spanier mittels Zeichensprache ein, an Land zu kommen. Hernández fragte nach dem Namen ihres Landes. »*Yucatán*« (oder etwas in die Richtung), gab der Häuptling zurück. Die Spanier nickten.*

Kaum an Land, wurde den Spaniern schnell klar, dass das hier mit Kuba nicht viel gemeinsam hatte. Üppige Wälder so weit das Auge reichte. Und nachdem man eine Weile durch den Wald landeinwärts unterwegs gewesen war, fiel einem Spanier nach dem anderen die Kinnlade herunter.

---

* Yucatán, eine Halbinsel im Süden Mexikos, zieht jährlich Millionen Besucher an. Der Name der Insel basiert aber auf einem Missverständnis. Das, was der Maya erwiderte, bedeutete wahrscheinlich eher so etwas wie »*Ich verstehe Sie leider nicht*« oder »*Hört euch mal an, wie die reden*«.

Diese »Indianer«, wie die Spanier sie nannten, wohnten nicht in Holzhütten, sondern in weiß getünchten Häusern aus Stein mit strohgedeckten Dächern. Und sie lebten nicht in verstreuten kleinen Dörfern, sondern in Städten mit geraden Straßen, geschäftigen Marktplätzen und hoch aufragenden Tempelpyramiden.

Zunächst begegnete man Hernández' Männern nur mit neugierigen Blicken. Aber nachdem sie einige Zeit die Küste entlang unterwegs gewesen waren, bemerkten sie, dass sich die Stimmung zu ändern begann. Einmal fanden sie sich unversehens im Pfeil- und Speerhagel einer Gruppe von Mayakriegern in gepolsterter Stoffrüstung und mit Federkopfschmuck, die offensichtlich keinerlei Wert auf ihre Gesellschaft legten.

Später, nahe der heutigen Stadt Campeche, stießen sie auf einen Tempel, dessen Wände mit steinernen Schlangen verziert waren. Um den Altar herum entdeckten sie Blutpfützen und etwas abseits davon feinsäuberlich aufgestapelte Schilfbündel. Erst dann sahen sie im Halbschatten einer Wand eine Gruppe Männer in weißen Roben, die sie mit ausdruckslosen Augen anstarrten. Ihre langen schwarzen Haare sahen aus, als wären sie mit Blut verklebt.

Einer der Priester tat einen Schritt nach vorne. Wie sich einer von Hernández' Männern später erinnerte, gab der Priester ihnen durch Zeichensprache Folgendes zu verstehen: »Wir sollten aus ihrem Land verschwinden, bevor sie diese Schilfbündel verbrannten; täten wir dies nicht, würden sie jeden einzelnen von uns töten.«

Wenig überraschend befahl Hernández den sofortigen Rückzug. Aber die Gefahr war bei Weitem noch nicht vorbei. Einige Tage später und ein gutes Stück weiter die Küste entlang ging er mit einem kleinen Trupp an Land, um nach Wasser zu suchen – und lief mit seinen Leuten direkt in einen Hinterhalt.

Was folgte, war ein absolutes Gemetzel. Das hier waren keine Taíno, sondern kampferprobte Mayakrieger, die Obsidianschwerter und Kupferäxte schwangen.

In dem Chaos aus Pfeilen und Arkebusensalven wurden mehr als zwanzig Spanier getötet. Irgendwie schaffte es Hernández, die Überlebenden um sich zu scharen und mit ihnen zurück auf ihre Boote zu stolpern.

Als sie wieder an Bord waren, hielt Hernández abrupt inne und schloss die Augen. Er fasste sich an die Seite und stöhnte leise, dann sank er langsam auf die Knie.

Seine Männer waren zu ihm gestürzt, und erst jetzt sahen sie die Pfeile aus seiner Brust ragen – und das Blut, das sich langsam auf den Schiffsplanken ausbreitete …

■

Francisco Hernández de Córdoba starb, bald nachdem seine Schiffe in Kuba zurück waren. Aber er lebte lange genug, um dem Gouverneur zu berichten, was er gesehen hatte – Städte und Bauernhöfe, Tempel und Märkte, allesamt Zeichen einer reichen Hochkultur.

Im Januar 1518 sandte Velázquez eine zweite Expedition aus.

Dieses Mal wählte er als Anführer seinen schneidigen jungen Neffen Juan de Grijalva, der sich mit vier Schiffen, zweihundert Mann – darunter Armbrustschützen und Arkebusiere –, einer Handvoll Kanonen und mehreren Kampfhunden auf den Weg Richtung Westen machte.

Als Erstes landete Grijalva auf der Insel Cozumel, die etwa zwanzig Kilometer vom mexikanischen Festland entfernt liegt. Dann wandte er sich nach Nordwesten und folgte Hernández' Route um die Spitze der Halbinsel Yucatán herum.

Auch er machte bei Campeche fest, um die Trinkwasservorräte aufzufüllen. Und auch seine Männer waren bald von Mayakriegern umzingelt, die ihre Trommeln schlugen und ihre Hörner bliesen. Aber Grijalva war vorbereitet. Er hatte seine Kanonen mit an Land gebracht und mit dem Donnern der ersten Salven stoben ihre Angreifer panisch in alle Richtungen auseinander.

Weiter ging es, in südliche Richtung die mexikanische Küste entlang. Im Juni erreichten sie die Küste des heutigen Bundesstaates Tabasco, wo sie haltmachten, weil ihnen Proviant und Wasser ausgingen.

Die Menschen hier waren gastfreundlicher und tauschten Fisch und Kakaobohnen – die wichtigste Zutat für Schokolade – gegen Glasperlen. Einige überreichten sogar kleine Schmuckstücke aus Gold.

Falls sie dachten, derlei Geschenke würden die Spanier einfach wieder verschwinden lassen, hatten sie sich natürlich getäuscht.

Die Spanier fuhren weiter an der Küste entlang. Bald kamen sie an eine weitere Insel, wo sie wieder Götzenbilder, wieder Altäre, wieder Schädel und wieder Pfützen von Blut fanden. Sie tauften die Insel *Isla de Sacrificios*, Insel der Opferungen.

Grijalvas Männer waren bereits zwei Tage auf der Insel, da sahen sie, jenseits einer schmalen Wasserstraße, auf dem nahe gelegenen Festland, Männer am Ufer stehen und weiße Fahnen schwenken. Sie ruderten hinüber, um nachzusehen, was es damit auf sich hatte – und waren so sie die ersten Europäer, die diesen Menschen, den Totonaken, begegneten.

Viel von der Geschichte der Totonaken liegt im Dunkeln. Unter ihren Nachbarn waren sie berühmt für ihre prachtvoll bestickten Kleider, ihre juwelenbesetzten Sandalen und vor allem für ihren aufwendigen Gesichtsschmuck, mit kristallenen Steckern durch Ohren, Nase und Lippen.

Anders als die Maya behandelten die Totonaken die Spanier sehr zuvorkommend und boten ihnen zu essen und Tabak an. Als Gegenleistung überreichte Grijalva ihnen Kämme, Scheren aus Metall und Schachteln mit Perlen.

Mit der Zeit – die Spanier blieben hier einige Tage – begannen die Totonaken, von ihrer Heimat und ihren Nachbarn zu erzählen. Die Dolmetscher* der Spanier übersetzten, und nach

* Ihre Dolmetscher waren Maya, die sie unterwegs entführt hatten. Keiner davon sprach jedoch Nahuatl, sodass die Unterhaltungen mit den Totonaken recht mühsam gewesen sein dürften.

und nach erfuhren sie, dass ihre Gastgeber in Angst vor einem schrecklichen Reich lebten, das von der »großen Stadt Mexiko« aus regiert werde. Zweimal im Jahr, so sagten sie, müssten sie ihren aztekischen Herrn Tributzahlungen leisten und ihnen Hunderte Umhänge und Hemden übergeben, dazu Schilde, Edelsteine, Federn und Kakaobohnen.

Grijalvas Augen verengten sich. Über diese Azteken würde er gerne mehr hören, sagte er.

Sie seien ungeheuer mächtig, erwiderten die Totonaken. Sie lebten in Steinhäusern, hätten strenge Gesetze und hielten große Versammlungen ab, um über ihresgleichen zu richten. Sie seien schlau und geschickt, trügen feine Kleider und stellten wunderschöne Dinge her, die funkelten und glitzerten.

Grijalva warf seinen Hauptmännern einen Blick zu. *Feine Kleider … wunderschöne Dinge …* Er wusste, was sie alle dachten.

Einige Tage nach dieser Unterhaltung kam der Häuptling der Totonaken an Bord des spanischen Flaggschiffs und brachte weitere Geschenke. Dieses Mal, sagte er, habe er etwas dabei, von dem er wüsste, dass die Spanier es wollten.

Gold.

Genauer gesagt: Goldbarren, zwei exquisite goldene Masken, eine aus purem Gold gefertigte Figur und ein aufwendig gearbeiteter Kopfschmuck – eine Art Tiara –, ebenfalls aus purem Gold.

Sprachlos und mit offenem Mund starrte Grijalva auf die Geschenke. Er versuchte, möglichst gelassen zu klingen, als er den

Totonakenhäuptling fragte, ob es davon eventuell noch mehr gebe.

Der Häuptling bestätigte das. Er würde seine Männer in die Hügel schicken, um etwas Goldstaub zu holen – ein Röhrchen, so lang und dick wie der Finger eines Mannes, sei schnell gefüllt. Ihre Bäche und Flüsse seien voll davon, sagte er leichthin, und es sei kein Problem, daraus Platten und Barren zu machen.

Wieder warf Grijalva seinen Leuten einen Blick zu. Das hier war das reichste Land der Welt – *und sie konnten es sich einfach nehmen.*

Doch einige Tage später kamen Montezumas Männer.

■

Für den Aztekenherrscher waren die ersten Berichte von den Goldjägern ein Schock gewesen.

Dem ärmlich gekleideten Bauern, der in seinen Audienzgemächern mit gesenktem Blick vor ihm kniete, fehlten Ohren, Daumen und große Zehen. Ein Zeichen dafür, dass er einst für irgendein Verbrechen bestraft worden war.

Er komme, sagte er, aus einem Dorf nahe der Küste im Osten. »O göttlicher König, vergib mir meine Anmaßung. Als ich zuletzt am Rande des großen Wassers war, sah ich Gebirge und Hügel auf dem Wasser schwimmen, die sich mal hierhin, mal dorthin bewegten, aber das Land nicht berührten. O Herr – wir, die wir dort leben, sind wachsam und schauen oft übers Wasser. Doch so etwas haben wir noch nie gesehen.«

Montezuma war wie versteinert. Er sagte nur: »Danke. Ruh dich jetzt aus«, und gestikulierte in Richtung seiner Wachen.

Nachdem der Mann hinausgeführt worden war, bedeutete Montezuma einem seiner obersten Berater – Teoctlamacazqui, Hüter des Hauses der Dunkelheit –, näher zu treten.

»Mach dich auf den Weg zur Küste«, sagte er leise, »und berichte mir so schnell es geht, was du dort vorfindest.«

Teoctlamacazqui tat, wie ihm geheißen. Im Dorf des Bauern bestätigte man dessen Bericht. Ja – es schwämmen Berge auf dem Wasser.

Teoctlamacazqui musste das jetzt selbst sehen. Er nahm den schmalen Waldpfad vom Dorf hinunter zum Strand. Und tatsächlich: Auf dem Wasser schwammen, wie die Leute im Dorf behauptet hatten, zwei große hölzerne Türme. Aus jedem ragten mehrere Pfähle in den Himmel, an denen riesige, mit Kreuzen bemalte Stoffbahnen aufgespannt waren.

Als er zurück in Tenochtitlan zu Montezuma vorgelassen wurde, war sein Gesicht sehr ernst. »O Herr und König«, begann er. »Es ist wahr, dass Fremde ans Ufer des großen Wassers gekommen sind.«

»Wir haben etwa fünfzehn von ihnen gesehen, einige blau gekleidet, andere rot, grau oder grün. Sehr hässlich. Sie trugen rote Tücher oder Hüte auf dem Kopf, um sich gegen die Sonne zu schützen. Ihre Haut ist sehr weiß, viel weißer als unsere. Alle haben sie lange Bärte, ihr Haar reicht ihnen aber nur bis zu den Ohren.«

Montezuma sagte nichts. Weiße Haut? Lange Bärte? Berge aus Holz? In all seinen Jahren hatte er so etwas noch nicht gehört.

Er dachte lange nach. Dann berief er unter größter Geheimhaltung die besten Kunsthandwerker der Stadt ein.

Sie sollten, so sagte er ihnen, aus Gold und Silber Geschenke herstellen – Arm- und Fußreifen, Halsketten und Fächer. Man solle an nichts sparen und alles mit Federn und Smaragden reich verzieren.

Niemand dürfe davon wissen, fuhr er fort. »Wenn auch nur ein Wörtchen davon nach außen dringt, vergrabe ich euch unter meinem Palast, und eure Frauen und Kinder werden sterben. Eure Häuser werden bis auf die Grundmauern zerstört und eure Eltern und alle eure Verwandten sind des Todes.«

Nachdem die Handwerker ihre Arbeit getan hatten, befahl Montezuma Teoctlamacazqui, die Schätze hinunter an die Küste zu bringen. Dies, sagte er, seien Geschenke für die Fremden.

Nicht wenige am Hof fragten sich, was Montezuma sich wohl dabei dachte. Hoffte er, die Geschenke würden die Neuankömmlinge davon überzeugen, gleich wieder abzuziehen? Oder hoffte er, sie damit in die Hauptstadt zu locken, um sie dann seiner Löwen-, Tiger-, Zwergen- und Buckligensammlung einverleiben zu können?

Falls irgendjemand die Antwort kannte, hat er oder sie diese leider nicht festgehalten. Wir werden es also nie erfahren.

An der Küste angekommen, ließ Teoctlamacazqui sich zu den

Schiffen der Spanier hinüberrudern. Mithilfe eines Dolmetschers begrüßte er Grijalva und überreichte ihm die goldenen Schätze sowie einige edle, mit Bildern von Sonnen, Masken, Spiegeln und Adlern verzierte Umhänge.

Im Gegenzug gab es von Grijalva Brot, Schiffskekse und Glasperlenhalsketten. Recht magere Geschenke – aber es war tatsächlich alles, was die Spanier noch hatten.

An diesem Abend aß man zusammen: Truthahn, Maiskuchen und ein wenig Schokolade. Grijalva bot seinem Gast Wein an, der diesem sichtlich schmeckte. Dann war es an der Zeit, sich zu verabschieden.

»Geht in Frieden«, sagte Grijalva. »Wir kehren jetzt nach Hause zurück, aber wir werden wiederkommen.«

Am nächsten Tag machte sich Teoctlamacazqui auf die lange Reise zurück nach Tenochtitlan. Er hatte Schwierigkeiten, einen klaren Gedanken zu fassen, und zog es vor, die Reise schweigend zu verbringen.

Im königlichen Palast starrte Montezuma auf die Glasperlenhalsketten und wog sie in seiner Hand. Dann versuchte er einen der Kekse. Er war steinhart.

Schließlich blickte er auf und fixierte die Umstehenden mit kaltem Blick. »Hiervon erfährt niemand irgendetwas. Wir werden ein Auge auf die Küste haben, aber das hier bleibt unter uns.«

Es wurde nie wieder darüber gesprochen.

Etwa dreihundert Kilometer entfernt hatte Juan de Grijalva an Bord seines Flaggschiffs seine engsten Vertrauten zum Kriegsrat um sich geschart.

Die Ereignisse der letzten Tage, sagte er, hätten alles verändert. Diese Leute hier seien keine Taíno, und das Land sei eines der Städte und des Goldes – unvorstellbar, was man hier herausholen könne. Man müsse jedoch, schloss er, vorsichtig zu Werke gehen.

Grijalva war sehr erpicht darauf, seine Erkundungen fortzusetzen, um zu sehen, ob das hier tatsächlich ein neuer Kontinent war. Er wusste aber auch, dass sein Onkel ungeduldig auf Neuigkeiten wartete. Er bat deshalb einen seiner Kapitäne, den erfahrenen Pedro de Alvarado, nach Kuba zurückzukehren, dort über die neuesten Entwicklungen Bericht zu erstatten und das Gold zu übergeben.

Alvarado führte seine Befehle gewissenhaft aus. Und als er in Velázquez' Villa den Deckel der ersten Truhe anhob und dieser die glitzernden Schätze sah, breitete sich auf dem Gesicht des Gouverneurs ein zufriedenes Lächeln aus.

Später saß Velázquez bei fast heruntergebrannten Kerzen im Halbdunkel seines Arbeitszimmers. Er hatte gerade zum fünften Mal eine der goldenen Masken aus der Truhe genommen, sie hin- und hergedreht und bewundert, wie sie den fahlen Schein der Kerzen zurückwarf.

Das Wichtigste ist jetzt, dachte er, eine neue Expedition auf den Weg zu bringen. Derjenige, der die Kontrolle über dieses neue Land hatte, würde unglaubliche Reichtümer anhäufen können, und er musste sicherstellen, dass dieser jenige er selbst war.

Wen also schicken?

Velázquez lehnte sich zurück und dachte angestrengt nach. Ein anderer seiner Neffen hatte bereits dankend abgelehnt. Und seine Cousins würden keine Lust haben, die Annehmlichkeiten ihrer Landsitze zu verlassen.

Er brauchte jemanden, der einfallsreich genug war, um mit den Leuten dort zurechtzukommen, mutig genug, um Rivalen in ihre Schranken weisen zu können, aber auch ihm so treu ergeben, dass er ohne Widerworte tat, was man ihm sagte. Jemanden, dem das Ausführen von Befehlen sozusagen im Blut lag. Jemanden, dachte Velázquez, der sich ein Herz fassen kann, der aber auch weiß, wo sein Platz ist.

Er griff nach seinem Weinbecher, dann hielt er inne.

Jemanden, dachte er, wie *Cortés*.

10

Aufbruch

Ein paar Tage später kam der Brief.

Cortés war gerade von einem Ausritt in die umliegenden Hügel zurückgekommen, als ihm sein Diener das Schreiben überreichte. Es war ein drückend schwüler Nachmittag, seine Kleider waren voller Staub und Schweiß, und er sehnte sich nach einem Bad. Doch eines der seltenen Schreiben vom Gouverneur duldete keinen Aufschub.

Er nahm einen Schluck Wasser, dann riss er den Brief auf. Er las ein paar Zeilen und auf seinem Gesicht breitete sich ein Grinsen aus.

An Velázquez' Anordnung konnte kein Zweifel bestehen. Er wies Cortés an, eine Erkundungsexpedition nach Westen zu den neuen Ländern zu führen und alle dabei neu entdeckten Inseln für Spanien zu reklamieren. Zudem solle er Grijalva ausfindig machen und diesem jede Unterstützung zukommen lassen, die er benötigte.

Und da war noch mehr: Cortés solle die frohe Botschaft des Christentums unter die Einheimischen bringen, die Küste Yucatáns kartografieren und versuchen herauszufinden, ob es irgendwo eine Abkürzung nach China und Indien gab, wie viele Spanier hofften.*

Zwei etwas ungewöhnlichere Ansinnen hatte der Gouverneur außerdem: Seit Jahren gebe es Gerüchte, dass die Amazonen, jene sagenumwobenen Kriegerinnen der griechischen Legenden, sich irgendwo westlich von hier bester Gesundheit erfreuten.

Ebenso gebe es, schrieb der Gouverneur, »Gerüchte über Menschen mit riesigen Ohren und andere mit den Gesichtern von Hunden«. Cortés möge doch bitte herausfinden, ob an irgendeiner dieser Geschichten etwas dran sei.

Dann kam das magische Wort: Gold. Velázquez wollte, dass Cortés herausfand, woher das Gold der Totonaken stammte und ob die Azteken vielleicht sogar noch mehr davon hatten.

An keiner Stelle jedoch erwähnte er, dass die neuen Länder zu *erobern* seien. Das war nie Teil der Abmachung gewesen.

Cortés' Männer, so der Gouverneur, sollten in Küstennähe bleiben und auf ihren Schiffen schlafen. Sie seien dort, um die Küste zu erkunden und die spanische Flagge zu hissen. Punkt.

In dieser Nacht – draußen in der Dunkelheit zirpten die Grillen – saß Cortés lange auf der Terrasse seines Anwesens. Auf seinem Schoß der Brief, den er wieder und wieder zur Hand nahm.

Das ist meine Chance, dachte er …

Als der Morgen graute, hatte er einen Plan.

---

* Gab es nicht – zumindest bis 1914 der Panamakanal eröffnet wurde.

■

Die Herbstwinde kamen, die Blätter verfärbten sich, und Cortés begann mit seinen Vorbereitungen.

Er sagte seiner Frau Catalina Lebewohl, lieh sich Geld von seinen Freunden und versorgte sich bei Santiagos Händlern mit Proviant. Gleichzeitig brachte er in Umlauf, dass er bald zu einer Expedition aufbrechen würde und tapfere Männer brauche, die sich ihm anschlossen.

In Santiago besuchte er Pedro de Alvarado, den Abenteurer, der so zuverlässig das von Grijalva eingesammelte Gold zu Hause abgeliefert hatte. Er war Cortés vage aus seiner Kindheit in Erinnerung, da dessen Vater früher einmal in Medellín gelebt hatte.

Alvarado war eine von Kubas draufgängerischsten Gestalten: stattlich, charmant, blauäugig, blond und bekannt dafür, dass er die Gefahr liebte. Als er jung war, war er die *Giralda* in Sevilla hinaufgeklettert – ein Kunststück, bei dem den meisten die Luft wegblieb, wenn sie nur davon hörten.

Jetzt – sein Besucher wurde gerade zu ihm vorgelassen – erhob sich Alvarado mit einem strahlenden Lächeln aus seinem Sessel. *Trotzdem möchte ich den lieber nicht zum Gegner haben*, dachte Cortés.

Wie immer war Alvarado makellos gekleidet. Um seinen Hals glitzerte eine Goldkette, an seinen Fingern taten mehrere Ringe dasselbe.

Als ihm Cortés von seinem Vorhaben erzählte, wurde sein

Grinsen noch breiter. Er sei *hocherfreut*, gefragt zu werden, sagte er. *Selbstverständlich* komme er mit. Und seine Brüder frage er auch.

Alvarados Zusage schien die Tore geöffnet zu haben, denn jetzt strömten die Freiwilligen geradezu herbei. Nur zwei Wochen später hatte Cortés drei Schiffe und fast dreihundert Männer zusammen, darunter Armbrustschützen und Arkebusiere.

In seiner Villa legte Gouverneur Velázquez indes die Stirn in Falten. Cortés' Auftrag war als kleine Erkundungsexpedition geplant – doch jedes Mal, wenn er unten am Hafen war, war die Schlange derer, die auf den Schiffen anheuern wollten, länger und lauter geworden.

Warum brauchte der kleine Cortés all diese Männer? Warum all diese Kanonen? Was hatte er vor?

Selbst Cortés' Erscheinung hatte sich verändert. Er kleidete sich jetzt nicht mehr wie ein Sekretär, sondern trug einen Mantel aus schwarzem Samt, ein goldenes Medaillon und einen prachtvollen federgeschmückten Hut. Velázquez' Stirn lag schon wieder in Falten, wenn er nur daran dachte.

Kürzlich hatte sein Spaßmacher Francisco gewitzelt, dass sich Velázquez den falschen Kommandanten ausgesucht habe. Am Ende, hatte Francisco mit einem Schmunzeln gesagt, stehle Cortés noch die Flotte.

Velázquez hatte als Antwort wenig belustigt die Mundwinkel nach oben gezogen. Ein paar Tage später kam ihm dann zu Ohren, dass Francisco ebenfalls bei Cortés angeheuert hatte.

Das neue Jahr kam – 1519 – und mittlerweile machte sich Velázquez ernsthafte Sorgen.

Schließlich traf er eine Entscheidung. Sein ehemaliger Sekretär war zu weit gegangen. Er würde sich jemand anderen als Leiter der Expedition suchen.

Doch obwohl Cortés Velázquez' Nachricht bekommen hatte – dessen war er sich sicher –, wurde der Trubel unten am Hafen nicht weniger. Im Gegenteil. Träger beluden die Schiffe mit Kisten und Fässern voll Brot, Schweinefleisch, Wein und Wasser.

Mittlerweile war es Februar. Velázquez riss der Geduldsfaden. Was zu viel war, war zu viel. Diese Vorbereitungen mussten gestoppt werden.

Eines frühen Morgens machte sich der Gouverneur bei Tagesanbruch auf den Weg hinunter zum Hafen – und schnappte nach Luft: Zum ersten Mal seit Wochen herrschte dort gähnende Leere. Velázquez traute seinen Augen nicht. Draußen in der Bucht bereitete sich Cortés' Flaggschiff gerade aufs Auslaufen vor. Cortés selbst saß, flankiert von Bewaffneten, in einem Ruderboot, das sich rasch vom Ufer entfernte und Kurs auf das Flaggschiff nahm.

»Erklärt Euch, mein Freund!«, rief Velázquez ungläubig. »Wollt Ihr *so* gehen? Wollt Ihr Euch *so* verabschieden?«

Cortés lächelte. »Vergebt mir«, rief er mit leicht spöttischem Unterton zurück. »Noch irgendwelche Befehle?«

Velázquez öffnete den Mund, um etwas zu erwidern, doch Empörung und Wut schnürten ihm den Hals zu.

Cortés' Ruderer erhöhten den Takt und kurz darauf war das Boot außer Rufweite.

■

Cortés ließ zunächst Kurs Richtung Westen nehmen. Als er in Kuba haltmachte, hörte er, dass Grijalva gesund und wohlbehalten nach Hause zurückgekehrt war.

Er hatte jedoch nicht vor, jetzt umzukehren. Seine Bestimmung lag vor ihm – dort, wo sich Meer und Himmel trafen.

Am Cabo Corrientes, einem Kap an der Westspitze Kubas, legte er einen Zwischenstopp zur Bestandsaufnahme ein, um seine Flotte zu inspizieren und seine Besatzung zu zählen. Er hatte jetzt elf Schiffe und etwas über fünfhundert Männer, die meisten von ihnen Spanier.

Außerdem hatte er Dutzende Taíno als Diener und einige afrikanische Sklaven dabei. Es gab sogar eine Handvoll Freigelassener, ehemalige Sklaven, die durch einen Rechtsakt ihre Freiheit zurückgewonnen hatten. Einen erkannte Cortés sofort: Juan Garrido, der in Portugal zum Christentum konvertiert und dann hierher in die Karibik gekommen war.

Die meisten der Spanier kamen aus dem Süden, aus der Nähe von Sevilla, und waren – wie Cortés sehen konnte, als er den Blick über ihre Gesichter schweifen ließ – in ihren Zwanzigern und Dreißigern.

Viele von ihnen waren Handwerker gewesen, bevor sie sich auf den Weg in die Neue Welt gemacht hatten: Schneider und

Hufschmiede, Steinmetze, Tischler und sogar ein oder zwei Barbiere. Eine Handvoll ehemaliger Sträflinge gab es auch – man erkannte sie an ihren gestutzten Ohren, der Strafe für Diebstahl.

Auch ein paar Frauen waren dabei – einige der wohlhabenderen Hauptmänner hatten ihre Dienstmägde oder Hauswirtschafterinnen mitgebracht.

Warum waren all diese Männer hier? Er wusste, was sie sagen würden, weil seine Gründe dieselben waren.

Weil sie sich nach Abenteuern sehnten und neue Länder entdecken wollten. Und weil ihnen die Idee gefiel, im Namen Christi zu kämpfen.

Vor allem aber natürlich, weil sie reich werden wollten. Nicht notgedrungen aus reiner Gier – Gold bedeutete Freiheit, Ruhm und Ehre.

Gold bedeutete, dass die Leute deine Familie mit Respekt behandelten. Gold bedeutete, dass deine Kinder behaglich aufwachsen konnten. *Nichts falsch daran, Gold haben zu wollen*, dachte Cortés.

Er versuchte, in den Gesichtern seiner Hauptmänner zu lesen, die in vorderster Reihe versammelt waren. Jeder Einzelne von ihnen hatte auf Kuba gekämpft, viele hatten Sklavenraubzüge auf den anderen Karibischen Inseln befehligt. Aber respektierten sie ihn? Würden sie seinen Befehlen folgen?

Es hatten sich bereits kleinere Grüppchen und Lager zu bilden begonnen. Auf der Backbordseite hatten sich einige Männer versammelt, die Velázquez sehr nahestanden und vom gutmütigen, trinkfesten Francisco de Montejo angeführt wurden. Aber wenn sie alle ein Herz und eine Seele mit dem Gouverneur waren, konnte Cortés ihnen trauen?

Auf der anderen Seite war Pedro de Alvarado in ein Gespräch mit seinen Brüdern Jorge, Gonzalo, Gómez und Juan vertieft. Von denen war, das wusste Cortés, einer so skrupellos wie der andere. Wenn die Dinge nicht glatt liefen, was würde sie davon abhalten zu meutern?

Irgendwie musste er diese Bande unter seinem Kommando vereinen. Allzu fest sollte er allerdings nicht schlafen ... In der Nacht ein Messer zwischen die Rippen, was konnte einfacher sein?

Cortés hob seine Stimme, um den Wind und die Wellen zu übertönen.

»Meine Freunde«, sagte er heiser. »Wir machen uns heute auf zu einer großen Unternehmung, von der man noch in Jahren sprechen wird. Da draußen gibt es unermesslich große und reiche Länder – und Menschen, wie wir sie noch nie zuvor gesehen haben. Wir werden sie für uns in Besitz nehmen.«

Er hielt inne. Und blickte in Hunderte Gesichter, die ihn anstarrten.

»Ich kann euch großen Lohn versprechen«, fuhr er schließlich fort. »Für den wir aber hart werden arbeiten müssen. Aber solange ihr mich nicht verlasst, werde ich auch euch nicht verlassen, und ich werde euch zu den reichsten Männern machen, die jemals das Meer überquert haben. Wir kämpfen für den allmächtigen Gott – und er wird uns den Sieg schenken!«

Bei diesen Worten hisste einer seiner Männer Cortés' goldene Standarte, die er in Santiago eigens hatte anfertigen lassen. Als die anderen das leuchtend rote Kreuz und das aufgestickte Motto – *Amici, sequamur crucem, et si nos fidem habemus, vere in hoc signo vincemus** – sahen, brachen einige von ihnen in Jubel aus.

Erst nur zwei oder drei, dann mehr … und dann jubelten sie plötzlich alle und riefen wie aus einem Mund:

»Für Gott! Für Spanien! Für Gold! Für Ruhm und Ehre!

■

Abenddämmerung. Die glutrote Scheibe der Sonne versank gerade am westlichen Horizont und Cortés stand allein am Bug seines Flaggschiffs, seine Augen auf dem Wasser, seine Gedanken bei dem, was da kommen würde.

Aus Alvarados Berichten wusste er, dass einige der Einheimischen ihnen unter Umständen nicht freundlich gesinnt sein würden. Wie das Gesetz es vorschrieb, hatte er das Requerimiento dabei, außerdem einen Priester aus Sevilla sowie einen Ordensbruder aus Valladolid, der Hauptstadt Kastiliens.

Cortés nahm seinen Glauben sehr ernst. Er betete täglich. Und wenn er seinen Männern sagte, dass er den Menschen die

---

* »Freunde, lasst uns dem Kreuz folgen, und wenn wir wahrhaftig glauben, dann werden wir in diesem Zeichen siegreich sein.«

frohe Botschaft Jesu Christi bringen wolle, dann meinte er das auch so.

Aber er wusste, dass nicht jeder und jede offen war für das Wort Gottes. Also hatte er, als Geschenke für die Menschen, denen sie begegnen würden, Hunderte Kisten mit Glasperlen, Glöckchen, Spiegeln, Näh- und Stecknadeln, Messern und Scheren dabei, und dazu stapelweise spanische Hemden, Umhänge und Taschentücher.

Was aber, wenn die Glasperlen und Glöckchen nicht genügten? Was, wenn die Einheimischen gewalttätig würden?

Nicht alle von Cortés' Männern waren Berufssoldaten, doch einige von ihnen hatten im Krieg gegen die Mauren gedient. Insgesamt, so dachte er, sollte das ausreichen, um aus jedem Kampf als Sieger hervorzugehen.

Spätere Gemälde zeigen die Spanier in glänzenden Eisenrüstungen. Tatsächlich war es jedoch viel zu heiß, um eine vollständige Rüstung zu tragen. Diejenigen, die Brustharnische trugen, legten diese erst ganz kurz vor einem Kampf an.

Einige wenige hatten Kettenhemden dabei, in denen sie sehr geschwitzt und an denen sie schwer getragen haben dürften. Später hatten sie dann oft Rüstungen aus gepolsterten Stoffen an, die sie den Völkern Mexikos abgeschaut hatten.

Auf Cortés' Schiffen trugen die meisten der Konquistadoren – »Eroberer«, so nannte man sie später – noch einfache Leggings, eine lange Tunika und einen farbigen Umhang. Einige trugen eiserne Helme – jedoch nicht die mit dem auffälligen Helmkamm, die man von Bildern kennt. Die allermeisten hatten eine Stoffmütze oder einen einfachen Hut auf dem Kopf, um sich vor der sengenden Sonne zu schützen.

Falls es zum Kampf kam, da war sich Cortés sicher, würden seine Leute ihren Mann stehen. Schließlich gehörten zu ihrer Ausrüstung auch noch sechzehn Pferde, eine Meute Kampfhunde, zehn Lombarden – große Bronzekanonen – und vier Falkonette, kleinere Kanonen, die Steinkugeln bis zu zwei Kilometer weit schießen konnten.

Mit den Kanonen musste man jedoch aufpassen. Sie funktionierten nur, wenn es trocken war, und sie mussten mühsam in Position geschoben und gezogen werden – waren also nutzlos, wenn man überraschend angegriffen wurde.

Mit den Arkebusen – großen Handfeuerwaffen – war es eine ähnliche Geschichte. Feinde hatten zwar den allergrößten Respekt vor ihnen, das Nachladen der Waffen dauerte aber eine Ewigkeit. Bis ein Arkebusier seinen nächsten Schuss vorbereitet hatte, konnte ein guter Bogenschütze ein Dutzend Pfeile verschießen.

Cortés dachte zurück an die vielen siegreichen Kämpfe auf Kuba und war sich sicher, dass ihre effektivste Waffe das Schwert sein würde.

Die besten spanischen Schwerter – mit Klingen aus dem berühmten harten Toledostahl, auf denen oft kunstvoll ausgeführte Mottos prangten wie »Für meine Herrin und meinen König, dies ist mein Gesetz« – waren atemberaubend schön.

Ein Toledoschwert war leichter, schneller, schärfer und tödlicher als jede Waffe in der Neuen Welt. Ein erfahrener spanischer Schwertkämpfer konnte Dutzende Angreifer niedermachen, bevor er selbst an der Reihe war.

Aber würde es überhaupt zum Kampf kommen? Und falls ja – konnte er sich auf seine Hauptmänner verlassen?

Cortés legte seine Hände fester um die Reling. Inzwischen war die Sonne nahezu verschwunden. Weit vor ihm flackerte es ein letztes Mal rot auf, dann breitete sich Dunkelheit über das Meer.

▪

Cortés ließ vor Cozumel ankern, wo auch Grijalva zu Beginn seiner Reise einen Zwischenstopp eingelegt hatte.

Seinen Männern gefiel das Inselparadies voller Früchte, Honig und atemberaubend bunter Vögel.

Die Maya hier waren zurückhaltend, aber freundlich, und Cortés war sehr angetan von ihren Baumwollhängematten und ihren Büchern – lange Bögen aus Baumrinde, die sie kunstvoll mit Bildern versahen.

Weniger beeindruckt war er von ihrem Tempel, einer hohen Stufenpyramide, an deren überdachter Spitze er Altäre und seltsame Steinfiguren ausmachen konnte. Er befahl seinen Leuten, die Götzenfiguren herunterzuholen und an deren Stelle ein Kreuz und ein Bildnis der Muttergottes aufzustellen.

Wir können nur vermuten, was seine Gastgeber davon hielten. Durch seinen Dolmetscher ließ Cortés ihnen mitteilen, dass er das zu ihrem eigenen Besten tue.

Es gebe nur einen Gott, sagte er, und diesen müssten sie sofort als den ihren annehmen. Vor allem aber müssten sie das mit den Menschenopfern sein lassen – denn wenn sie damit fortführen, gehe es für sie alle in die Hölle.

Was die Maya dann sagten, kam für Cortés völlig unerwartet: Es gebe, so erzählten sie, in der Nähe andere Bleichgesichtige. Auf dem Festland würden zwei Christen, die dort vor langer Zeit auf einem Boot angelangt seien, von einem mächtigen Herrn festgehalten.

Aufgeregt wandte sich Cortés an seine Hauptmänner. Wenn das stimmte – um wen in aller Welt mochte es sich bei diesen beiden verlorenen Seelen handeln?

Als er die Maya fragte, ob sie einen Boten per Kanu zum Festland schicken könnten, starrten sie ihn mit schreckgeweiteten Augen an. Niemals! Die da drüben in Yucatán seien Kannibalen, den Boten würde man nie wiedersehen!

Also dachte sich Cortés etwas anderes aus. Er befahl einem seiner Hauptmänner, sich drei Schiffe und etwa hundert Bewaffnete zu nehmen und damit zwei Boten der Maya zur Küste Yucatáns zu eskortieren. Er ließ die Schiffe mit reichlich Glasperlen als Lösegeld beladen und kritzelte eine Nachricht an die Gefangenen, sich so schnell wie möglich zu ihm hierher in Sicherheit zu begeben.

Dieser ausgeklügelte Plan schien jedoch ein kompletter Fehlschlag. Die Boten verschwanden spurlos, und nachdem sie eine Woche lang vergeblich gewartet hatten, kehrten die spanischen Schiffe mit leeren Händen zurück.

Cortés schluckte seine Enttäuschung hinunter und begann, sich auf die Abreise vorzubereiten. Den Gottesdienst am morgigen Sonntag würde man noch hier feiern, sich aber gleich danach auf den Weg machen.

Am nächsten Tag waren die Spanier gerade dabei, nach der Messe ihre Sachen zusammenzusuchen, als einige von ihnen ein Kanu sichteten, das sich in ihre Richtung kämpfte – darin drei verwahrlost aussehende Gestalten mit bloßen Oberkörpern.

Zwei stellten sich schnell als die beiden Mayaboten heraus – die Spanier hatten allerdings nur Augen für die dritte: einen wild aussehenden Mann mit tief in den Höhlen sitzenden Augen, sonnenverbrannter Haut und langen Haaren.

Als er, augenscheinlich am Rande des Zusammenbruchs, den Strand heraufgewankt kam, murmelte er irgendetwas vor sich hin. Als er Cortés erblickte, fiel er auf die Knie.

Dann erhob er seine Stimme und sprach – *spanisch.*

»Verehrte Herren«, sagte er heiser. »Seid Ihr wahrhaftig Christen? Wer seid Ihr?«

■

Sein Name, sagte der Mann, sei Gerónimo de Aguilar. Er sei in der Nähe von Sevilla geboren, später Ordensbruder geworden und vor etwa zehn Jahren in die Neue Welt gekommen.

Vor Jamaika habe man Schiffbruch erlitten, er und zwanzig andere hätten sich jedoch in einem kleinen Ruderboot retten können. Dann sei man von den Gezeiten abgetrieben worden und schließlich an der Küste Yucatáns gelandet. Dort seien sie von den ortsansässigen Maya – Kannibalen, wie sie bald erfahren hätten – gefangen genommen worden.

Fünf ihrer spanischen Gefangenen hätten die Maya sofort geopfert und sich danach an ihren Überresten gütlich getan. Die anderen, so auch ihn selbst, habe man in Käfige gesperrt.

Man sei sich vorgekommen, klagte Aguilar, wie der Inhalt einer Speisekammer. Weder er noch seine Mitgefangenen hätten jedoch das Bedürfnis verspürt, als Hauptgang beim nächsten Bankett ihrer Kidnapper zu enden, und eines Nachts sei ihnen tatsächlich die Flucht gelungen.

Schließlich sei man aber von einem anderen Mayahäuptling, Xamanzana, aufgegriffen worden. Der jedoch habe – dem Herrn sei Dank – keinen kulinarischen Gefallen an ihnen gefunden und sie lieber als Sklaven gehalten.

Mit den Jahren seien dann die meisten an Hunger, Trübsal oder Krankheiten gestorben. Es gebe nur zwei Überlebende: ihn selbst und einen Seemann namens Gonzalo Guerrero.

Um den Verstand nicht zu verlieren, habe Aguilar sich an seinen christlichen Glauben geklammert, jeden Morgen gebetet und jeden Tag, der ins Land zog, sorgfältig gezählt. Die Maya hätten schöne junge Frauen zu ihm geschickt, um ihn zu verwirren, doch er sei ein Mann eisernen Willens und habe sie alle weggeschickt.

Guerrero sei mit der ganzen Situation ganz anders umgegangen. Er habe sich schließlich in den Dienst eines Kriegsfürsten, eines gewissen Na Chan Can, begeben und sei dessen militärischer Berater geworden. Er habe eine Maya geheiratet, drei Söhne bekommen und sich selbst wie ein Maya gekleidet und geschmückt – sogar das Gesicht habe er sich tätowieren und sich Löcher in Nase, Lippen und Ohren stechen lassen.

Als die Boten mit Cortés' Nachricht kamen, habe Aguilar es kaum erwarten können, wieder spanische Stimmen zu hören. Er habe Guerrero gedrängt, mit ihm zu kommen, doch dieser habe nur den Kopf geschüttelt.

»Bruder Aguilar«, habe er gesagt, »ich bin verheiratet und habe drei Kinder, und die Menschen hier sehen in mir einen großen Krieger. Mein Gesicht ist tätowiert und ich habe Löcher in den Ohren. Was würden die Spanier sagen, wenn sie mich so sehen würden? Du aber geh – und Gottes Segen sei mit dir.«

Guerrero war damit der erste Europäer, der – entgegen der üblichen Gepflogenheiten der Neuankömmlinge – seine alte Identität aufgab und sich zum Amerikaner machte, und seine Söhne zu Kindern zweier Welten.*

Aguilar hingegen machte keinen Hehl daraus, wie erleichtert

* Interessanterweise verliert sich Guerreros Spur hier nicht. Als viele Jahre später die Spanier versuchten, Yucatán zu erobern, spielte er eine Schlüsselrolle bei der Organisation des Widerstands der Maya, und mit Mitte sechzig war er immer noch aktiv in Kämpfe verwickelt. Er fiel vermutlich im Jahre 1536, als er seine Wahl-Landsleute im Kampf gegen eine weitere spanische Invasion anführte.

er war, wieder unter Christen zu sein. Als Cortés ihn bat, sich ihrer Expedition als Übersetzer anzuschließen, sagte er dankbar zu.

Man machte sich also daran, die Aufbruchsvorbereitungen abzuschließen. Aguilar – jetzt frisch gewaschen, rasiert und in europäischer Kleidung – sah ein letztes Mal hinüber zum Festland, wo er so lange gefangen gehalten worden war. Er erschauerte, dann wandte er sich für immer ab.

Cortés, wieder an Bord seines Flaggschiffs, gab den Befehl zum Ablegen. Falls er jemals Zweifel gehabt haben sollte, waren diese verflogen. Ihr Kurs war klar: erst nach Norden, dann nach Westen – um die Spitze der Halbinsel Yucatán herum, Richtung Festland. Erst nach Norden, dann nach Westen – der Vorsehung und Gold, Ruhm und Ehre entgegen.

Und Montezuma.

TEIL DREI

REISE IN DIE ANGST

11

Das Mädchen vom Meer

Nachdem sie Yucatán umrundet hatten, ging es südwestlich in die große Bucht von Campeche, die sich glitzernd und funkelnd unter einem strahlend blauen Himmel vor ihnen ausbreitete. Am Horizont zeichnete sich das Festland als goldbraun-dunkelgrünes Band ab.

Als sie sich der Mündung des Flusses Tabasco näherten, fragte Pedro de Alvarado Cortés, ob er ihn kurz sprechen könne. Ungefähr hier sei es gewesen, sagte er leise. Hier hätten ein Jahr zuvor die Einheimischen Juan de Grijalva Masken und Figuren aus Gold überreicht.

Cortés' Augen glitzerten vor Aufregung. Gut zu wissen, meinte er. Dann gehe es ab hier landeinwärts.

Zunächst war man bester Dinge. Es war Frühling und kein Wölkchen zeigte sich am Himmel. Zu beiden Ufern des Flusses erstreckte sich der tropische Regenwald, soweit die Männer in den Ausgucken blicken konnten. In den Bäumen trällerten die Vögel, im Unterholz sahen sie kleine Tiere herumtollen.

So muss das Paradies ausgesehen haben, dachte Cortés. Der

Garten Eden, bevor Adam und Eva daraus vertrieben worden waren.

Ein Schrei aus dem Ausguck riss ihn aus seinen Gedanken: »Eine Stadt!«

Es war eine Flussstadt der Maya mit Hunderten strohgedeckter Lehmziegelhäuser: Potonchán. Ihre Bewohner waren berühmt für ihre gewebten Baumwollstoffe, um die sie ihre Nachbarn beneideten.

Die Herrscher der Stadt waren reich und mächtig, mit Hunderten, vielleicht Tausenden von Sklaven. Und als sie die Spanier den Fluss heraufkommen sahen, gefiel ihnen das gar nicht.

In den ersten paar Tagen hielt man die Besucher auf Abstand. Man brachte Cortés ein wenig zu essen, allerdings nicht annähernd genug für die ganze Besatzung. Man überreichte ihm auch eine goldene Maske, sagte allerdings gleich dazu, dass man nicht mehr als diese habe.

Cortés fragte – und Géronimo de Aguilar übersetzte –, ob seine Männer die Stadt betreten dürften. Die Antwort war ein deutliches Nein. Und überdies möchten sie bitte weiterziehen, sonst würden sie alle niedergemetzelt.

Am fünften Tag war es mit Cortés' Geduld vorbei. Er ließ Aguilar das Requerimiento verlesen und befahl den Stadtbewohnern, unter Androhung des Todes, sich dem spanischen König und dem christlichen Glauben zu unterwerfen.

Cortés' Proklamation war noch nicht zu Ende, da waren bereits die rhythmisch dröhnenden Trommeln der Maya zu hören.

Plötzlich strömten aus dem Wald Krieger hervor, die ihre Steinschleudern auf sie abfeuerten. Kanus voller Männer mit wurfbereiten Speeren schossen aus dem Schilf.

Zunächst hatten die Maya den Überraschungseffekt auf ihrer Seite, dann – im flachen Uferwasser stapelten sich bereits die Leichen – gewannen die Spanier die Oberhand.

Cortés schrie heiser seine Befehle und schaffte es, seine Leute ans Flussufer zu bringen. Als sie dann anfingen, ihre Kanonen abzufeuern, stoben viele der Maya in Panik auseinander.

Als die Nacht anbrach, hatten die Spanier die Kontrolle über das Stadtzentrum von Potonchán, das sie verlassen vorgefunden hatten. Offenbar hatten die Maya die ersten vier Tage des ungebetenen Besuchs genutzt, um ihre Frauen und Kinder in den Wald in Sicherheit zu bringen.

Zwei Tage später flammten die Kämpfe erneut auf, dieses Mal in einem Maisfeld außerhalb der Stadt. Wieder strömte Welle um Welle speerschleudernder Mayakrieger auf sie ein, doch dieses Mal hatte Cortés eine Geheimwaffe.

Im Schutz der Dunkelheit hatten seine Männer die Pferde an Land gebracht. Cortés wusste, dass die Maya derlei Ungetüme noch nie zuvor gesehen hatten – und er wusste aus Erfahrung, dass Pferde die Moral der Einheimischen oft komplett in sich zusammenbrechen ließen.

Er lag richtig. Die spanische Kavallerie donnerte über das Maisfeld – und die Maya warfen ihre Speere von sich und flohen voller Entsetzen.

Als alles vorbei war, waren Hunderte Mayakrieger tot. Cortés hingegen hatte durch die Pfeile der Maya nur zwei seiner Männer verloren.

Die Häuptlinge Potonchâns fügten sich dem Unvermeidlichen. Nun gut, sagten sie, der König von Spanien sei jetzt auch der ihre. Ebenso würden sie ihre Götterbildnisse zerschlagen und fortan Jesus Christus als ihrem Herrn und Erlöser huldigen.

Und sie brachten Geschenke: Truthähne, Fische und so viele Früchte, wie die Spanier nur essen konnten. Gold hätten sie jedoch nur wenig, betonten sie mit Nachdruck. Wenn ihre neuen Herren Gold wollten, müssten sie sich weiter im Westen umsehen, im Tal von Mexiko.

Cortés und Alvarado wechselten verwirrte Blicke. Dieses Wort hatten sie noch nie gehört. *Mexiko* ...

Ein Geschenk gab es noch vor der Abfahrt: Die Mayahäuptlinge hätten Kenntnis davon erlangt, dass man nur sehr wenige Frauen dabeihabe. Sie überließen den Spaniern also zwanzig Sklavenmädchen, die für diese auf der Reise nach Westen kochen sollten.

Aus den Rängen der Spanier erschollen heisere Jubelrufe. Selbst Cortés musste laut auflachen. Seine Männer seien für dieses Geschenk sehr dankbar, sagte er. Man werde die Frauen taufen und ihnen spanische Namen geben.

Als die Maya die zwanzig verängstigten jungen Frauen hinunter zu den Schiffen führten, fiel Cortés' Blick auf eine von ihnen, die sich von den anderen zu unterscheiden schien. Sie erschien ihm wachsamer und selbstsicherer – so als wüsste sie etwas, das sonst niemand wusste.

Kurz traf ihn der Blick ihrer tiefen, dunklen Augen. Anders als die anderen Frauen sah sie nicht weg.

Dann verschwand sie im Innern des Schiffs und Cortés vergaß diese kurze Begegnung. Zunächst.

■

Die Spanier fuhren weiter die Küste entlang. Am 20. April 1519 – drei Tage vor Ostern – erreichten ihre Schiffe die Insel der Opferungen, wo Grijalva Altäre und herumliegende Schädel gefunden hatte.

Keine halbe Stunde nachdem sie vor Anker gegangen waren, sichteten Cortés' Aussichtsposten zwei Kanus, die aus Richtung Festland direkt auf sie zuhielten. Die Spanier ließen eine Strickleiter herab und ihre Besucher kletterten an Bord.

Cortés winkte Aguilar zu sich. Dies sei, meinte er barsch, eine weitere Gelegenheit für den Übersetzer, zu zeigen, ob er etwas tauge.

Doch die Neuankömmlinge hatten kaum ein Wort gesprochen, da stand Aguilar bereits die Verwirrung ins Gesicht geschrieben. Er wandte sich zu Cortés und breitete entschuldigend die Arme aus.

Er verstehe die Sprache der Maya sehr gut, sagte er betreten. Aber ihre Besucher sprächen etwas anderes – er habe nicht die geringste Ahnung, was sie sagten.

Cortés' Gesicht verfinsterte sich und er ballte vor Wut die Fäuste. Und jetzt – Aguilar stammelte noch seine Entschuldigungen – trat das Mädchen vom Flussufer vor.

Sie wisse genau, was diese Männer sagten. Sie seien Totonaken und sprächen Nahuatl, die Sprache, die auch ihr eigenes Volk spreche, die Sprache ihrer Heimat.

Sie wandte sich den Besuchern zu und übersetzte deren Worte leise in die Sprache der Maya, sodass Aguilar weiter ins Spanische übersetzen konnte.

»Großer Herr, wir heißen Euch willkommen … Unser Herr, der dem mächtigen Montezuma dient, schickt uns … Wir sind beauftragt, herauszufinden, was Euch in unser Land führt und was Ihr hier wollt … Nach allem, was Ihr für Eure Schiffe benötigt, braucht Ihr nur zu fragen, und wir bringen es Euch …«

Cortés' Augen wurden groß. Er bellte einen Befehl und seine Diener kamen mit Speisen und Getränken herbeigerannt. Für den Rest des Tages hatte er ein genaues Auge auf das Mädchen, beobachtete ihre Gestik und Mimik und hörte zu, wie sie sprach.

Als der Abend anbrach, wies er Aguilar an, sie in seine Kabine zu bringen. Er goss sich ein Glas Wein ein und machte es sich bequem, gespannt auf ihre Geschichte.

▪

Sie sei etwa achtzehn Jahre alt – aber ganz sicher sei sie sich da nicht. Sie sei am Meer aufgewachsen, in der Provinz Coatzacoalcos, und ihr Vater sei in ihrem Dorf ein hoch angesehener Herr gewesen.

Er habe ihr, als sie klein war, Geschichten über ihr Volk erzählt, und darüber, wie ihnen ihre angestammten Freiheiten vom Herrscher der Azteken genommen worden waren. Doch ihr Vater sei gestorben, als sie noch sehr klein gewesen war, und ihre Mutter habe wieder geheiratet.

Bald darauf habe man sie hinunter zum Strand gebracht und zusammen mit einigen anderen Kindern in ein Kanu gesetzt. Ob sie Teil einer Tributzahlung war, oder ob ihre Mutter einfach beschlossen hatte, sie zu verkaufen, habe sie nie herausgefunden.

Ihr erster Besitzer sei ein Kaufmann aus Xicallanco gewesen, dieser habe sie aber bald an andere Kaufleute weiterverkauft, die mit feinen Baumwollstoffen für sie bezahlt hätten.

Ihre neuen Besitzer hätten sie dann in ein Kanu verfrachtet und sie die Küste entlang Richtung Osten mitgenommen. Dort sei sie abermals verkauft worden und so in den Dienst des obersten Häuptlings von Potonchán gekommen.

Mit den Jahren habe sie sich damit abgefunden, zu putzen und zu schrubben, Mais zu mahlen und Tortillas zu backen. Man habe ihr einen neuen Namen gegeben, einen Sklavennamen, und mit der Zeit habe sie ihren eigentlichen Namen fast vergessen.

Sie verstummte. Cortés lehnte sich zurück und strich sich über den Bart.

Sie war klug, so viel war sonnenklar. Und sie war mutig. Sie hätte genauso gut schweigend im Hintergrund bleiben können. Stattdessen war sie aus den Reihen der anderen herausgetreten, weil sie eine Gelegenheit gesehen hatte, die sie beim Schopf packen wollte.

Als Vermittlerin in Verhandlungen mit den Einheimischen konnte sie ihm sehr nützlich sein – wenn er ihr vertrauen konnte. Sie könnte wichtige Informationen über die Azteken und deren Reich beschaffen. Sie könnte für sie um Nahrung und Vorräte feilschen. Ja – sie könnte für ihn in der Tat außerordentlich wertvoll sein.

Zunächst würde er sie aber noch beide brauchen – das Mädchen würde in die Mayasprache übersetzen und Aguilar dann ins Spanische. Wenn sie allerdings so gewitzt war, wie sie schien, würde sie bald selbst des Spanischen mächtig sein. Dann brauchte er sich um Aguilar nicht mehr zu kümmern.

Er betrachtete ihre Gesichtszüge: klug, ehrgeizig, wachsam. Vortrefflich. Eine Schönheit war sie außerdem.

Und da war noch etwas – etwas noch viel Wichtigeres.

Sie hasste die Azteken.

■

Man traf also eine Abmachung: Das Mädchen würde für Cortés als Übersetzerin arbeiten, und er versprach ihr, ihr »mehr als ihre Freiheit« zu geben.

Ihren wirklichen Namen verriet sie ihm nie. Er und seine Leute nannten sie *Doña Marina*, die Frau des Meeres. Die

Totonaken, die kein »r« sprechen konnten, nannten sie »Malina«. Manchmal hängten sie, als Zeichen des Respekts, noch ein »tzin« an – »Malintzin«. Für die Spanier klang das wie »Malinche« und so wird sie bis heute genannt.

Aber zurück in die Gegenwart des Jahres 1519, in der sie sich erst noch beweisen muss.

Es war jetzt Karfreitag, und Cortés war gerade dabei, sich mit einer Vorhut auf die kurze Überfahrt hinüber zum Festland, zu den Totonaken, vorzubereiten. Malinche würde natürlich auch dabei sein. Einige seiner Vertrauten betrachteten das mit Argwohn, doch Cortés ließ das kalt.

Die Totonaken stellten sich als bemerkenswert freundlich heraus. Es waren dieselben, die ein Jahr zuvor Grijalva so herzlich empfangen hatten, und jetzt überhäuften sie Cortés und seine Leute geradezu mit Truthahn, Bohnen und Maisbrot.

Schließlich fand es Cortés an der Zeit, dem Rest seiner Männer zu signalisieren, dass sie sich ebenfalls auf den Weg herüber zum Festland machen sollten.

Zwei Tage später, am Ostersonntag, kamen weitere Besucher. Keine Totonaken allerdings, sondern Männer in farbenfrohen Umhängen und federgeschmückten Kopfputzen – Abgesandte Montezumas.

Tendile, ihr Anführer, stellte sich als der für die Küste zuständige königliche Gouverneur vor. Er verhielt sich sehr zuvorkommend, auch wenn er seine Überraschung über das Mädchen an Cortés' Seite nicht ganz verbergen konnte.

Ihr Herrscher habe von den Neuankömmlingen bereits Kunde erhalten, sagte er höflich, und sei hocherfreut, sie in seinen Gefilden willkommen zu heißen. Er habe Geschenke mitgebracht – Gold und Federn – und zu essen und zu trinken für mehrere Tage.

Cortés neigte den Kopf. Er habe seinerseits Geschenke des Königs von Spanien dabei, sagte er dann, und überreichte dem Abgesandten einen seidenen Mantel, einen Lehnstuhl und eine Schachtel Glasperlen.

Tendile nahm die Geschenke entgegen, betrachtete sie jedoch mit offensichtlicher Geringschätzung. Dann machte er eine ausladende Geste. Die Fremden würden Unterkünfte benötigen, da die sommerlichen Regenfälle bald kämen. Seine Männer würden ihnen ein Lager hier am Ufer errichten, wenn Cortés damit einverstanden sei.

Während all dessen nahm Tendile seinen Blick nicht von Malinche. Es war ausschließlich sie, die mit ihnen redete, und manchmal tat sie das, ohne sich zuvor mit Cortés abzusprechen.

Tendile fragte sich, wer hier eigentlich der Anführer war. Der Bärtige? Oder doch dieses Mädchen?

Er müsse Tendile und seinen Leuten einiges zeigen und sie müssten genau aufpassen, meinte Cortés dann. Er wies seine Priester an, im Sand ein Kreuz aufzustellen. Dann sagten die Spanier feierlich ihre Gebete auf. Tendile sah ihnen verwirrt und mit gerunzelter Stirn dabei zu. *Wie kleine Kinder …*

»Wer weiß«, unterbrach Cortés seine Gedanken, »bald werden

vielleicht auch die Azteken solche Kreuze in ihren Tempeln aufstellen und Jesus Christus dem Herrn huldigen.« Tendile lächelte schmallippig. Diese Fremden waren offensichtlich komplett verrückt.

Es folgte eine zweite, beeindruckendere Vorführung. Zunächst führten die Spanier einen Schau-Schwertkampf auf, dann preschte Alvarado mit seinen Reitern über den Strand, dass der Sand nur so aufspritzte, und schließlich feuerten die Spanier ihre Kanonen in die Dünen ab.

Dieses Mal schien Tendile etwas mitgenommen. Zwei seiner Diener hatten inzwischen die ganze Zeit auf Rindenpapier herumgekritzelt, so als ob sie Notizen für ihren daheimgebliebenen Herrscher machen würden.

Schließlich verbeugte er sich. Es sei Zeit zu gehen.

Cortés fragte, wann er die Gelegenheit bekommen würde, Montezuma persönlich zu treffen. Es sei ihm ein großes Anliegen, einem solch mächtigen Herrscher die Aufwartung zu machen und ihm die Grüße des spanischen Königs zu überbringen.

Tendile seufzte. Wer könne das schon sagen? Das Reich leide gerade unter einer Dürre und sein Herr sei im Moment sehr beschäftigt. Er würde jedoch bald mit einer Antwort zurückkehren.

Dann folgte jener fatale Wortwechsel, der das Schicksal der Azteken besiegeln würde. Ob die Azteken, wollte Cortés wissen, vielleicht noch mehr Gold hätten?

Tendile lächelte. »Selbstverständlich.«

»Dann schickt mehr davon«, sagte Cortés. »Denn wir Spanier leiden an einer Krankheit des Herzens, die nur mit Gold geheilt werden kann.«

■

Tenochtitlan, zwei Tage später.

Montezuma empfing Tendiles Boten im Haus der Schlangen im Herzen seines Zoos. Als diese stammelnd vortrugen, was sie zu berichten hatten, konnten sie die Schlangen in ihren Körben zischeln hören.

Bevor die Boten zu Montezuma vorgelassen worden waren, hatte man sie – damit ihr Besuch nichts als Glück brachte –, mit dem Blut der letzten Opferungen bespritzt. Doch als Montezuma ihnen jetzt zuhörte, tat er das mit finsterer Miene.

Nichts davon ergab Sinn. Fremde mit weißer Haut, roten Bärten und Kleidern aus Metall. Eine Waffe, die mit einem einzigen Donnerschlag einen Baum fällen konnte. Riesige Hunde mit »feuergelben Augen«. Gigantische hirschartige Kreaturen, »hoch wie das Dach eines Hauses«.

Und am unerklärlichsten: dieses Mädchen, das zusammen mit den Fremden unterwegs war. Eine vom Volk der Nahua wie er selbst, die aber für den Anführer der Fremden sprach und deren Pläne zu dirigieren schien. *Wer war sie?*

Später schrieben einige Chronisten, Montezuma sei »von Grauen erfüllt« gewesen und »in tiefster Trübsal und Verzweiflung versunken«. Das scheint jedoch wenig wahrscheinlich. Montezuma war ein zäher, kampferprobter Anführer, nicht jemand, der weinend zusammenbricht, weil an der Küste Fremde auftauchen.

Ebenso wenig glaubte er – entgegen all der Gerüchte auf den Märkten –, dass sie Götter waren.* Er wusste genau, dass die Fremden nichts als normale Sterbliche waren. Was er nicht wusste, war, woher sie kamen und was sie wollten.

So grübelte er geraume Zeit und wog immer wieder ab, was am besten zu tun sei. Schließlich wies er seine Berater an, sich im Haus der Adlerkrieger zusammenzufinden.

Nachdem jeder seinen Platz auf den bunt verzierten Bänken eingenommen hatte, eröffnete Montezuma die Versammlung. Man habe eine Wahl zu treffen, sagte er. Entweder erlaube man den Fremden, der Hauptstadt näher und näher zu kommen, oder man müsse sie irgendwie wieder loswerden.

Aber wie? Es war keine Kriegssaison und viele seiner besten Kämpfer bestellten gerade ihre Felder.

Montezumas Bruder Cuitláhuac sprach zuerst. Es wäre Wahnsinn, die Fremden in die Stadt zu lassen, meinte er. »Man sollte sein Haus niemals jemandem öffnen, der einen daraus verjagen wird.«

---

* Es heißt oft, Montezuma habe geglaubt, dass Cortés der Gottkönig Quetzalcoatl gewesen sei, der schließlich doch über das Meer im Osten zurückgekehrt war, um erneut zu herrschen. Doch das ist höchstwahrscheinlich eine spätere Erfindung. In keinem der frühen Berichte der Azteken steht etwas von zurückkehrenden Göttern. Und auch Cortés selbst hat in den Briefen, die er während seiner Expedition schrieb, nichts davon erwähnt, mit einem Gott verwechselt worden zu sein.

Sein Neffe Cacama schüttelte den Kopf. »Nein«, sagte er. »Ein großer Herrscher sollte keine Angst vor Besuchern aus fremden Landen haben.«

Er machte eine Geste durch den Versammlungsraum. »Sieh all die großen Anführer, die dich verteidigen werden.«

Montezuma nickte langsam und nachdenklich. Dann winkte er einen Diener zu sich.

»Lasst den Fremden weitere Geschenke bringen«, sagte er.

■

Was war also Montezumas Plan? Hoffte er, die Spanier so dazu bringen zu können, wieder zu gehen? Glaubte er tatsächlich, dass sie sich damit zufriedengeben würden?

Oder verfolgte er finstere, skrupellosere Pläne? *Wollte* er, dass die Spanier weiter und weiter Richtung Hauptstadt vorrückten, wie ein Jäger, der mit seiner Beute spielt?

Wollte er sie näher und näher an sein Labyrinth heranlocken, wo sie eines Tages ihre Plätze neben den Schlangen und Eidechsen einnehmen sollten? Plante er mit anderen Worten, sie zu *sammeln*, um sie dann als Prachtstücke seiner Kollektion vorführen zu können?

Das werden wir niemals wissen. Wahrscheinlich wussten nicht einmal Montezumas Berater, was er sich bei alldem dachte.

Jedenfalls machten sich in den nächsten Tagen weitere seiner Abgesandten auf den Weg zur Küste – schwer beladen mit goldenen Schüsseln, Schmuckstücken, Figuren und Halsketten, mit

Umhängen, Spiegeln, juwelenbesetzten Schilden und federgeschmückten Kopfputzen.

Wieder übergab man diese an Cortés, wieder fragte dieser, wann er endlich in die Hauptstadt kommen könne. Und wieder antworteten die Abgesandten, dass Montezuma zu viel zu tun habe, um seine Gäste zu empfangen.

Der April ging zu Ende. An der Küste wurde es täglich heißer, die Luft schwüler, drückender. Wenn Cortés' Leute jetzt morgens ihre Augen aufschlugen, sahen sie statt Wolken dichte Fliegenschwärme über ihren Köpfen.

Anfang Mai kam erneut Tendile mit weiteren Geschenken: riesige Gold- und Silberräder, die mit Bildnissen der Sonne und des Mondes geschmückt waren, dazu weiteren Schmuck, weitere Juwelen und weitere Federarbeiten.

Und erneut bat Cortés um ein Treffen mit Montezuma. Erneut schüttelte Tendile den Kopf. »Der Hohe König muss wegen des Blumenfests in der Stadt bleiben. Und die Straße dorthin ist viel zu gefährlich für euch.«

An diesem Abend saß Cortés noch lange mit Malinche zusammen. Sie hatte außergewöhnlich schnell gelernt, und ihr Spanisch war bereits so gut, dass sie Aguilar nicht mehr brauchten, um sich zu unterhalten.

Inzwischen verbrachte Cortés mehr Zeit mit ihr als mit seinen Hauptmännern. Einige murrten, dass er sich wohl verliebt habe, da er sie so gar nicht mehr aus den Augen lasse.

Doch an diesem Abend sprachen sie vom Krieg.

Es gebe so viele, die Montezuma hassten, sagte Malinche mit mühsam unterdrückter Wut. Ganze Provinzen sehnten sich danach, das Joch der Azteken abzuschütteln und ihr Reich zum Einsturz zu bringen.

Wenn Cortés sich weiter landeinwärts wandte, würde er bald auf Freunde treffen. Viele der Totonaken würden ihm beispielsweise sehr gerne dabei helfen, die Macht der Königstreuen zu brechen.

Ihre Augen funkelten und ihre Stimme bebte vor Leidenschaft. Eine bessere Gelegenheit würde sich ihm nicht mehr bieten, flüsterte sie. Und natürlich sei auch das viele Gold der Azteken nicht zu verachten …

In dieser Nacht lag Cortés lange wach. Er ignorierte die Hitze und die Fliegen und dachte nach.

Das Mädchen hatte recht. Mit dem Gold der Azteken würde er es sehr, sehr weit bringen können. Vielleicht sogar bis zum König. Und wenn sie die Wahrheit sagte, dann gab es da draußen unzählige Verbündete, die man nur zu fragen brauchte.

Andererseits …

Cortés wusste, dass einige seiner Männer lieber heute als morgen nach Kuba zurückgekehrt wären. Die Vorstellung, weiter landeinwärts vorzustoßen, machte sie nervös – nicht zuletzt, weil sie sich damit über Velázquez' Anweisungen hinwegsetzten.

Kubas Gouverneur hatte sie damit beauftragt, die Küste Yucatáns zu erkunden, sonst nichts. Sie waren hier, um die Lage zu sondieren, nicht um zu kämpfen, und schon gar nicht, um sich mit einem Großreich anzulegen.

Falls sie sich landeinwärts wandten – wie lange würde es dauern, bis Velázquez ihnen Truppen hinterhersandte, um sie aufzuspüren? War es nicht überhaupt sehr wahrscheinlich, dass Velázquez' Truppen bereits auf dem Weg waren, da sich Cortés ja schon mit seiner Abreise dessen Befehlen widersetzt hatte?

Wenn Velázquez' Leute zu ihm aufschlossen, bevor er Tenochtitlan erreichte, was dann? In Ketten zurück nach Kuba geschleppt werden? Den Rest seines Lebens in einer stinkenden Zelle verrotten? Oder gleich aufs Schafott?

Und doch wollten ihm Malinches Worte nicht aus dem Kopf. *Eine bessere Gelegenheit wird sich nicht bieten …*

Als die Sonne aufging, hatte er sich entschieden.

▪

Am nächsten Tag bat er seine Männer, sich mittags am Strand zu versammeln. Als sich alle eingefunden hatten, stellte er sich auf eine umgedrehte Kiste und begann zu sprechen.

Er sei sich sehr bewusst, sagte er, dass viele von ihnen nach Kuba zurückkehren wollten. Tatsächlich teile er dieses Verlangen und verabscheue die Vorstellung, sich gegen Velázquez' Anweisungen zu wenden.

Er machte eine Pause.

Jedoch habe sich diese Reise völlig anders entwickelt, als man erwartet habe. Keiner von ihnen habe damit gerechnet, ein Land vorzufinden, das so reich an Gold war, oder die Gelegenheit zu bekommen, hier auf dem Festland Fuß zu fassen.

»Wenn Velázquez nur hier wäre«, fuhr er mit wohlgeölter Stimme fort, »würde er sofort erkennen, welch ein wunderbares Land dieses Mexiko ist und wie es sowohl Gott unserem Herrn als auch Seiner Majestät dem König eine Freude wäre, wenn man hier eine Kolonie errichten könnte.«

Also habe er, Cortés, seine Meinung geändert. Man würde noch nicht heimkehren, sondern zunächst hier eine kleine Stadt errichten, die man Villa Rica de la Vera Cruz – reiche Stadt des wahren Kreuzes – taufen würde.

Jeder Teilnehmer der Expedition sei ihr Bürger und bekomme das Recht, die Mitglieder des Stadtrates zu wählen. Sie würden mit den Einheimischen Handel treiben und Schätze horten, die sie dann nach Hause schicken könnten – und man würde nach Kuba zurückkehren, sobald man dazu bereit sei.

Er hielt inne und blickte in die Runde. Was sagten sie dazu?

Jubelrufe erschollen, genau wie er es sich gedacht hatte. Die lautesten kamen von den Alvarado-Brüdern. Viele von Velázquez' Freunden hingegen blieben still. Auch damit hatte er gerechnet.

Noch an Ort und Stelle wurden die Wahlen abgehalten. Die Gewinner, und damit die ersten Mitglieder des Stadtrates, waren wenig überraschend Cortés' Hauptmänner. Mit ernster Miene legte er ihnen den Brief mit Velázquez' Anweisungen vor. Mit ebenso ernsten Mienen erklärten sie, dass er seinen Auftrag erfüllt habe und dass er nun offiziell von seinem Posten als Kommandant der Expedition zurücktreten könne.

Einen Augenblick später gab Alvarado bekannt, dass der neue Stadtrat seinen ersten Obersten Richter und Generalkapitän gewählt habe. Sein Name, sagte Alvarado nach einer kleinen Pause, sei … Hernán Cortés!

Weitere Jubelrufe erschollen. Niemand bemerkte es, als Cortés kurz zu Malinche hinübersah und ihr aufmunternd zunickte.

■

Jetzt handelte Cortés schnell. Auf dem Papier sollte seine neue Rolle ihn vor Velázquez schützen, da er sich darauf berufen konnte, schlicht den Anordnungen des Stadtrats gefolgt zu sein.

Er wusste aber natürlich, dass die Dinge nie so simpel waren, wie sie auf dem Papier aussahen. Wenn Velázquez' Männer kämen, würden sie vielleicht zuerst ihre Schwerter ziehen und danach über Regularien diskutieren. Wenn er landeinwärts wollte, dann galt es, keine Zeit zu verlieren.

Als Erstes musste er die eingesammelten Aztekenschätze nach Spanien schicken. Auf diese Weise konnte er auch gleich Velázquez' Freund Francisco de Montejo loswerden. Wer wäre besser geeignet als dieser, das Gold bei Hofe abzuliefern und dem König Cortés' Fall darzulegen.

In den nächsten paar Tagen waren seine Männer damit beschäftigt, das Flaggschiff zu beladen und empfindlichere Gegenstände – Schmuckstücke, Kopfputze – in Kisten zu verpacken, damit sie die lange Fahrt über den Atlantik unbeschadet überstanden. Dann gab er einen weiteren Befehl – einen, bei dem selbst seinen engsten Vertrauten der Mund offen stehen blieb.

Da man sich nun landeinwärts wende, sagte er, brauche man die anderen Schiffe nicht mehr. Ihre jeweiligen Kapitäne möchten sie bitte an Land holen und dafür Sorge tragen, alles später unter Umständen Nützliche – Segel, Takelage, Anker, Kanonen – abzubauen und mitzunehmen.

Die Schiffe auf Sand setzen? War Cortés verrückt geworden?

Dieser duldete jedoch keinen Widerspruch. Es gehe nicht mehr zurück, wiederholte er. Es gehe nur noch nach vorn. Die Schiffe hätten ihren Zweck erfüllt, und man brauche das Holz für die neue Stadt.

Am 16. Juli stach Montejo mit dem vollgepackten Flaggschiff Richtung Spanien in See. Als das Schiff am Horizont verschwand, stand Cortés immer noch mit zum Abschied erhobener Hand am Strand, umgeben von Holzstapeln und Haufen abgenommener Takelage.

Jetzt gab es wirklich kein Zurück mehr.

Drei Wochen später, an einem drückend heißen Augustmorgen, war dann alles so weit. Die Schiffe waren an Land, die Kanonen abgebaut, die Segel verstaut.

Cortés' Hauptmänner versammelten ihre Kompanien um sich – eine kleine Armee von dreihundert Mann. Zusammen knieten sie nieder für ein letztes Gebet.

Abermals trat ihr Anführer vor. »Wir alle wissen, was vor uns liegt«, sagte er. »Lasst niemanden daran zweifeln, dass unser Herr Jesus Christus mit uns ist und uns zum Sieg führen wird. Doch wir sind nur wenige. Wir dürfen niemals zaudern. Wir dürfen nicht auf Hilfe hoffen. Wir können nur auf den Herrn vertrauen – und auf unsere eigene Stärke und unseren eigenen Mut.«

Cortés musterte ihre von der Sonne verbrannten Gesichter. Er sah darin Begeisterung, Entschlossenheit, Verunsicherung und Angst. Er wusste genau, was sie fühlten. Aber er wagte es nicht, auch nur das geringste Zeichen des Zweifels zu zeigen.

Er sprach jetzt lauter.

»Unser Schicksal liegt in unseren eigenen Händen. Lasst uns jetzt aufbrechen und dieses Land erobern – oder bei dem Versuch sterben. Sieg oder Tod!«

Sofort fielen seine Leute ein: *»Sieg oder Tod! Sieg oder Tod!«*

Wieder hallten Jubelschreie über den Strand, und Cortés' Blick suchte den von Malinche, in deren Augen er einen Anflug von Triumph sah.

12

Sturm der Schwerter

Auf einem schmalen, staubigen Trampelpfad verließen sie den Strand in den Wald hinein Richtung Westen, vorbei an einem Dorf der Totonaken, dessen Bewohner ihnen mit offenen Mündern hinterherstarrten.

Dann ein weiterer Wald – tiefer und dunkler –, der sich endlos hinzuziehen schien, jedoch gelegentlich von sonnendurchfluteten Lichtungen unterbrochen wurde, auf denen die einheimischen Bauern sich fröhlich singend um ihre Maispflanzen kümmerten.

Dann wieder lange nur Wald, dessen Blätterdach so dicht war, dass das Sonnenlicht nicht mehr bis zum Boden durchdrang und es schien, als hätte ein fremder Gott die ganze Welt in einen grünen Schatten getaucht.

Der Pfad war jetzt so schmal, dass sie nur noch einzeln hintereinander vorankamen – eine eineinhalb Kilometer lange Kette aus Soldaten, die vorne mit einer Gruppe Totonaken-Späher begann und von Taíno-Lastenträgern abgeschlossen wurde.

Am besten kamen sie morgens voran, obwohl es auch da

bereits so heiß war, dass die meisten ihre Rüstungen zurückließen. Nachmittags regnete es oft so heftig, dass sich der Boden unter ihren Füßen in klebrigen Matsch verwandelte.

Nachts schliefen sie, eingewickelt in ihre Umhänge, auf dem Erdboden. Bei Sonnenaufgang rappelten sie sich wieder hoch und marschierten weiter.

In den ersten Tagen vertrieb sich Cortés die Zeit mit Malinche – er hörte ihren Geschichten über das Leben an der Küste zu und verbesserte ihr Spanisch. Doch auch das wurde bald zu anstrengend, und es gab ohnehin nichts mehr zu sagen.

Jetzt begann der Pfad anzusteigen und sich in die ersten Ausläufer des schneebedeckten Gebirges, das Richtung Westen vor ihnen lag, hineinzuschlängeln.

Die Hitze ließ nach, wofür sie dem Herrn dankten – zunächst. Als sie dann den ersten Gebirgspass erreichten, war es jedoch so kalt geworden, dass ihre Zähne nicht mehr aufhören wollten zu klappern.

Bald ging es wieder bergab und der Weg führte sie schließlich auf eine düstere, nebelverhangene Hochebene. Dann ein weiterer Pass und ein dichter Kiefernwald, in dem der Pfad, der zwischen den Bäumen ständig seine Richtung änderte, nur noch mühsam auszumachen war.

Es war jetzt kälter als jemals zuvor und nachts gingen Hagelschauer auf sie nieder. Einige der Taíno, die diese Kälte nicht gewohnt waren, fielen unkontrolliert zitternd zu Boden und standen nicht mehr auf.

Schließlich sahen sie unter sich ein grünes Tal, in dem die weißen Dächer der Bauernhäuser in der Sonne glänzten. Dies, sagten ihre Führer, sei die Ortschaft Zautla, der der Häuptling Olintetle vorstehe.

Olintetle, stolzer Ehemann von über dreißig Frauen, hatte zwar große Angst vor den Hunden der Spanier, wies Cortés und seinen Männern aber dennoch eine Schlafstatt zu und brachte ihnen sogar ein wenig Verpflegung.

Als Cortés mit seinen Leuten auf den Stadtplatz kam, wich ihm jedoch alle Farbe aus dem Gesicht. Auf einem Gestell vor dem Tempel lagen – feinsäuberlich aufgereiht – Dutzende menschliche Schädel, und von Holzpfählen hingen blutige Köpfe.

»Seid Ihr ein Vasall Montezumas, mein Herr?«, fragte Cortés.

Olintetle stand die Verwirrung ins Gesicht geschrieben. »*Jeder* ist ein Vasall Montezumas«, sagte er, als spräche er zu einem Kind. »Er ist der Herrscher der Welt.«

■

Cortés blieb einige Tage in Zautla, um sich hier in Ruhe mit Malinche, Alvarado und den Totonaken-Spähern zu besprechen. Bisher war ihre Reise einigermaßen problemlos verlaufen, aber das hatten sie auch einer gehörigen Portion Glück zu verdanken.

Cortés war klar, dass die Gefahren mehr und größer werden würden, je weiter sie sich von der Küste entfernten. Es war jetzt Ende August – Regenzeit – und sie hatten nicht mehr viel Proviant. Zudem hätten sie mit nur dreihundert Mann keinerlei

Chance in einem offenen Schlagabtausch mit einer feindlichen Armee.

Und ihre bisher größte Herausforderung lag erst noch vor ihnen. Das andere Ende des Tales markierte die Grenze nach Tlaxcala – jenem Stadtstaat, der sich immer noch der Macht der Azteken widersetzte.

Die Tlaxcalteken wären sicher mächtige Verbündete, aber würden sie überhaupt ein Interesse an einer Allianz mit Spanien haben? Oder würden sie in Cortés und seinen Leuten eher Futter für ihre Opfermesser sehen?

Ihre Führer waren sich sicher, dass die Tlaxcalteken die Spanier mit offenen Armen empfangen würden. Trotzdem sandte Cortés auf Malinches Vorschlag hin zwei Boten vor, die Grüße von ihm bestellen sollten.

Dann wartete er. Und wartete …

Nachdem man eine Woche auf die Rückkehr der Boten gewartet hatte, verlor Cortés die Geduld. Man habe sich lange genug ausgeruht, verkündete er kurz angebunden. Es sei Zeit, weiterzuziehen.

Sie verließen das Dorf Richtung Westen, unter einem kalten blauen Himmel weiter in das Tal hinein. Dann kam von vorne, von den Kundschaftern, plötzlich das Kommando zum Anhalten.

Vor ihnen ragte – quer über das Tal, zwischen den Gebirgszügen links und rechts von ihnen – eine düstere, drei Meter hohe bewehrte Steinmauer auf. Der Pfad führte zu einer schmalen Mauerlücke, die sich dunkel abzeichnete.

Die Grenze nach Tlaxcala. Errichtet Generationen zuvor als Zeichen des ewigen Hasses. Selbst den mutigsten der Spanier lief es angesichts dieses wenig einladenden Anblicks kalt den Rücken hinunter.

Und auch Cortés schien einen Moment lang nicht zu wissen, was er sagen sollte. Dann riss er sich zusammen.

»Meine Herren, folgen wir unserer Standarte!«, rief er. »Sie trägt das Heilige Kreuz und in diesem Zeichen werden wir siegreich sein!«

Damit stürzte er sich in den Durchgang – und war verschwunden.

■

Der Weg durch die Lücke wurde mit jedem Schritt enger, und Cortés fürchtete schon, in einer Sackgasse gelandet zu sein. Zu seiner Erleichterung weitete sich der Gang jedoch schnell und bald fand er sich wieder im Freien.

Vor ihm erstreckten sich, wie gemalt, die grünen Täler und Kiefernwälder Tlaxcalas. Nachdem sich alle hindurchgezwängt hatten, gab Cortés den Marschbefehl.

Aber es lag eine Spannung in der Luft, ein Gefühl drohender Gefahr. Selbst die Vögel hatten aufgehört zu zwitschern, so als würden sie auf irgendeine unabwendbare Katastrophe warten.

Vorsichtig und nervös setzten sie ihren Weg fort. Der Pfad begann jetzt wieder anzusteigen, die Ausläufer eines längst erloschenen Vulkans hinauf.

Cortés war auf sein Pferd gestiegen und befahl einigen Reitern, mit ihm zu kommen, um sich ein Bild von der Gegend zu machen. Er preschte zum Rand des Vulkankessels hinauf, von wo aus er in der Ferne einige dunkle Gestalten sehen konnte.

Er gab seinem Pferd die Sporen. Die Gestalten schienen davonzulaufen; er hätte sehr gerne mit ihnen geredet, hätte sie gerne davon überzeugt, dass er in Frieden kam …

Dann durchfuhr es ihn eiskalt. Aus Richtung des Tales sah er plötzlich Gestalten zu ihnen *herauf*kommen. Viele. Sehr viele. Hunderte. Krieger mit bemalten Gesichtern und Obsidianschwertern in den Händen, Kriegsgesängen auf den Lippen und Mordlust in den Augen …

Ein Hinterhalt!

Cortés riss sein Pferd herum, zog sein Schwert und versuchte schreiend und gestikulierend, seine Männer zu warnen und gleichzeitig Ordnung in ihre Reihen zu bringen. Jetzt schienen es Tausende von Angreifern zu sein, die aus jedem nur erdenklichen Winkel auf sie zuströmten.

Er hörte jemanden – sich selbst? – um Hilfe rufen und die Hufe spanischer Pferde hinter sich den Hügel heraufkommen. Er hörte Schwerter klirren, Pfeile zischen und Kanonen donnern; in seinen Ohren hallte der uralte spanische Schlachtruf: *Santiago y cierra, España!**

---

* Auf deutsch etwa: »Heiliger Jakob und steh zusammen, Spanien!«

Und mit einem Mal war der Feind wie vom Erdboden verschwunden, und alles war so schnell wieder vorbei, wie es begonnen hatte.

Tatsächlich war die ganze Angelegenheit nicht viel mehr als ein kleines Scharmützel gewesen. Zwei spanische Pferde waren getötet worden und ein Reiter schwer verwundet, wohingegen etwas fünfzig der Angreifer in blutigen Haufen auf dem Boden verstreut lagen.

Trotzdem schwirrte Cortés der Kopf, als seine Männer am Abend ihre Wunden verbanden. Wer waren diese Angreifer gewesen? War er verraten worden?

Am nächsten Tag kamen sie wieder.

■

Etwa vierzig Kilometer westlich, jenseits der Hügel, warteten die Tlaxcalteken in der Stille ihrer weiß getünchten Paläste auf Neuigkeiten von der Front.

Als sie die Geschichten von den Fremden, die an der Küste angekommen waren, gehört hatten, waren die Tlaxcalteken zunächst genauso ratlos gewesen wie alle anderen auch. Dann waren Berichte gekommen, dass sich die Spanier bereits auf dem Weg über die Berge befanden, und dann waren schließlich Cortés' Boten bei ihnen eingetroffen, die man seitdem unter strenger Bewachung hielt.

Da Tlaxcala eine föderale Republik war, kein Königreich, war seine Politik aufs Feinste ausbalanciert. Die Meinungen der

Ratsmitglieder zu den Neuankömmlingen spalteten sich in zwei Richtungen, die miteinander im Widerstreit lagen.

Auf der einen Seite stand der alte Maxixcatzin, dessen Gesicht von Narben und tiefen Furchen übersät war. Man solle die Fremden als Freunde willkommen heißen, meinte er, da Tlaxcala dringend Verbündete brauche, um der Macht Montezumas widerstehen zu können.

Maxixcatzin erinnerte seine Zuhörer daran, dass Tlaxcalas alter Verbündeter, die Stadt Cholula, vor Kurzem zu den Azteken übergelaufen war. Deshalb biete die gegenwärtige Situation eine hervorragende Gelegenheit, eine neue Partnerschaft einzugehen und vielleicht sogar an Cholula Rache nehmen zu können.

Das konnte sich der Vertreter der Gegenseite, der junge Xicotencatl, dessen Augen Funken zu sprühen schienen und der vor mühsam unterdrückter Wut fast zitterte, kaum anhören. Wie, so fragte er, solle man diesen Fremden denn vertrauen?

Wieso solle sich Tlaxcala mit Leuten anfreunden, die – so das der Wahrheit entspreche – von Montezuma Geschenke angenommen haben? Warum nicht jetzt zuschlagen, wenn diese sich noch in Sicherheit wähnten?

So ging das hin und her – bis man sich schließlich auf Folgendes einigte: Xicotencatl würde seine Kämpfer zusammenrufen, um die Fremden zu testen. Er würde sie wieder und wieder angreifen, damit man sehen könne, aus welchem Holz sie geschnitzt seien.

Falls sie schwach waren, würde man sie einfangen und opfern.

Falls sie sich aber als stark erwiesen, würde Maxixcatzin sie in die Stadt einladen, um ihnen ein Bündnis anzubieten.

Der Angriff nahe der Grenzmauer war also nur der Anfang. Gleich am nächsten Tag schlugen Xicotencatls Krieger wieder zu und lockten die Fremden in eine tiefe Schlucht, aus der sie sich – Mann gegen Mann – wieder herauskämpfen mussten.

Und so ging es weiter, Kampf um zermürbenden Kampf, Pfeil-und-Speer-Welle um Pfeil-und-Speer-Welle. Immer gegen Sonnenuntergang verschwanden die bemalten Gesichter wieder und ließen die Spanier jeden Tag verdrossener zurück.

Gegen Anfang September hatte Cortés es geschafft, oben auf dem kleinen Berg Tzompachtepetl eine Stellung zu errichten. Er wusste aber auch, dass ihm – Angriff um Angriff – die Zeit davonlief.

Der Proviant war ihnen bereits fast ausgegangen und zu trinken gab es nur noch Regenwasser. Das war aber nicht das Schlimmste. Hin und wieder flüsterte ihm Alvarado die aktuellen Zahlen zu – und momentan waren sie nur noch etwa zweihundertfünfzig Mann. Sie würden hier also, trotz Stahlschwertern und Armbrüsten, nicht ewig ausharren können.

Also änderten sie ihre Strategie: Sie erinnerten sich daran, was sie auf Kuba und Hispaniola so erfolgreich hatte sein lassen, und ritten nun des Nachts aus, um den Tlaxcalteken eine Botschaft zukommen zu lassen.

Sie plünderten Dörfer und brannten sie nieder. Sie griffen sich Frauen und Kinder und schnitten ihnen Ohren, Nasen, Finger und Füße ab. Sie zerrten die Priester hoch auf die Tempelpyramiden, warfen sie von dort hinunter und ließen ihre zerschmetterten Körper als Futter für die Krähen liegen.

Cortés und Alvarado waren nie davor zurückgeschreckt, Blut zu vergießen. Schließlich war Krieg, und um zu überleben, würden sie alles tun – Menschenleben spielten keine Rolle.

▪

Dann, inmitten all des Gemetzels, eine überraschende Wendung.

Eines Morgens sichteten Cortés' Wachtposten eine größere Gruppe, die sich von Norden her ihrer Stellung näherte. Dieses Mal waren es jedoch keine feindlichen Krieger, sondern, wie sich bald herausstellte, neuerliche Abgesandte Montezumas.

Sie verneigten sich vor den spanischen Hauptmännern und enthüllten ihre Geschenke: Masken und Kopfputze, Diademe, Ohrringe, Umhänge, Schilde – allesamt noch prächtiger und noch reicher verziert als alles Bisherige.

Montezuma, sagten sie, lasse seine Glückwünsche zu ihren Siegen über die Tlaxcalteken ausrichten. Er bitte sie jedoch dringend, nicht weiter in Richtung seiner Hauptstadt vorzudringen. Die Straße dorthin sei zu gefährlich, und obendrein könne er ihnen nicht den prächtigen Empfang bereiten, den sie verdienten.

Vor allem aber – hierauf bestanden die Boten – dürfe Cortés *auf gar keinen Fall* auch nur einen Fuß in die Stadt Tlaxcala setzen. Die Leute dort seien von jeher äußerst heimtückisch, und falls die Spanier dort auch nur anklopften, seien sie so gut wie tot.

Cortés blickte in die Runde seiner Hauptmänner. »*Omne regnum in se ipsum divisum desolabitur*«, murmelte er auf Latein.

Jeder Einzelne von ihnen kannte das Bibelzitat. »Jedes Reich, das mit sich selbst uneins ist, wird verwüstet und ein Haus fällt über das andre.«

■

Die Kämpfe gingen unterdessen weiter – eine lange, ermüdende Pattsituation. Gegen Mitte September stapelten sich die tlaxcaltekischen Leichen zu Hunderten, und Dutzende Spanier waren ebenfalls getötet worden.

Inzwischen war auch Cortés müde und zermürbt. Wie viele seiner Kameraden war er an einem Fieber erkrankt, trotzdem schleppte er sich jeden Tag aus dem Bett, um zu kämpfen.

Dann, eines Tages – mit der Moral der Spanier war es bereits gar nicht mehr weit her – ging die Sonne auf und es kam kein Angriff. Aufgeregte Wachposten verlangten Einlass an Cortés' Zelt. Eine Gruppe Einheimischer sei gerade auf dem Weg den Hügel herauf, sagten sie, aber keine Kämpfer, sondern eher eine feierliche Prozession mit prachtvoll gekleideten Herrschaften und vielen Dienern, die schwer an Essen und Geschenken schleppten.

Der Anführer der Tlaxcalteken, der junge Xicotencatl, bat mit Malinches Unterstützung um Cortés' Vergebung. Die Kämpfe, sagte er, seien ein schreckliches Missverständnis gewesen, und man würde sich sehr freuen, wenn die Spanier die Gastfreundschaft und die ausgestreckte Hand Tlaxcalas akzeptieren würden.

Zunächst zögerte Cortés. War das ein weiterer Trick? Konnte man den Tlaxcalteken wirklich trauen?

Dann wurde eine zweite Delegation im Lager der Spanier vorstellig. Angeführt wurde sie von den erfahrensten der tlaxcaltekischen Oberen – dem alten Maxixcatzin und dem blinden Xicotencatl dem Älteren, dessen Sohn die missverständlichen Kämpfe angeführt hatte.

»Malinche! Malinche!«, rief der Blinde und küsste den Boden zu Cortés' Füßen. »Wir flehen Euch an, uns unsere Angriffe auf Euch zu verzeihen. Wir hatten geglaubt, Ihr wärt mit Montezuma im Bunde – lasst uns Euch jetzt, wenn es Euch beliebt, in unserer Stadt willkommen heißen.«

Cortés runzelte die Stirn. *Malinche?**

Nun gut – jedenfalls bestand wenig Zweifel daran, dass die Tlaxcalteken meinten, was sie sagten. Cortés tat also einen Schritt auf seine vormaligen Widersacher zu und versprach sogar, ihre Traditionen zu ehren und ihre Freiheit zu verteidigen.

Wenige Tage später hielten die Spanier Einzug in Tlaxcala. Sie hatten ja schon viel erlebt und gesehen – so etwas allerdings noch nicht.

---

* Laut Bernal Díaz del Castillos berühmter Memoiren über die spanische Eroberung wurde Cortés von fast allen Mexikanern als »Malinche« angesprochen. Díaz war der Meinung, dass man – weil das Mädchen Malinche ja das Reden übernahm – Cortés »Malinches Hauptmann« genannt hatte, was schließlich zu *Malinche* verkürzt worden war. Die Mexikaner könnten aber auch geglaubt haben, dass das Mädchen, nicht Cortés, die eigentliche Anführerin war, die die Spanier dazu brachte, zu tun, was sie wollte.

Cortés schrieb an Karl V. von Spanien von der »atemberaubenden Schönheit« der Stadt und dass diese »viel größer als Granada« sei. Auf den Balkonen drängten sich die Schaulustigen, auf den Straßen hatte man Rosen verstreut, und von allen Seiten schallten ihnen Jubelrufe entgegen.

Für die meisten der Spanier waren die vorangegangenen Wochen ein Albtraum aus Marschieren, Frieren, Kämpfen und Töten gewesen. Jetzt, in den Palästen von Tlaxcala, konnten sie ihre Waffen niederlegen, ihre Wunden versorgen lassen und, zum ersten Mal seit Langem, wieder richtig schlafen.

Cortés blieb jedoch unruhig. Tag für Tag durchwanderte er mit Maxixcatzin und dem blinden Xicotencatl die Palastgärten und lauschte dem, was sie über die Boshaftigkeiten des Aztekenherrschers zu berichten hatten.

Natürlich war bei all diesen Treffen eine vierte Person zugegen – Malinche, deren Einfluss jetzt größer war als je zuvor. Ohne sie hätte Cortés keinerlei Chance gehabt, die Regeln der Tlaxcalteken zu verstehen, geschweige denn mit ihren altehrwürdigen Anführern zu sprechen.

Manchmal fragte er sich, ob er ohne Malinche nicht bereits tot wäre.

Zwei Wochen vergingen, bevor die Tlaxcaltekenführer ihm ihr Angebot unterbreiteten. Ja, sie würden den spanischen König als ihren Herrn und Meister anerkennen – ein Arrangement, das ihnen vollständig bedeutungslos erschien, da dieser so weit weg war.

Im Gegenzug würden sie den Spaniern gestatten, sich unter den jungen Frauen der Stadt Ehefrauen auszusuchen. Der alte Xicotencatl offerierte dem verwegenen Alvarado sogar seine Tochter. Der nahm das Angebot dankbar und gentlemanlike an und ließ verlauten, dass er sie Luisa nennen würde.*

Aber Cortés wollte mehr. Er sei, sagte er, mehr an *Kämpfern* interessiert als an Frauen.

Zu seiner Erleichterung lächelten die Tlaxcalteken. Das habe man gerade ansprechen wollen, sagten sie. Auf seinem Weg nach Westen, zu Montezumas Hauptstadt, würden ihn Tausende Krieger begleiten.

Als Malinche ihm das übersetzte, musste Cortés sich bemühen, seine Euphorie nicht allzu deutlich zu zeigen. Eine Tlaxcalteken-Armee! Das änderte alles!

»Wenn Ihr wirklich vorhabt, gegen die Azteken zu kämpfen«, sagte Maxixcatzin leise, »müsst Ihr jeden Einzelnen von ihnen umbringen. Tötet die Jungen, damit sie keine Rache nehmen können. Tötet die Alten, damit sie die Jungen nicht unterweisen können.«

Dann trat Xicotencatl der Jüngere vor und deutete auf einen Punkt auf der Karte. »Nur eine Bedingung haben wir noch …«

---

* Doña Luisa und Alvarado blieben ein Leben lang zusammen und hatten drei Kinder. Er scheint sie – für seine Verhältnisse – gut behandelt zu haben, jedenfalls begleitete sie ihn auf seinen gewalttätigen Abenteuern. Sie liegen beide in der Kathedrale von Antigua in Guatemala begraben.

■

An einem warmen Oktobermorgen marschierten die Spanier, begleitet von sechstausend Tlaxcaltekenkämpfern, in westlicher Richtung aus der Stadt. Nach etwa einer Stunde wandten sie sich jedoch nach Süden – und waren nun, wie Xicotencatl der Jüngere es gefordert hatte, unterwegs zu der Stadt, die einst mit Tlaxcala verbündet gewesen war: Cholula.

An diesem Abend kampierten sie außerhalb der Stadt, deren Einwohner ihnen Verpflegung und Getränke brachten und versprachen, ihnen ein herzliches Willkommen zu bereiten. Bei Tagesanbruch marschierten die Spanier zum Klang von Trommeln und Trompeten in die Stadt – die tlaxcaltekischen Kämpfer hatten sie im Lager gelassen.

Cholula war eine von Mexikos ältesten Ansiedlungen und muss ein atemberaubender Anblick gewesen sein. Cortés zählte mehr als vierhundert Tempelpyramiden und schrieb später, dass die Stadt »schöner als irgendeine in Spanien« gewesen sei.

Jahrhunderte zuvor war sie für ihre große Pyramide – damals die größte der Welt – bekannt gewesen. Mittlerweile war diese aber längst von Gras überwuchert und glich nun eher einer Hügellandschaft.* Inzwischen war Cholula bekannter für seine

---

* Die große Pyramide von Cholula kann man heute noch sehen. Von außen sieht sie teilweise aus wie ein grüner Hügel, auf dem eine Kirche thront, im Innern haben Archäologen jedoch die Überreste einer Tempelanlage – Höfe, Treppen, kilometerlange Tunnel – entdeckt.

exquisiten Keramiken, seinen riesigen Markt und seinen prächtigen Quetzalcoatl-Tempel, der Pilger von weither anzog.

Zwei Tage lang blieben die Reisenden in Cholula und ruhten sich aus. Es lag jedoch etwas in der Luft – eine Unruhe, eine Schwere, ein Gefühl nahenden Unheils …

Am zweiten Abend suchte Malinche Cortés auf, ihr Gesicht aschfahl. Ihre tlaxcaltekischen Freunde glaubten, so sagte sie, dass die Leute aus Cholula einen Anschlag auf sie planten – mit an Sicherheit grenzender Wahrscheinlichkeit auf Montezumas Befehl hin.

Die Tlaxcalteken hätten beobachtet, wie ihre Gastgeber die aus der Stadt hinausführenden Straßen verbarrikadiert, Steine auf ihren Dächern platziert und Gruben mit angespitzten Pfählen ausgehoben hätten. Und eben sei Malinche von einer ihr wohlgesonnenen Frau aufgesucht worden, die sie angefleht habe, in ihrem Haus Zuflucht zu suchen.

Cortés musterte Malinches Gesicht. Sie hatte ihn noch nie belogen, und er hatte keinerlei Grund, ihr nicht auch jetzt zu glauben.

Was aber, wenn die *Tlaxcalteken* logen und das alles genau so geplant hatten? Was, wenn die Bewohner von Cholula überhaupt keine finsteren Pläne verfolgten? Was, wenn das alles ein Trick war?

Einen Moment lang fühlte er sich wie in einem Labyrinth, aus dem er nie wieder herauskommen würde. Wie gut kannte er Malinche wirklich? Wie konnte er sich sicher sein?

Dann gab er sich einen Ruck. Angesichts einer solch tödlichen Bedrohung durfte er nicht zaudern.

Später am selben Abend sandte er zuerst einen Boten zu den Tlaxcalteken, dann rief er seine Vertrauten zum Kriegsrat.

■

Der Morgen dämmerte und ein dünner Nebel hing wie ein Trauerflor über der Stadt.

Im Hof des Quetzalcoatl-Tempels hatten sich die höchsten Vertreter Cholulas versammelt, um ihre Gäste zu verabschieden. Seit Stunden waren die Spanier mit ihren Reisevorbereitungen beschäftigt, und die Menschen in Cholula würden einmal tief durchatmen, wenn sie endlich weg waren.

Cortés saß mit ausdruckslosem Gesicht auf seinem Pferd, links von ihm Malinche, rechts Alvarado. Keiner von ihnen sprach ein Wort.

Als der Hof schließlich zum Bersten gefüllt war, traten spanische Soldaten in die Durchgangstore, um diese zu versperren. Einige der Stadtältesten hoben an zu protestieren, aber es war natürlich zu spät.

Cortés nickte einem seiner Arkebusenschützen zu. Ein Schuss fiel. Außerhalb der Stadt gaben die tlaxcaltekischen Anführer ihren Männern den Befehl zum Vorrücken.

Cortés zog sein Schwert, reckte es in die Höhe und schrie: »*Santiago!*«

Das Töten begann.

■

Das Massaker im Hof des Tempels dauerte zwei Stunden. Keiner der etwa hundert Cholulaner, die sich dort eingefunden hatten, war bewaffnet. Als alles vorbei war, wateten die Spanier im Blut.

Das Gemetzel im Rest der Stadt dauerte zwei weitere Tage. Spanier und Tlaxcalteken hackten sich mit vereinten Kräften von Straße zu Straße und von Haus zu Haus.

Tempel und Paläste wurden dem Erdboden gleichgemacht, Wohnhäuser geplündert und niedergebrannt. Die Leichen der Bewohner von Cholula – Männer, Frauen, Kinder – stapelten sich in den Straßen.*

Am dritten Tag wurden die Mörder des Mordens langsam müde. Die Tlaxcalteken hatten genügend Gefangene, die sie opfern konnten, der Blutdurst der Spanier schien gründlich gestillt.

Hatte es aufseiten Cholulas jemals eine Verschwörung gegeben? Wenn ja, steckte wirklich Montezuma dahinter? Oder war alles nur ein Trick der Tlaxcalteken gewesen?

Die Antwort ist mit den Beteiligten gestorben. Mag sein, dass auch Cortés selbst die Wahrheit nie herausgefunden hat.

Noch Wochen kreisten die Aaskrähen über der rauchverhangenen Stadt. Da waren die Spanier und ihre Verbündeten aber schon längst auf dem Weg ins Tal von Mexiko – zu Montezuma.

---

* Bei Ausgrabungen am Quetzalcoatl-Tempel von Cholula fand man etwa sechshundert Skelette mit der Art Wunden, wie sie spanische Schwerter verursachten.

13

Die Stadt auf dem See

Cortés wusste, dass es bis Montezumas Hauptstadt jetzt nicht mehr weit war – zwei Stunden, wäre er eine Krähe gewesen. So hatte er allerdings noch einige Berge vor sich, die höchsten von ihnen die beiden Vulkane Weiße Dame und Rauchender Berg.

Die Azteken glaubten, dass diese Gipfel einst ein junges Paar aus Tenochtitlan gewesen waren – der Krieger Popocatépetl, der in die Schlacht gezogen war, und die Prinzessin Iztaccíhuatl, die während seiner Abwesenheit aus Gram gestorben war.

Nachdem er zurückgekehrt war, hatte Popocatépetl die Leiche seiner Geliebten in die Hügel getragen, um sie dort zu beerdigen. Und während er an ihrem Grab weinte, bedeckten die Götter beide mit Schnee. So war sie *Weiße Dame* geworden, und er, bebend vor Trauer und Wut über den Tod seiner Geliebten, *Rauchender Berg*.

Cortés fand, dass man ihre Namen passend gewählt hatte. Auf ihren Gipfeln glitzerte der Schnee und vom Popocatépetl stieg ominöser weißer Rauch auf.

Gegen Mittag des ersten Reisetags – es war der 1. November

1519 – legten sie eine Pause ein, um die weitere Route zu besprechen. Eine Straße führte nach Norden um die Vulkane herum, eine andere ging direkt Richtung Westen weiter und würde sie über einen Gebirgspass nahe an den beiden Gipfeln vorbeiführen.

Cortés wandte sich an Diego de Ordaz, einen seiner Hauptmänner: »Nehmt zehn Mann und seht Euch den Pass an. Kommt so schnell wie möglich zurück und erstattet Bericht.«

Ein paar Stunden später war Ordaz schon wieder da. Er zitterte zwar vor Kälte, grinste aber triumphierend. Rauchender Berg sei ein lebhafter Geselle und habe sie mit so vielen Klumpen glühenden schwarzen Gesteins beworfen, dass sie nicht bis zum Gipfel durchgekommen seien.

Es liege auch tiefer Schnee, und die starken Stürme dort oben machten es oft schwierig, genau zu sehen, wie der Weg weiterging. Aber er denke, man komme da schon durch.

Und, fügte er hinzu, da sei noch etwas: Ganz oben am Kamm lichte sich der Nebel bisweilen, und wenn man dann Richtung Westen blicke, sehe man dort unten ein weites grünes Tal. »Wie eine andere Welt, mit großen Städten und Türmen und einem See. Und in der Mitte des Sees eine prächtige Stadt.«

Cortés' Augen leuchteten. *Eine prächtige Stadt!*

Die Spanier setzten sich wieder in Marsch, dick eingepackt gegen die Kälte und den Regen. Es schneite jetzt sehr stark, und als sie den Gebirgskamm erreichten, konnten sie nur noch ein paar Meter weit sehen.

Es war, als wäre die ganze Welt in Weiß gehüllt, als gäbe es nichts außer ihnen und dem Schnee.

In dieser Nacht fanden sie Unterschlupf in einigen Berghütten, und als sie am nächsten Tag weitermarschierten, wand sich der Bergpfad erst hierhin, dann dorthin, wurde aber bald ebener und fing dann langsam an, wieder abwärtszuführen.

Es hörte auf zu regnen, die Nebelschwaden lichteten sich, und mit einem Mal hatte sich das blendende Weiß der Landschaft in das dunkle Grün und Braun eines Kiefernwalds verwandelt. Sie hatten, ohne es richtig mitzubekommen, den höchsten Punkt des Passes – und *Weiße Dame* und *Rauchender Berg* – hinter sich gelassen.

Jetzt ging es hinunter ins Herz des Aztekenreichs.

■

Zwei Tage lang führte sie der Weg weiter abwärts. In der Ferne konnten sie die grünen Felder des Tals ausmachen und den blau schimmernden Texcoco-See.

Die freudige Erregung der Spanier wich langsam einer immer nervöseren Anspannung – ihnen war klar, dass es jetzt wirklich kein Zurück mehr gab.

Ständig sah Cortés in den Wald links und rechts des Weges. Wenn Montezumas Kämpfer ihnen hier auflauerten, stünde es schlecht um ihn und seine Männer.

Warum zeigt er sich nicht?, dachte Cortés. *Warum schlägt er nicht zu?*

Doch es gab keinen Angriff – nur Sonnenschein, zwitschernde Vögel und Bäume, die sich sanft im Wind wiegten.

Gegen Ende des dritten Tages erreichten sie Amecameca, das bereits in der Ebene des Tals lag. Die Dorfbewohner begrüßten sie herzlich, boten ihnen etwas Warmes zu essen an und schenkten ihnen vierzig Sklaven.

Nach dem Essen kamen Boten aus der Hauptstadt. Wieder hatten sie Geschenke dabei – elegante goldene Halsketten, zarte Quetzalfedern und einiges mehr. Wieder überbrachten sie eine Nachricht.

Cortés, sagten sie mit Nachdruck, dürfe nicht weitergehen. Es gebe in der Hauptstadt für ihn und seine Leute nicht genug zu essen und er müsse umkehren.

Wie immer schüttelte Cortés den Kopf. Er würde Montezuma treffen – oder beim Versuch sterben.

Trotzdem gingen Cortés die Worte der Abgesandten am Abend immer noch durch den Kopf. Was war Montezumas Plan? Versuchte er wirklich, sie von seiner Hauptstadt fernzuhalten? Oder spielte er mit ihnen, indem er sie mit seinem ganzen Gold nachgerade köderte? War er ein Freund oder ein Feind?

Nur noch ein paar Tage, dann würde er die Antwort kennen.

■

Zwei Tage später, am 5. November, brachen sie Richtung See auf. Sie befanden sich jetzt im Herzen des Tals, das einem riesigen Garten glich, der hier und da von ein paar Dörfern und Tempeln unterbrochen wurde.

Bei Sonnenuntergang erreichten sie Chalco, die erste der Städte am See. Sie hatten jetzt ein Gefolge von mehreren Hundert Einheimischen, die sie mit unverhohlener Neugierde anstarrten. Einige kamen sogar mit dem Kanu über den See, um einen Blick auf die Fremden zu erhaschen, und Cortés' Schützen mussten einige Warnschüsse abgeben, damit sie ihnen nicht zu nahe kamen.

Am nächsten Tag marschierten sie bis Ayotzinco am Südufer des Sees. Hier waren die Menschenmengen noch größer und es kam zu kleinen Raufereien zwischen den Spaniern und einigen der Einheimischen. Die Anspannung nahm zu.

Aus Tenochtitlan trafen wieder Boten ein. Die Spanier müssten jetzt wirklich umkehren. Die Straßen seien sehr schlecht, die einzige Route führe per Kanu übers Wasser, und die Einwohner der Stadt hassten Fremde.

Cortés hatte all das schon mehrere Male gehört. Er nahm die Geschenke höflich entgegen und dankte den Abgesandten – ihr Gesuch müsse er aber leider ablehnen: Tenochtitlan sei jetzt so nahe, Umkehren komme nicht mehr infrage.

Der nächste Morgen brachte eine weitere Prozession aus der Hauptstadt. Dieses Mal trugen acht Männer eine Sänfte, die mit vergoldeten Zweigen geschmückt war, von denen lange Juwelenketten baumelten. Insasse der Sänfte: Montezumas Neffe Cacama, der König von Texcoco.

»Malinche«, sagte er zu Cortés. »Wir sind hierhergekommen, um Euch zu dienen und Euch zu geben, wonach immer Ihr verlangt. Unsere Stadt ist Euer Zuhause. Denn das hat unserer Hoher König Montezuma so verfügt. Nur kann er Euch zu seinem Leidwesen leider nicht persönlich empfangen, da er erkrankt ist.«

Nachdem Malinche übersetzt hatte, schüttelten einige Spanier verwirrt den Kopf. Was meinte Cacama? Waren sie jetzt willkommen oder nicht?

Weiter ging es. Unmittelbar vor dem Dorf Mixquic erreichten sie inmitten einer Landschaft aus verschlafenen Bauernhöfen und Inselgärten den ersten der großen, aus Erde aufgeschütteten Dämme. Auf dessen anderer Seite lag die Inselstadt Cuitláhuac im glitzernden Wasser.

Dann ein weiterer Dammweg, dann eine grasbewachsene Halbinsel, auf der die prächtige Stadt Iztapalapan thronte, die man auf hölzernen Pfählen direkt in den See gebaut hatte.

Und nun erhaschten sie endlich einen Blick auf das Ziel, das sie so lange verfolgt hatten. Als sie die Landzunge Richtung Iztapalapan umrundeten, tat sich plötzlich eine völlig neue Welt vor ihnen auf. Vielen der Spanier blieb der Mund offen stehen angesichts dieses Schauspiels.

Da war der wunderbar blau schimmernde See, da waren prächtige Städte mit ihren Pyramidentempeln. Und da war, am Ende eines weiteren langen Dammwegs, die Stadt Tenochtitlan, eine himmlische Vision inmitten des Sees.

»Als wir Tenochtitlan zum ersten Mal sahen«, erinnerte sich der Konquistador Bernal Díaz, »wussten wir nicht, ob wir unseren Augen trauen konnten. Und als die himmelhohen Pyramiden, die steinernen Märchenschlösser und die aus dem Wasser wachsenden Türme unsere Blicke bannten, hielten wir das für eine Zauberei aus dem Buch *Amadís**. Einige unserer Leute dachten, sie träumten.«

An diesem Abend blieben sie in Iztapalapan, dessen »prächtige Anwesen«, wie uns Díaz wissen lässt, »riesige Hallen und mit baumwollnen Sonnensegeln überspannte Innenhöfe hatten und aus Stein und dem Holz der Zeder und anderer wohlriechender Gehölze erbaut waren.«

Später am Abend, erinnert sich Díaz weiter, sei er dann durch den Garten gewandelt und an einem weitläufigen, klaren Teich vorbeigekommen, der mit Statuen geschmückt gewesen sei und in dem es von Enten nur so gewimmelt habe. Von diesem habe ein steinerner, mit einer Holzschleuse versehener Kanal, den man mit dem Kanu befahren konnte, direkt in den See geführt.

»Alles war so bezaubernd, so wunderschön«, schrieb er, »dass uns die Worte fehlten, um unserem Erstaunen Ausdruck zu verleihen. Und als ich so dastand, dachte ich bei mir, dass dies ein Ort war, wie es auf der Welt keinen zweiten gibt.«

---

* Die im frühen sechzehnten Jahrhundert veröffentlichte Ritterromanze *Amadís de Gaula* erzählt von einem edlen Ritter, der mit Hexen und Monstern kämpft, um die Gunst einer Prinzessin zu gewinnen. Die Geschichte war bei den ersten Spaniern, die in die Neue Welt kamen, sehr beliebt.

Díaz schrieb all dies als alter Mann, viele, viele Jahre nach seiner Reise.

»Heute«, hielt er traurig fest, »hat man alles, was ich damals sah, längst niedergerissen und zerstört. Es steht dort nichts mehr.«

■

Am nächsten Morgen brachen Cortés und seine Männer früh auf – jetzt hatten sie nur noch den allerletzten Abschnitt ihrer Reise zur Stadt der Mexica vor sich.

Es war ein warmer Herbsttag, die Sonne schien von einem wolkenlosen blauen Himmel. Es lag eine Stille in der Luft, so als würde die Welt auf etwas warten …

Als die Spanier sich auf den Weg machten, waren die Torwege und Balkone der Stadt voll neugieriger Gesichter, die ihnen stumm hinterhersahen.

Kurz außerhalb der Stadt begann der Dammweg, der sich fast fünfzehn Kilometer über den See hin zur Inselstadt erstreckte. Kaum einer der Spanier hatte je ein solches technisches Wunderwerk gesehen: eine breite, schnurgerade Straße direkt über den See, die genug Platz bot, dass acht Männer bequem nebeneinanderher reiten konnten.

Cortés gab leise seine Befehle. Alvarado und die ranghöchsten Hauptmänner würden in der ersten Reihe reiten und die goldene Standarte mit dem leuchtend roten Kreuz tragen. Dann kamen die Fußsoldaten, weitere Reiter und die Armbrustschützen; den Abschluss bildeten die übrigen Reiter, die Arkebusiere und die tlaxcaltekischen Krieger zusammen mit den Sklaven, den Dienern und den schweren Kanonen.

Cortés, auf einem fuchsfarbenen Pferd, nahm den Platz ganz vorne ein. Neben ihm lief Malinche – eine zierliche, barfüßige Gestalt, auf deren Gesicht sich nichts ablesen ließ.

Eine Trompete erklang und die Prozession setzte sich gemessenen Schrittes in Bewegung.

Als sie langsam den Damm betraten, fühlten sie die Blicke aus Tausenden Augenpaaren, die jeden ihrer Schritte beobachteten. Die Nachricht von ihrer Ankunft hatte sich herumgesprochen, und auf dem See tummelten sich unzählige Kanus – manche davon so groß wie Flussbarken – mit Schaulustigen.

Sie überquerten erst eine Holzbrücke, dann eine zweite. Die Sonne stand bereits hoch am Himmel. Es herrschte eine für diese Jahreszeit ungewöhnlich drückende Hitze und den Spaniern lief der Schweiß unter ihren Helmen hervor.

Gut einen Kilometer vor dem Haupttor der Stadt kamen sie auf eine kleine Insel, wo ihr Dammweg mit einem anderen aus südwestlicher Richtung zusammentraf. Hier stand die Festung Acachinanco mit ihren zwei mächtigen Türmen.

Üblicherweise empfingen die Azteken hier ihre zurückkehrenden Armeen. Und dreißig Jahre zuvor war die Insel der Ausgangspunkt jener langen Prozession Gefangener zum Großen Tempel gewesen.

Im Tor der Festung erwartete sie eine Abordnung Edelleute in ihren feinsten, prächtigsten Kleidern. Einer nach dem anderen trat vor, legte eine Hand auf die Erde und küsste sie – eine uralte Geste, um Besucher an ihre Stärke und ihre Geschlossenheit zu erinnern.

Dieses Ritual – während dem, wie Cortés bemerkte, ihm keiner der Azteken in die Augen sah – dauerte etwa eine Stunde.

Schließlich war es beendet und sie setzten ihren Weg fort, durch das Tor hindurch, über eine breite Steinbrücke, der großen Stadt entgegen, dem Herzen des Aztekenreichs.

In der Ferne konnten sie Trommeln hören, die langsam lauter wurden – *Schritt um Schritt, Trommelschlag um Trommelschlag …*

Cortés ritt ohne zu zögern weiter, auf seinem Gesicht nicht das geringste Anzeichen irgendeines Zweifels.

Schritt um Schritt, Trommelschlag um Trommelschlag …

Plötzlich waren da undeutliche Farbflecke am Ende des Wegs. Dann konnte Cortés sehen, wie sich Reihe um Reihe von Kriegern in Jaguarfellen herausschälte, danach eine Gruppe in leuchtenden Umhängen – und in deren Mitte eine Sänfte mit einem Baldachin aus grünen Federn, Blumengirlanden und viel Gold und Silber.

Die Gruppe kam näher, Cortés ritt langsam weiter.

Schritt um Schritt, Trommelschlag um Trommelschlag …

Jetzt konnte Cortés den Mann auf der Sänfte deutlicher sehen. Er war groß, schlank und dunkelhaarig und trug einen reich besetzten Umhang, ein türkisfarbenes Diadem und einen ausladenden Kopfputz aus grünen Quetzalfedern. Neben der Sänfte schritten zwei Männer – Cortés erkannte sie als Cuitláhuac und

Cacama, den Bruder und den Neffen des Aztekenherrschers, die ihn beide in den letzten Tagen als Abgesandte aufgesucht hatten.

Vorsichtig und respektvoll halfen sie dem Mann auf der Sänfte in eine aufrechte Sitzposition. Die anderen Männer der Gruppe fegten ohne Unterlass den Boden direkt vor ihm, offensichtlich darauf bedacht, ihm nicht ins Gesicht zu sehen.

Schritt um Schritt, Trommelschlag um Trommelschlag …

Jetzt senkte der Mann mit dem Kopfputz – in dessen Unterlippe Cortés meinte, etwas Türkisfarbenes in der Form eines Kolibris erkennen zu können – seine goldenen Sandalen auf den Boden.

Dann wandte er sich Cortés zu.

Die Trommeln verstummten.

■

Mit ruhigen, kontrollierten Bewegungen stieg Cortés von seinem Pferd. Langsam ging er die letzten Meter auf den anderen zu – Malinche hinter ihm –, dann breitete er die Arme aus, als wolle er den Mann mit dem Kopfputz umarmen.

Cuitláhuac und Cacama hoben warnend ihre Hände – auch für jemanden, der von ihren Gebräuchen nichts wusste, wäre es ein schreckliches Verbrechen, den Hohen König zu berühren.

Der Mann mit dem Kopfputz kniete nieder, berührte den Boden und küsste seine eigene Hand. Dann neigte er, mit einem Ausdruck tiefsten Ernstes im Gesicht, den Kopf. Schließlich sah er Cortés in die Augen – mit kaltem, dunklem und gebieterischem Blick.

Ohne ein Wort zu sagen, nahm Cortés die Perlenkette ab, die er um den Hals trug, und hielt sie dem anderen hin. Dieser nahm sie, sein Gesicht nach wie vor regungslos.

Jetzt trat ein Diener vor, der eine doppelreihige Halskette aus roten Schneckenhäusern mit acht goldenen Garnelen daran in der Hand hielt. Der andere nahm sie und legte sie Cortés um den Hals.

»Seid Ihr *er*«, fragte Cortés und hörte, wie Malinche mit leiser Stimme übersetzte. »Seid Ihr wirklich Montezuma?«

»*Ca quemaca ca nehoatl*«, sagte der Mann mit tiefer, voller Stimme.

»Ja, ich bin es«, murmelte Malinche.

»Mein Herr, Ihr müsst erschöpft sein«, fuhr Montezuma fort. »Ihr seid weit gereist, aber jetzt seid Ihr zu Hause. Euer Kommen ist vorhergesagt worden. Die Stadt der Mexica ist die Eure. Ich werde Euch zu Eurem Haus begleiten, wo Ihr ausruhen könnt. Willkommen zu Hause, mein Herr.«

Malinche übersetzte und Cortés nickte – allerdings hatte er keine Ahnung, wovon Montezuma sprach.

Montezuma wandte sich um und begann, vorbei am Spalier der Jaguarkrieger, die Prozession langsam in die Stadt zu führen. Die Trommeln hoben wieder an und die Spanier durchschritten die Stadttore.

Wo immer sie hinsahen, waren die Flachdächer voll mit

Menschen, die sie stumm beobachteten. Cortés fiel auf, dass die Wachen und die Schaulustigen, die die Straßenränder säumten, ihren Blick stets gesenkt hielten.

Vor ihnen lag das königliche Viertel mit seinen Tempeln und Palästen. Hier änderte Montezuma die Richtung und führte seine Gäste auf ein riesiges, unweit des Hauptplatzes gelegenes Gebäude zu – den Palast Axayacatls, der einst seinem Vater gehört hatte.

Sie durchschritten die Tore, dann ging es über einen Hof in einen weitläufigen, fast leeren Raum mit poliertem Holzboden, von dessen weiß gestrichenen Wänden ihre Schritte widerhallten. Auf der anderen Seite des Raums standen zwei reich mit Gold verzierte Throne.

»Malinche«, sagte der Hohe König und sah Cortés dabei direkt an, »Ihr seid in Eurem eigenen Haus. Ruht Euch aus. Ich werde wiederkommen.«

Jetzt betraten eine Reihe Diener den Raum, die Blumengirlanden, goldene Halsketten und Tabletts mit Truthahn, Obst und Tortillas hereintrugen. Erst jetzt bemerkte Cortés, wie hungrig er eigentlich war.

■

Einige Stunden später, nachdem die Spanier sich satt gegessen hatten, kam Montezuma wieder.

Er nahm auf einem der Throne Platz, dann begann er, mit melodiöser Stimme zu deklamieren. Malinche übersetzte leise ins Spanische.

»Mein Herr, Ihr müsst erschöpft sein, aber Ihr seid jetzt in Eurer Stadt«, begann er. »Wir haben Euch erwartet. Auch wir waren einst Fremde hier, unsere Vorfahren kamen von weit her. Wir wussten immer, dass Ihr eines Tages kommen würdet. Für mich ist Eure Ankunft wie ein Traum. Aber sie ist kein Traum, denn ich habe in Euer Gesicht gesehen. Ihr kommt aus dem Osten, wo die Sonne aufgeht, und Ihr dient einem großen König. Wir verneigen uns vor ihm, und da er so weit weg ist, verneigen wir uns vor Euch an seiner Statt.«

Dann sah er direkt zu Cortés.

»Verfügt über uns, wie es Euch beliebt. Was immer Ihr entbehrt, wir werden es Euch bringen. Wenn Ihr Gold entbehrt, werden wir Euch Gold bringen. Alles, was wir haben, ist Euer. Aber ruht jetzt, mein Herr. Ihr seid erschöpft, aber Ihr seid jetzt daheim, in Eurem eigenen Land, in Eurem eigenen Haus.«

Montezuma verstummte und die Spanier tauschten verwirrte Blicke. Wovon sprach er?

Doch Cortés neigte den Kopf. »Lass den Hohen König wissen, dass wir seine Freunde sind«, sagte er zu Malinche. »Es gibt nichts zu fürchten. Wir wollten ihm schon so lange von Angesicht zu Angesicht gegenüberstehen. Jetzt, da wir ihn gesehen und gehört haben, lieben wir ihn von ganzem Herzen.«

Montezuma nickte. »Malinche«, wiederholte er an Cortés gewandt, »dies ist Euer Haus. Ruht, denn Ihr seid erschöpft.«

Er erhob sich. Seine Wachen öffneten ihm die Türen, dann war er verschwunden.

Nachdem die Türen sich wieder geschlossen hatten, lachten Cortés' Hauptmänner ungläubig auf.

Was sollte all dieses Zeug mit Montezumas Vorfahren? Bot er ihnen wirklich seine Untertanenschaft an? Übergab er ihnen wirklich seinen Palast?

Ein Jahr später würde Cortés dem spanischen König Karl V. erzählen, Montezuma habe abgedankt und sei zum Christentum konvertiert. Aber das ergibt keinerlei Sinn.

Warum sollte ein derart mächtiger Herrscher, den Tausende Kämpfer beschützten, vor einer Bande schlammverkrusteter Abenteurer herumkriechen? Warum sollte er seinen Göttern entsagen und seine Macht wegwerfen?*

Tatsächlich war Montezuma einfach nur höflich. Nahuatl war eine Sprache von außerordentlicher Schönheit, in der sich wohlerzogene Menschen sehr elegant und blumig ausdrücken konnten.

Wenn man Besuch bekam, mochte man seinen Gästen wohl sagen, dass dieses Haus nun ihres sei. Wenn man einen Fremden begrüßte, mochte man sich wohl als dessen »niedrigsten Diener« bezeichnen – selbst wenn man deutlich mächtiger war als dieser.

Je gewitzter und charmanter man sich ausdrückte, desto mächtiger, desto wichtiger war man. Montezuma zeigte also

---

* Wir erinnern uns: Montezuma glaubte *nicht*, die Spanier seien Götter; ebenso wenig glaubte er, Cortés sei Quetzalcoatl. All das wurde später dazuerfunden – nicht einmal Cortés erwähnt irgendetwas davon in seinen Briefen.

nicht Schwäche, sondern erinnerte die Spanier daran, wie *stark* er war.

Als Cortés behauptete, Montezuma habe sich einfach ergeben, sprach er nicht die Wahrheit. Aber diese Lüge bot ihm die Rechtfertigung dafür, die Stadt an sich zu reißen und einen Krieg anzuzetteln. Und im Laufe der Jahrhunderte haben die Spanier diese Lüge so oft wiederholt, dass am Ende sogar Montezumas Nachkommen daran glaubten.

Doch in diesem Moment – die Sonne ging gerade über Tenochtitlan unter – war Montezuma nach wie vor der Herr seiner Stadt. Er war kein Untertan, sondern der Hohe König der Azteken.

Was die Spanier betraf – sie waren immer noch Fremde in einem fremden Land und geradezu trunken von all den neuen Eindrücken, die in der Aztekenhauptstadt auf sie einströmten.

An diesem Abend erkundeten sie ihr neues Zuhause, die labyrinthischen Korridore, die frisch gefegten Böden, die hohen Hallen, die aufwendig gemusterten Teppiche, die edlen Holzmöbel, die weichen Betten und die warmen Decken. Nicht in ihren kühnsten Träumen hatten sie irgendetwas Derartiges erwartet.

Später am Abend stand Cortés auf seinem Balkon und sah auf die Lichter der Stadt hinaus. Etwas ließ ihm keine Ruhe.

Er hatte sein Glück finden wollen und war dafür Tausende Kilometer über Wasser und Land gereist. Und hier war er nun – im Zentrum einer Inselstadt, im Herzen eines fremden Reiches, umgeben von Menschen, die eine andere Sprache sprachen, anderen Göttern huldigten und sich jederzeit gegen ihn wenden konnten.

Und als sich die Stille der Nacht über die Stadt senkte, wurde ein Gedanke in seinem Kopf immer lauter.

Bisher war das Glück auf seiner Seite gewesen. Doch eines Tages – vielleicht schon sehr bald – könnte es damit vorbei sein.

14

Trommeln in der Nacht

Als Malinche wach wurde, war es noch dunkel.

Sie hatte von ihrem alten Leben am Meer geträumt, und für einen Augenblick wusste sie nicht, wo sie war. Dann streckte sie sich, fühlte die weiche Matratze, die baumwollnen Betttücher, und alles kam zurück.

Sie hörte etwas – einen leisen, dumpfen Ton, wieder und wieder. Sie schwang die Füße aus dem Bett und lief zum Fenster.

Die Gipfel des Gebirges im Osten waren in rötliches Licht getaucht. Irgendwo da draußen in der Stadt schlugen die Priester Quetzalcoatls eine Trommel, die den neuen Morgen verkündete.

Als sie sich angezogen hatte, waren einige der Spanier bereits auf den Beinen – sie lachten und rissen Witze in ihrer groben, kehligen Sprache. Zwischen ihnen huschten Diener hin und her, die ihnen ihr Frühstück servierten: Eier, Tortillas, Maiskuchen und Honig.

Wie immer nahm sie ihren Platz an Cortés' Seite ein. Er nickte ihr zu. Alles sei in bester Ordnung, murmelte er. Ihre Pferde seien sicher untergebracht und die Diener hätten Quartiere für ihre Hunde gefunden. Montezuma habe sie wissen lassen, dass er sie morgen empfangen würde.

Den Rest des Tages verbrachten die Reisenden damit, ihre neue Umgebung zu erkunden, mit offenen Mündern staunend ob all der wundersamen Dinge. Axayacatls Palast mit seinen langen Hallen, bunten Wandbehängen, hölzernen Böden und weiß getünchten Wänden war eines der prächtigsten und beeindruckendsten Bauwerke, das sie jemals gesehen hatten.

An ihrem zweiten Tag machten sich Cortés, Malinche und die ranghöchsten Hauptmänner auf den Weg über den großen Platz zu ihrer Audienz bei Montezuma. Er empfing sie in seinem Festsaal und bot Cortés den Platz zu seiner Rechten an.

Der Hohe König schien dieses Mal entspannter als bei ihrer ersten Begegnung auf dem Dammweg. Als Cortés zu einem Vortrag über das Christentum ansetzte – Jesus am Kreuz, die Verheißung vom ewigen Leben, das Übel der Vielgötterei –, hörte er höflich zu.

Als Cortés fertig war, klatschte Montezuma in die Hände. Diener huschten herein und brachten weitere Geschenke: Gold und Juwelen für Cortés und seine Hauptmänner, Halsketten und Umhänge für deren Leibgarde.

In den nächsten Tagen machte sich Montezuma weniger rar als zuvor. Tatsächlich schienen ihn seine Besucher zu faszinieren. Am dritten Tag lud er Cortés zum Essen ein und servierte ihm »eine Auswahl Federvieh – Truthahn, Fasan, Rebhuhn, Wachtel,

Wild- und Hausgans, Taube – nebst Wild, Moschusschwein, Hase und Kaninchen«, gefolgt von einer gemütlichen Tabakpfeife.

Am vierten Tag führte er sie durch seine Bibliothek, die Werkstätten, seine Gärten, den Zoo, dessen Schlangen und Jaguare die Besucher gebührend beeindruckend fanden, sowie die Gemächer seiner Kurtisanen und Tänzerinnen.

Am fünften Tag arrangierte er einen Stadtrundgang und stellte ihnen Begleiter zur Seite, die ihnen den großen Markt von Tlatelolco zeigen sollten. Selbst für Männer wie Cortés und seine Leute war dieser Rundgang ein Erlebnis, das sie nicht so schnell vergessen würden.

Stundenlang liefen sie durch die Straßen. Die starrenden Blicke der Stadtbewohner ignorierten sie einfach. Man blinzelte zu den Spitzen der Tempelpyramiden hoch, linste in Haus- und Hofeingänge, trank die heiße Schokolade der Straßenverkäufer und lauschte dem Gesang der Vögel in ihren hölzernen Käfigen.

Die Aquädukte, die Gärten, die Papageien, die Priester: »All das war so wundersam«, schrieb Cortés, »dass wir es kaum glauben konnten.« Die Stadt schien »ein verwunschener Ort«, stimmte ihm einer seiner Gefährten zu, »und wir waren nie ganz sicher, ob wir wachten oder träumten«.

Als sie am Markt von Tlatelolco ankamen, beeindruckte sie nicht nur die allgemeine Betriebsamkeit und die Vielfalt des Angebots, sondern auch, wie geordnet und wohlorganisiert alles ablief: die Stände in jeweils genau dafür vorgesehenen Bereichen, die Offiziellen, die schnell kleinere und größere Missverständnisse bereinigten, das bestimmte Gefühl der Präsenz Montezumas, der über alles seine schützende und ordnende Hand hielt.

Das denkwürdigste Erlebnis des Tages stand den Besuchern jedoch noch bevor. Montezuma hatte den Nachmittag im Großen Tempel verbracht, und jetzt geleiteten seine Beamten Cortés und seine Männer die riesige Treppe hinauf nach ganz oben, wo er auf sie wartete.

Hundertvierzehn Stufen … Als Cortés schließlich seinen Fuß auf die oberste Plattform setzte und unwillkürlich seinen Blick schweifen ließ, stockte ihm der Atem.

Vor ihm breitete sich unter strahlend blauem Himmel die ganze Pracht Tenochtitlans aus. Der glitzernde See, auf dem er die vielen Kanus nur als winzige Pünktchen ausmachen konnte, die Dammwege und Brücken, die Paläste und Pyramiden, die vier Stadtbezirke mit ihren schnurgeraden Straßen und Flachdachhäusern, das Grün der Gärten und das blaue Schimmern der Kanäle.

»Es war«, schrieb Bernal Díaz, »ein absolut atemberaubender Anblick.« Einige der anderen, »die Konstantinopel bereist hatten und Rom und ganz Italien«, sagten ebenfalls, dass sie noch nie zuvor etwas Vergleichbares gesehen hatten.

Cortés hatte Sevilla immer für groß gehalten. Aber Montezumas Hauptstadt war mindestens zwei- oder dreimal so groß.

Wenn man die Städte am Ufer des Sees mitzählte, betrug die Einwohnerzahl des Kernlands der Azteken sicher das Zehnfache.* Kein Wunder also, dass die Spanier stumm und staunend dastanden.

Aus dem überdachten Schrein hinter ihnen traten jetzt Gestalten auf sie zu. Erst Montezuma selbst, dann seine Priester mit ihren gepiercten Ohren, blutgetränkten Haaren und schwarzen Roben.

»Eure Majestät ist ein wahrhaft großer König«, sagte Cortés. »Doch um einen Gefallen muss ich Euch noch bitten: Lasst uns Eure Götter sehen.«

Kurz flüsterte Montezuma mit seinen Priestern. Dann trat er zur Seite, damit die Spanier den Schrein betreten konnten.

Zunächst sahen sie nichts, ihre Augen mussten sich erst an die Dunkelheit gewöhnen. Dann konnten sie eine riesenhafte Gestalt ausmachen – eine Statue des Gottes Huitzilopochtli mit »verzerrten und fürchterlich dreinblickenden Augen, über und über mit Juwelen und Perlen bedeckt«. Steinerne Schlangen wanden sich um seinen Körper und von seinem Hals hingen menschliche Gesichter aus Gold und Silber.

Gleich daneben stand eine zweite Götterfigur, halb Mensch, halb Eidechse. Cortés trat näher. Sie schien aus Tausenden Pflanzensamen zu bestehen, die man mit etwas Dickem, Klebrigem, Blutfarbenem zusammengefügt hatte …

---

* Die einzige europäische Stadt, die es vielleicht mit Tenochtitlan aufnehmen konnte, war Konstantinopel – heute Istanbul –, die Hauptstadt des Osmanischen Reiches. Auch heute noch ist Mexiko-Stadt um einiges größer als London und Paris zusammen.

Vor dieser Figur waren drei Feuerschalen aufgestellt, in denen drei schwarze Fleischklumpen vor sich hin glommen. Als die Spanier genauer hinsahen, wurde ihnen klar, dass es sich dabei um menschliche Herzen handelte.

»Alle Wände«, schrieb Díaz,»waren schwarz und voll geronnenen Blutes, und es stank schlimmer als in einem spanischen Schlachthof. Es war so abscheulich, dass wir es nicht erwarten konnten, von dort wieder wegzukommen.«

Hustend und würgend taumelten sie nach draußen. Und erst jetzt sahen sie, was sich da auch noch auf der Plattform befand: Altäre, Messer und Schüsseln mit menschlichen Herzen darin.

Selbst Cortés, der so viel Schreckliches gesehen und getan hatte, war kreidebleich vor Entsetzen.

»Ich verstehe nicht«, wandte er sich an Montezuma, »wie ein solch weiser König nicht erkennen kann, dass diese Götzen keine Götter, sondern Teufel sind. Ich hoffe sehr, dass Ihr uns erlauben werdet, hier ein christliches Kreuz aufzustellen, auf dass Eure sogenannten Götter vor Furcht erzittern werden.«

Noch während Malinche übersetzte, begannen Montezumas Augen vor Zorn zu funkeln.

»Wenn ich gewusst hätte, dass Ihr solch schändliche Dinge sagen würdet«, gab er kalt zurück, »dann hätte ich Euch unsere Götter niemals gezeigt. Sie schenken uns Gesundheit und Leben, Regen und die Früchte des Feldes. Sie schenken uns den Sieg. Nie wieder werdet Ihr so von ihnen sprechen.«

Cortés zögerte kurz.Dann zwang er sich zu einem Lächeln.

»Tja, also«, sagte er schließlich. »Es scheint, für uns ist es an der Zeit zu gehen.«

Montezuma lächelte nicht. »Ich bleibe hier, allein. Ich muss die Götter dafür um Vergebung bitten, dass ich Euch hierhergebracht habe – und dafür, wie Ihr über sie gesprochen habt.«

Cortés neigte den Kopf. »Bitte entschuldigt uns, Großer König.«

Als die Spanier am Fuß der Treppe angelangt waren, drehte sich Cortés um und sah zurück nach oben. Dort stand Montezuma – völlig regungslos, genau so, wie sie ihn zurückgelassen hatten, und starrte zu ihnen herunter.

■

In den folgenden Wochen richteten sich die Spanier im luxuriösen Leben in Axayacatls Palast ein. Zunächst schien wieder alles in Ordnung.

Zu ihrer großen Erleichterung schien Montezuma den Vorfall im Großen Tempel vergessen zu haben. Er lud Cortés zum Jagen mit Pfeil, Bogen und seinen Jagdfalken ein und nahm ihn manchmal mit, wenn er nach seinen Tieren im Zoo sah.

Cortés, Malinche und die ranghöchsten Hauptmänner waren oft dabei, wenn der Aztekenherrscher ein Bankett oder ein Fest ausrichtete. Sie applaudierten mit, wenn Sänger und Musiker ihre Stücke beendet hatten, und lachten mit Montezuma über die Scherze und Kunststücke seiner Akrobaten und Spaßmacher.

Einmal forderte Montezuma Cortés zu einem Spiel heraus,

das *totoloque* genannt wurde, und bei dem man mit kleinen Kügelchen einen Goldbarren treffen musste. Alvarado stellte sich als Punktezähler zur Verfügung. Er war jedoch so erpicht darauf, einen Spanier gewinnen zu sehen, dass er für Cortés ständig zu viele Punkte notierte – was Montezuma irgendwann auffiel.

Dieser schien aber Spaß zu verstehen, und als er Alvarado schließlich mit todernstem Gesicht des wissentlichen Betrugs bezichtigte, musste Cortés laut auflachen – am lautesten, als Alvarado mit Unschuldsmiene die Schultern hob und die Hände ausbreitete. *Wer, ich?*

Im Laufe der Wochen fand Montezuma besonderen Gefallen an Cortés' jungem Pagen, Juan Orteguilla, der ein wenig Nahuatl gelernt hatte. Oft rief er Orteguilla zu sich, damit dieser ihm Geschichten vom Leben in Spanien erzählte, und im Gegenzug weihte Montezuma ihn dann in die Legenden der Azteken ein.

So vergingen die langen, trägen, warmen Tage – einer nach dem anderen, einer wie der andere: zehn Tage, zwanzig Tage, dreißig, fünfzig ...

Mit der Zeit begannen Cortés' Männer jedoch, unruhig zu werden. Ja – sie hatten mehr als genug zu essen und eine kleine Armee von Sklavenmädchen, die ihnen jeden Wunsch von den Augen ablasen.

Doch tief im Innersten wusste keiner von ihnen so recht, was hier eigentlich vor sich ging. Hatte Cortés irgendeine Vorstellung davon, was als Nächstes zu tun sei? Hatte er *überhaupt* irgendeinen Plan?

Einige der Jüngeren bestanden darauf, dass Montezuma bereits zu ihrem Vasallen geworden war. Die Älteren, Erfahreneren sahen sie daraufhin nur spöttisch an und fragten, wie Montezuma ein spanischer Vasall sein könne, wenn der König von Spanien Tausende Kilometer weit weg war.*

Ganz im Gegenteil, murmelte einer der Älteren düster, Cortés und Malinche hätten sie dem Aztekenkönig ausgeliefert, und jetzt seien sie seine Gefangenen und nicht besser dran als die Tiere in seinem Zoo.

Und gegenüber dem Rest der Azteken stünden sie auch nicht besser da! Sie hätten es doch alle selbst gesehen – wie Montezumas Höflinge in dunklen Winkeln des Palasts miteinander getuschelt, wie die einfachen Leute auf dem Markt von Tlatelolco sie mit hasserfüllten Augen angestarrt hatten.

Tatsächlich *waren* Cortés' Männer natürlich Gefangene – in gewisser Weise. Sie waren gerade mal zweihundertfünfzig Mann und eingepfercht in einer fremden Stadt, ohne irgendeine Ahnung, was eigentlich los war.

---

* Cortés behauptete später, Montezuma sei von Anfang an sein Gefangener gewesen. Viele Historiker halten das jedoch für eine nachträgliche »Anpassung« seitens Cortés. Es erscheint nicht besonders wahrscheinlich, dass die Spanier Montezuma mitten in dessen Hauptstadt gefangen nehmen und über Monate festsetzen konnten, ohne dass irgendjemand versucht hätte, ihn zu befreien. Wir wissen, dass Montezuma während dieser Zeit weiter seine Regierungsgeschäfte wahrgenommen hat, und keiner der Spanier erwähnte in seinen Briefen irgendetwas von dieser Festnahme. Die wahrscheinlichste Erklärung ist also, dass sie nicht stattgefunden hat. Wahrscheinlich hat Cortés diese Geschichte später erfunden, nach Ausbruch des Krieges, um König Karl davon zu überzeugen, dass er das Reich auch zuvor schon in seiner Hand hatte.

Um sie herum waren etwa sechshundertmal so viele Azteken. Falls Montezuma sein neuer Streichelzoo plötzlich langweilig wurde – was hätten sie schon für eine Chance?

Auf den Herbst folgte der Winter. Nachts hörten die Spanier jetzt immer öfter Trommeln – ein stampfender, drängender Rhythmus wie aus einem Albtraum.

Am Tag schien Montezuma zuvorkommend wie immer. Doch mit jedem neuen Tag wuchs in den Spaniern auch ein Gefühl der Abgeschnittenheit, der Beklommenheit … der *Angst*.

Spät an einem dieser Abende rief Cortés seine Hauptmänner zum Kriegsrat zusammen. Mittlerweile hatten viele von ihnen die schlimmsten Befürchtungen.

Man sei allein in dieser Inselstadt, gefangen wie Fliegen im Netz. Und man hätte ja nachts diese Trommeln gehört, und die Gerüchte, dass die Azteken vorhätten, die Zugbrücken hochzuziehen, um sie so von der Außenwelt abzuschneiden.

Jetzt ergriff Diego de Ordaz – draufgängerisch, clever, mit hagerem Gesicht und feinsäuberlich gestutztem schwarzem Bart – das Wort. Das Einzige, was man tun könne, meinte er, sei, Montezuma zu ergreifen und ihn als Geisel zu benutzen.

Cortés schüttelte den Kopf. Nein. Viel zu riskant. Was aber, wenn sie Boote hätten? Vier oder fünf Segelschiffe würden doch schon ausreichen, um die gesamte Mannschaft über den See zu bekommen.

Ordaz runzelte die Stirn. Aber woher sollten diese Schiffe kommen?

Jetzt ergriff ein anderer das Wort: Martín López, ein Bootszimmermann aus Sevilla. Vier kleine Zweimaster zu bauen, sei das geringste Problem, meinte er lapidar. Alles, was er brauche, sei das Holz.

Als er das hörte, breitete sich ein Grinsen auf Cortés' Gesicht aus.

■

Ein paar Tage darauf begannen die Spanier mit der Arbeit an ihren neuen Schiffen.

Cortés erklärte Montezuma, dass sie ihm gerne ein paar Vergnügungsjachten bauen wollten, damit man zusammen hinaussegeln und die Aussicht genießen könne. Nachdem Malinche das übersetzt hatte, nickte Montezuma und sagte zu, dass seine Männer Bauholz aus den Wäldern östlich der Stadt herbeischaffen würden.

So sägte und hämmerte man also unter der Wintersonne und der Schiffsbau ging schnell voran. Insgesamt sollten es vier Schiffe werden, jedes mit Platz für vier Bronzekanonen und fast achtzig Mann Besatzung.

Als die ersten beiden Schiffe fertig waren, lud Cortés Montezuma ein, mit ihm segeln zu gehen. So bestiegen also eines kühlen, klaren Morgens am See der Hohe König und sein Gefolge die Boote – und Dutzende Leibgardisten paddelten in Kanus hinterher.

Bernal Díaz erinnerte sich später, dass Montezuma »höchst

erfreut« erschien, als der Wind die Segel der Zweimaster blähte – und noch weitaus beeindruckter, als Cortés seinen Kanonieren befahl, einige Schüsse abzugeben.

Sobald sie jedoch wieder in der Stadt waren, verschwand das Lächeln aus den Gesichtern und neuerlicher Druck schien sich aufzubauen.

In den Tempeln gingen die monatlichen Rituale wie gewohnt weiter. Auf *Quecholli* – »kostbare Feder« – folgte *Panquetzaliztli*, »das Hissen der Fahnen«, dann *Atemoztli*, »das Fallen der Wasser«, und *Tititl*, »das Strecken«.

Wieder drängte Cortés Montezuma, Christus als seinen Herrn anzunehmen. Wieder runzelte Montezuma die Stirn und schüttelte den Kopf.

Die Trommeln schlugen. Die Opfer stiegen zu den Altären hinauf. Die Leichen wurden die Treppe hinuntergeworfen. So war es immer gewesen, so würde es immer sein.

Das alte Jahr – *1 Schilfrohr* – ging, das neue – *2 Feuerstein* – kam. Aus Winter wurde Frühling und es wurde wieder heißer.

Wieder einmal saß Montezuma in Gedanken versunken im Garten seines Palasts. Seit Wochen gingen ihm die Neuzugänge in seinem Zoo nicht aus dem Kopf.

Einige von ihnen, so dachte er, hatten begonnen, seine Gastfreundschaft überzustrapazieren. Sie waren wilder als erhofft, anspruchsvoller und unberechenbarer. Bald würde es Zeit sein, sie zu opfern und ihre Schädel der heiligen Sammlung hinzuzufügen.

Eines Morgens – der Hohe König lauschte gerade den neuesten Nachrichten aus den Provinzen – reichte ihm ein altgedienter Berater einen Bericht, der seine schlimmsten Befürchtungen bestätigte.

Seit Wochen schon hatte ihm Cortés mit der großen Obsession der Fremden in den Ohren gelegen: Gold. Montezuma hatte ihnen schon mehr Geschenke zukommen lassen, als er es sich jemals selbst hatte vorstellen können – und doch schien es nie genug.

Die viel schöneren Dinge – Türkis, Jade, ihren erlesenen Federschmuck – schienen sie überhaupt nicht wahrzunehmen. Alles, was sie interessierte, war *Gold*. Montezuma schienen sie wie verrückt gewordene Tiere.

Dieser letzte Bericht setzte jedoch alldem noch eins obendrauf. Einige der Fremden, sagte sein Berater, hätten eine Schatzkammer im Palast des Axayacatl geplündert und sich juwelenbesetzte Statuen und goldene Schüsseln angeeignet.

Und das war noch nicht das Schlimmste: In ihrem Goldrausch waren sie in sein Vogelhaus eingebrochen, hatten das dortige Schatzkämmerchen komplett verwüstet und »Fächer aus Quetzalfedern, Schilde, goldene Teller und Halsketten, goldene Nasenstecker, goldene Fußreife, goldene Armbänder und goldene Stirnbänder gestohlen«.

Die Federn hätten sie dann achtlos weggeworfen und alles Gold auf einen großen Haufen geschmissen und damit angefangen, es einzuschmelzen. Einige hätten dann weiter schreiend und streitend und alles an sich reißend, was ihnen gefiel, den Zoo durchkämmt.

»Sie grinsten und lachten wie kleine Ungetüme«, sagte der alte Mann leise. »Sie nahmen diese Schätze an sich, als gehörten sie ihnen, völlig besessen von ihrer Gier.«

Lange saß Montezuma nur schweigend da, sein Gesicht wie versteinert. Dann sagte er mit Eiseskälte in der Stimme:

»Ruft die Krieger zusammen.«

■

Weitere Wochen vergingen. Das blutigste aller Rituale, das Menschenschinden, kam mit Riesenschritten näher. Von außerhalb strömten Menschen in die Stadt. Die Luft in Tenochtitlan war zum Schneiden dick.

Im Palast ließ Cortés zum wiederholten Mal seinen Blick über die Kisten mit Gold schweifen. Das Zeug muss ungefähr hundertsechzigtausend Pesos wert sein, dachte er. Der König will seinen Fünften und die Expedition muss bezahlt werden, das bedeutet –

»Zu wenig«, sagte Alvarado, als hätte er Cortés' Gedanken gelesen.

Ein paar Tage darauf ließ Cortés Martín López, den Zimmermann, zu sich rufen. Man brauche mehr Schiffe, erklärte er ihm. Und darunter müsse zumindest ein ozeantaugliches Schatzschiff sein – für den Transport des Goldes nach Spanien.

Die Sonne brannte herunter, schwer und heiß. Die Reihen

der Gefangenen zogen sich durch die Straßen und Cortés konnte das Toben der Menge hören. Oben auf den Tempeln hatte das Töten begonnen.

Nachts hingegen schienen die Straßen seltsam verlassen. Es war, als würde die Stadt auf etwas warten, sich auf eine kommende Katastrophe vorbereiten.

Eines Morgens bat Cortés' Page ihn um eine private Unterredung. In den Augen des Jungen stand die Angst.

Gestern beim Abendessen, sagte er, habe er Montezumas Oberbefehlshaber miteinander flüstern sehen, und sie hätten dabei in die Richtung der Spanier gedeutet. Außerdem gebe es einen Neuankömmling am Hof – Cuauhtemoc, den Cousin des Königs, einen großen, hageren jungen Mann mit den Augen eines Falken und der wachsamen Ruhe eines Jägers.

Cortés lehnte sich zurück und runzelte die Stirn. Das waren jetzt einfach zu viele seltsame Vorkommnisse, zu viele Anzeichen, dass etwas nicht stimmte. Die seltsame Atmosphäre in der Stadt. Die Gerüchte, dass nachts Krieger über den Damm gekommen seien. Und jetzt dieser Neue, Montezumas Cousin …

Am nächsten Tag wurden sie zu Montezuma zitiert.

Als Cortés und Malinche den Thronsaal betraten, hatte der Hohe König ein ausdrucksloses Lächeln im Gesicht. Er kam gleich zum Punkt.

Sein Volk sei der Gesellschaft der Spanier überdrüssig. Man habe die Geduld verloren mit ihren Unhöflichkeiten, ihren schlechten Manieren und ihrer Goldbesessenheit.

Cortés setzte an, etwas zu erwidern, doch Montezuma hob die Hand. Das sei noch nicht alles, sagte er und sah Cortés mit durchdringendem Blick in die Augen.

Es seien soeben Berichte von der Küste im Osten eingetroffen. Achtzehn Schiffe mit insgesamt über eintausend Männern seien dort angelangt. Die Männer hätten helle Haut und rote Haare wie Cortés und würden sich gerade auf den Weg ins Landesinnere vorbereiten.

Cortés starrte Malinche mit schreckgeweiteten Augen an. Er öffnete den Mund, wusste aber nicht, was er sagen sollte. In seinem Kopf schien nur Platz für ein einziges Wort.

Velázquez.

15

Das Fest des Blutes

Viele Hundert Kilometer Richtung Osten stand Diego Velázquez in seinem Gouverneurssitz auf Kuba am Fenster und starrte in den Regen hinaus.

Zu Beginn hatte er in Erwägung gezogen, es seinem alten Kameraden nachzusehen, dass er seine Befehle missachtet hatte und einfach davongesegelt war. Wie alle anderen auch hatte er angenommen, Cortés würde bald wieder da sein – einige mehr oder weniger erfundene Heldengeschichten und etwas glitzernden Firlefanz im Gepäck –, und dass es damit gut sein würde.

Doch gegen Ende des Sommers 1519 waren Neuigkeiten aus dem Westen der Insel eingetroffen. Velázquez' Freund Francisco de Montejo, den Cortés mit Gold für den König von Spanien nach Europa zurückgeschickt hatte, hatte kurz haltgemacht, um Wasser und Proviant aufzunehmen. Dabei hatte ein Vertrauter Velázquez' an Bord des Schiffs »unglaubliche Mengen Goldes« gesehen.

Jetzt war Montejo bereits auf halbem Wege nach Hause und hatte nicht nur Gold, sondern auch Geschichten von einem unermesslich reichen Königreich auf dem Festland dabei. Der spanische König würde gar nicht anders können, als Cortés daraufhin mit Titeln und Auszeichnungen zu überhäufen. Wenn Velázquez jetzt nicht sehr schnell etwas unternahm, würde der kleine Cortesillo zum Herrn der Neuen Welt aufsteigen, und er, Velázquez, würde außen vor bleiben.

Zunächst hatte Velázquez mit dem Gedanken gespielt, die Expedition selbst anzuführen. Er hatte jedoch mit der Situation auf Kuba – die Pocken waren gerade aus Europa angekommen und dezimierten die letzten überlebenden Taíno – alle Hände voll zu tun.

Vor diesem Hintergrund konnte er seinen Posten auf Kuba nicht gut verlassen, nur um eine weitere Expedition auf das Festland zu befehligen. Also wählte er einen weiteren alten Vertrauten als Anführer der geplanten Hatz – den riesenhaften, rotbärtigen Pánfilo de Narváez.

Narváez hatte bereits die Hügel Kubas mit Feuer und Tod überzogen und war einer der furchterregendsten Befehlshaber der Spanier. Nun verlor er keine Zeit und trommelte schnell fast eintausend Männer zusammen – etwa viermal so viel, wie Cortés in Tenochtitlan befehligte.

Ihr Auftrag war unmissverständlich: Narváez sollte Cortés ausfindig machen, ihn seines Kommandos entheben und in Ketten gelegt nach Kuba zurückbringen – oder ihn, falls nötig, gleich an Ort und Stelle aufhängen.

Als sich Narváez' Truppe am 5. März 1520 von Kuba aus auf

den Weg machte, hatte sie einen unsichtbaren blinden Passagier dabei – den Pockenvirus, der unter den Völkern Mexikos fürchterlich wüten und die Zukunft ganz Amerikas nachhaltig beeinflussen würde.

Zu Ostern war Narváez bereits in Potonchán, wo Cortés vor noch gar nicht so langer Zeit Malinche begegnet war. Hier gesellten sich einige Abtrünnige zu ihm, die sich aus Tenochtitlan davongeschlichen hatten – unter ihnen Velázquez' ehemaliger Spaßmacher Francisco, der nicht aufhören konnte, von der Schönheit der Hauptstadt der Azteken zu erzählen, vom Gold ihrer Schatzkammern und von der Grausamkeit ihrer Götter.

Dann, eines drückend heißen Morgens, kam ein Bote in Narváez' Lager. Er komme, sagte er, direkt vom Hohen König Montezuma.

Und als Narváez hörte, was der Mann vorzubringen hatte, stahl sich ein wölfisches Grinsen auf sein Gesicht …

■

Cortés' Gedanken rasten. Seit Wochen war ihm klar, dass ein Sturm aufzog. Doch er hatte ihn hier erwartet, in der Hauptstadt – nicht an der Küste.

Montezuma fixierte ihn immer noch, seine Augen funkelten kälter als je zuvor. »Das freut mich sehr für Euch«, sagte er eisig. »Jetzt müsst Ihr keine neuen Schiffe mehr bauen, sondern könnt sofort mit Euren Brüdern aus Spanien nach Hause zurücksegeln. Es gibt keinen Grund mehr für eine weitere Verzögerung.«

Irgendwie schaffte es Cortés, sich zu einem Lächeln zu zwingen. »Gelobt sei Gott«, gab er schwach zurück.

An diesem Abend saß er lange wach, den Kopf in die Hände gestützt. Natürlich wusste er, dass die Neuankömmlinge nicht den Auftrag hatten, ihm zu helfen. Sie waren gekommen, um ihn zur Strecke zu bringen.

Tagelang wollte er niemanden sehen und brütete alleine vor sich hin – doch dann kamen die ersten guten Nachrichten seit Monaten.

Narváez hatte sein Lager an der Küste in der Nähe der neuen Stadt Vera Cruz aufgeschlagen. Doch auf Cortés' Stellvertreter dort, Gonzalo de Sandoval – ein alter Freund aus Medellín – war Verlass gewesen. Er hatte Narváez' Boten gefangen nehmen und in hölzerne Kisten sperren lassen und angeordnet, diese per Träger nach Tenochtitlan zu verfrachten.

Als die Boten schließlich auf den polierten Boden des Palastes des Axayacatl kullerten, hatte Cortés seine Fassung längst wiedererlangt. Er entschuldigte sich bei den Männern für die grobe Behandlung, überreichte ihnen reichlich Goldgeschenke, veranstaltete ein Bankett für sie und bot ihnen an, ihnen persönlich die Herrlichkeiten der Stadt zu zeigen.

Als sich Narváez' Männer schließlich auf den Rückweg zum Lager an der Küste machten, konnten sie es kaum erwarten, ihren Freunden von der Pracht Tenochtitlans zu erzählen. Zudem hatte Cortés dafür gesorgt, dass sie Geschenke für Narváez' Hauptmänner dabeihatten.

Nachdem man sie verabschiedet hatte, rief Cortés seine Vertrauten zusammen. Nie, sagte er ernst, sei der Einsatz größer gewesen, denn jetzt stünde alles, wofür sie gekämpft hatten, auf dem Spiel. Er blickte in die Runde. »Wie gehen wir weiter vor?«

Alvarado antwortete als Erster. »Was denkt *Ihr*, dass wir tun sollen?«

Cortés sagte zunächst nichts. Dann, sehr leise: »Narváez wird sterben müssen. Genau wie alle anderen, die gegen uns sind …«

■

Wusste Cortés, dass Montezuma im Geheimen Narváez kontaktiert hatte? Wusste er, dass der Hohe König Narváez Gold versprochen hatte, wenn er ihm Cortés vom Hals schaffen würde?

Malinche mag es von einem von Montezumas Höflingen erfahren haben. Oder Cortés hatte etwas in diese Richtung aus Montezumas zunehmender Feindseligkeit geschlossen.

Wir wissen es nicht, und vielleicht ist das auch gar nicht von Belang. Mit Sicherheit von Belang ist hingegen die Entscheidung, die Cortés jetzt angesichts der Konfrontation mit Narváez fällte und die den Lauf der Welt verändern würde.

Einen Tag bevor Cortés und seine Leute Tenochtitlan verlassen sollten, sandte er Malinche mit einem Audienzgesuch zu Montezuma. Die Audienz wurde genehmigt, und als es so weit war, stolzierte Cortés mit seinen Hauptmännern und seiner Leibgarde in den Thronsaal – alle bis an die Zähne bewaffnet.

Zunächst war Montezuma so kühl-zuvorkommend wie

immer. Das hier war sein eigener Palast in seiner eigenen Stadt, seine Leibgarde befand sich in Rufweite den Gang runter – was hatte er schon zu befürchten?

Auch als sich Cortés' Hand langsam dem Griff seines Schwerts näherte, hörte Montezuma nicht auf zu reden. *Arrogant bis zuletzt*, dachte Malinche.

Dann, mit einem Mal, riss Cortés sein Schwert aus der Scheide, seine Männer taten es ihm gleich und hatten in einem Wimpernschlag Montezumas Thron umstellt.

Alles war so schnell gegangen, dass Montezuma nicht einmal überrascht hatte aufschreien können. Die Schwertspitzen der Spanier zeigten auf seinen Hals, sein Leben hing am seidenen Faden.

»Ihr habt nichts zu befürchten«, sagte Cortés kalt. »Wir fordern Euch lediglich auf, uns in unser Quartier zu folgen. Dort werdet Ihr mit ebensolchem Respekt behandelt werden, als wärt Ihr in Eurem eigenen Palast. Wenn Ihr Euch jedoch widersetzt oder um Hilfe ruft, seid Ihr des Todes.«

Montezumas Gesicht war aschfahl. »Ich kann nicht mit Euch kommen«, sagte er mit leiser Stimme. »Ich werde meinen Palast niemals verlassen.«

Cortés zögerte. Doch einer seiner Hauptmänner, Juan Velázquez de León, schob sich an ihm vorbei und drückte Montezuma die Spitze seines Schwertes gegen den Hals.

»Genug geredet«, stieß er heiser hervor. »Er kommt jetzt mit oder er stirbt hier.«

Dann die Stimme einer Frau, sanfter als die anderen.

»Eure Majestät«, sagte Malinche. »Wenn ich Euch einen Rat geben darf – geht mit ihnen. Ich gebe Euch mein Wort, dass sie Euch allen Respekt erweisen werden. Solltet Ihr Euch jedoch weiterhin weigern, werden sie Euch hier an Ort und Stelle töten.«

Der Hohe König sah ihr in die Augen. Es folgte ein langes Schweigen. Cortés hielt den Atem an.

»Nun gut«, gab Montezuma schließlich mit einem kaum merklichen Zittern in der Stimme zurück. »Ruft meine Sänfte. Sagt meinen Dienern, ich hätte mich entschlossen, einige Tage bei unseren Gästen von jenseits des Meeres zu verbringen.«

Die folgende Nacht verbrachte er im Palast des Axayacatl. Es war seine erste Nacht in spanischer Gefangenschaft.

▪

Ein paar Tage später machte sich Cortés mit achtzig Männern in Baumwollrüstungen, die sie sich von den Einheimischen abgeschaut hatten, auf den Weg den Dammweg hinunter.

Er fand, dass sein riskantes Spiel bis jetzt gut funktioniert hatte. Der Hohe König stand im Palast des Axayacatl unter bewaffneter Bewachung. Sein Hofstaat durfte kommen und gehen, die Wachen hatten jedoch Befehl, Montezuma auf der Stelle zu töten, sollte dieser versuchen, die ihm zugewiesenen Gemächer zu verlassen.

Seinen Beratern gegenüber bestand Montezuma darauf, dass

die Götter ihn angewiesen hatten, einige Tage bei den Spaniern zu verbringen. Einige von ihnen machten sehr skeptische Gesichter, keiner wagte es jedoch, die Beweggründe des Hohen Königs infrage zu stellen.

Cortés hatte Pedro de Alvarado mit etwa hundert Mann im Palast zurückgelassen. Eine weitere riskante Entscheidung, weil Alvarado, wie jeder wusste, ein ziemlicher Hitzkopf war.

Aber welche Wahl hatte er schon? Er musste sich um diese Sache an der Küste kümmern …

Regen fiel aus einem trüben, grauen Himmel, als er mit seinen Männern den Pass zwischen den Vulkanen hindurch überquerte, Richtung Osten, Richtung Küste, Richtung Narváez.

Ständig sandte er Boten ins Lager seines Gegenspielers voraus, mit der dringenden Bitte, zu einer Übereinkunft zu kommen. Jeder der Boten hatte auch geheime Briefe für Narváez' Hauptmänner im Gepäck – und den ein oder anderen kleinen Goldbarren oder Edelstein.

Es regnete in Strömen, als sie schließlich an der Küste ankamen. Es war heiß und nass und schwül, doch Cortés war bester Laune. Bisher hatte ihn sein Glück schließlich nie verlassen.

Am Abend des 28. Mai waren sie nur noch vier oder fünf Kilometer von Narváez' Hauptquartier in der totonakischen Stadt Cempoala entfernt. Cortés' Kundschafter hatten ihm berichtet, dass sein Rivale dort auf den Tempelpyramiden sein Lager aufgeschlagen hatte – und sich offensichtlich sicher war, dass der kleine Cortesillo es niemals wagen würde, ihn anzugreifen.

Im Wald außerhalb der Stadt versammelte Cortés seine Männer um sich. Zahlenmäßig waren sie hoffnungslos unterlegen, das wusste Cortés. Wie zum Trotz erhob er seine Stimme und erinnerte seine Männer an eine Zeile aus dem *Rolandslied*, eine ihrer Lieblingsrittergeschichten. »Besser für eine gute Sache sterben, als in Ehrlosigkeit weiterleben!«

Ruhig sah er jedem seiner Hauptmänner in die Augen. »Unser Leben und unsere Ehre liegen jetzt in Euren Händen – und in denen Gottes.«

Er zog sein Schwert – und auf der Lichtung erschollen Jubelrufe.

Cortés' Männer schlugen nach Mitternacht zu, als die allermeisten von Narváez' Leuten tief und fest schliefen. Ein Schlachtruf – »*Lang lebe der König! Für Cortés und den heiligen Geist*« – durchbrach die Stille der Nacht, und was dann folgte, war Lärm und Chaos.

Cortés' Leute rasten die Pyramidenstufen hinauf, und viele ihrer Gegner warfen panisch ihre Waffen von sich. Nicht so jedoch Narváez, der breitbeinig ganz oben auf der größten Pyramide stand und mit seinem beidhändig geführten Breitschwert wie von Sinnen um sich hieb.

Cortés' Freund Gonzalo de Sandoval brüllte einen Befehl und die Spießer übernahmen. Wieder und wieder stießen die Spitzen ihrer Speere nach vorne, suchten ihr Ziel – dann ein markerschütternder Schrei: »Heilige Maria, beschütze mich! Sie haben mir das Auge herausgerissen!«

Und so war es. Einer von Sandovals Spießern hatte seine Waffe tief in Narváez' Auge gestoßen, worauf dieser sofort – die Hand auf der leeren Augenhöhle – zu Boden gegangen war; zwischen seinen Fingern quoll das Blut hervor.

»*Narváez ist bezwungen! Lang lebe Cortés! Sieg! Sieg!*«, brüllten die Angreifer. Damit ließen die letzten Verteidiger ihre Waffen fallen und es war vorbei.

Narváez hatte fünfzehn Männer verloren, Cortés nur zwei. Es war leichter gewesen, als er gehofft hatte.

Cortés kannte viele von Narváez' Männern aus Kuba, und ihm stand der Sinn nicht nach Rache. Anstatt irgendwelche Strafen auszusprechen, gab er ihnen ihre Waffen zurück und ließ sie frei. Dann sah er nach Narváez, dessen Augenhöhle gerade vom Arzt des Lagers versorgt wurde.

»Ihr könnt stolz auf Euch sein, Cortés«, begrüßte ihn Narváez mürrisch. »Ihr habt mich geschlagen und gefangen genommen.«

Cortés grinste. »Das ist nicht mein Sieg«, sagte er leichthin. »Sondern der Gottes.«

■

Narváez wurde in Vera Cruz unter Bewachung festgesetzt, und Cortés widmete seine Gedanken wieder dem, wofür er hergekommen war. Nachdem er die Kämpfer seines Gegenspielers begnadigt hatte, unterstanden jetzt über eintausend Männer seinem Befehl, darunter Dutzende Kanoniere und Armbrustschützen.

Es schien klar, wie es weitergehen musste. Zurück nach Tenochtitlan. Irgendwie mit Montezuma fertigwerden. Den Reichtum der Stadt für Spanien in Beschlag nehmen.

Er saß gerade über den Geschäftsbüchern von Vera Cruz, als Boten eintrafen. Es waren Tlaxcalteken, und als Malinche ihre Nachricht übersetzte, weiteten sich seine Augen in ungläubigem Schrecken.

Die Hauptstadt, so berichteten sie, stehe in Flammen. Durch die Straßen zögen wilde Horden und Alvarados Männer würden im Palast belagert. Sie würden nicht mehr lange durchhalten können – ohne Verstärkung seien sie verloren.

Malinche hatte noch nicht geendet, da war Cortés bereits auf den Beinen und rief nach seinen Hauptmännern.

Es gebe keine Zeit zu verlieren! Tenochtitlan könne nicht länger warten – es sei Krieg!

■

Schon wenige Tage nachdem Cortés die Hauptstadt verlassen hatte, machten sich die ersten Vorzeichen kommenden Ärgers bemerkbar. Die Nachricht von Montezumas Verschwinden hatte sich wie ein Lauffeuer verbreitet – und für viele war seine Abwesenheit etwas zutiefst Beängstigendes.

Der Hohe König war das Zentrum der aztekischen Welt, der Große Sprecher, durch den die Götter ihre Befehle gaben. Und wenn er das Opfermesser führte, um den Göttern das Blut zu geben, nach dem sie verlangten, tat er das für den Fortbestand der Welt – dafür, dass auch am nächsten Tag die Sonne wieder aufging.

Ohne ihn gab es für die Menschen Tenochtitlans keine Zukunft.

»Die Angst regierte, als hätte alle der Mut verlassen«, schrieb ein Chronist später. »Schon bevor es abends dunkel wurde, drängten sich alle in verängstigten Gruppen zusammen. Auch ihr Schlaf war voller Angst und Schrecken.«

Dann die erste deutliche Warnung.

Die Diener, die normalerweise ihr Frühstück brachten, erschienen nicht. Auch mittags brachte man ihnen nichts zu essen. Als die Diener auch am Abend nicht kamen, schickte Alvarado ein paar bewaffnete Männer los, um irgendetwas vom Markt zu holen.

Der nächste Tag brachte weitere böse Nachrichten: Eines der Dienstmädchen, die die Kleider der Spanier wuschen, wurde tot aufgefunden – aufgehängt direkt außerhalb des Palasts. Danach waren auch die restlichen ihrer Diener wie vom Erdboden verschluckt.

Zwei Wochen vergingen. In der ganzen Stadt waren die Mexica mit den Vorbereitungen für Toxcatl beschäftigt, eines ihrer heiligsten Feste, bei dem ihre Krieger Tänze vor einem riesigen Bildnis Huitzilopochtlis aufführten.

Aus einem Fenster des Palasts beobachtete Alvarado das geschäftige Treiben mit sorgenvoll gerunzelter Stirn. Wegen seines blonden Haares, guten Aussehens und verwegenen Auftretens hatten ihm die Azteken den Spitznamen *Tonatiuh*, »die Sonne«, gegeben.

Er besaß jedoch wenig von Cortés' diplomatischem Geschick und nichts von dessen Gerissenheit und Selbstbeherrschung. Wenn er unter Druck geriet, schien ihm der einzige Ausweg immer das Schwert.

Mehr und mehr unheilvolle Gerüchte drangen bis in den Palast vor, und Alvarados Laune verfinsterte sich zusehends. Von einem tlaxcaltekischen Informanten hatte er erfahren, dass die Priester vorhatten, ihn und die anderen Hauptmänner auf dem Hauptplatz an Pfähle zu fesseln und ihnen dann das Herz herauszuschneiden.

Ein anderer wollte wissen, dass die Azteken dabei waren, Belagerungsleitern zu bauen, um den Palast einzunehmen und Montezuma zu befreien. Ein dritter, dass man im Geheimen Löcher in die Mauern des Palasts bohre, um den Spaniern nachts, wenn sie schliefen, den Garaus zu machen. Und einer seiner eigenen Männer behauptete felsenfest, gehört zu haben, dass die Azteken bereits den Knoblauch schälten und die Töpfe anheizten, um den Spaniern das letzte Bad ihres Lebens zu bereiten.

Ein Anführer mit kühlerem Kopf hätte solchen Gerüchten womöglich wenig Glauben geschenkt. Aber einem Hitzkopf wie Alvarado, weit weg von zu Hause und mit zahlenmäßig weit unterlegener Truppe, schienen sie wie die Bestätigung seiner schlimmsten Befürchtungen.

Es war jetzt Anfang Mai und Alvarado war nervöser denn je.

Bei einer Exkursion zum Hauptplatz sah er schon von Weitem das riesenhafte Bildnis Huitzilopochtlis, das man mithilfe einer teigigen Mischung aus Mehl, Samen und Blut um ein Gerüst aus Holz modelliert hatte.

Mit seinem federgeschmückten Kopf, seinen Schlangenohrringen, seinem blutroten Banner und seinem Umhang aus Brennnesseln wirkte es an sich schon wenig vertrauenerweckend. Alvarado schien es der fürchterliche Vorbote von Tod und Verderben.

Die Sonne brannte herunter. Das Fest kam immer näher. Von Alvarados Stirn troff der Schweiß.

Die Menschenmengen auf den Straßen wurden immer größer und lauter. Und irgendetwas lag in der Luft, ein ein fast greifbares Gefühl heraufziehenden Unheils …

Dann begann das Fest. Drei Tage lang tanzten die Krieger Tenochtitlans auf den Plätzen der Stadt und Tausende Zuschauer wiegten sich zu den Klängen der Flöten und klatschten und stampften im Rhythmus der Trommeln.

Alvarado schien es, als verfolge ihn das Dröhnen der Trommeln Tag und Nacht. Er konnte nicht schlafen. Ihm war so heiß …

Am vierten Tag strebte das Fest seinem fiebrigen Höhepunkt entgegen – bald, sehr bald würde der dem Gott Geweihte die Tempelstufen hinaufschreiten, sich dem See zuwenden, seine Flöte zerbrechen, und dann dem Opfermesser seine Brust darbieten, auf dass der Kreislauf von Leben und Tod von Neuem beginnen konnte.

Auf dem Tempelplatz steigerten sich die Trommler in einen frenetischen Rhythmus hinein. Die Tänzer – vierhundert von Tenochtitlans mutigsten und stärksten jungen Männern – fassten sich an den Händen.

Die Menge begann lauter und lauter zu klatschen und zu singen – Tausende Männer, Frauen und Kinder, deren Gesichter vor religiöser Inbrunst glühten. Waffen hatten sie selbstverständlich keine dabei.

Schneller und schneller drehten sich die Tänzer. Lauter und lauter dröhnten die Trommeln. Heißer und heißer brannte die Sonne herunter …

Niemand bemerkte es, als die Spanier die Tore schlossen, die aus dem Tempelbezirk herausführten, und um die Feiernden herum Stellung bezogen.

Jetzt tanzte der ganze Platz, wiegte sich in Freude, Leidenschaft und Hingabe. Schneller und schneller, lauter und lauter, heißer und heißer …

Alvarado zog sein Schwert. Seine Augen glühten. Für den Bruchteil einer Sekunde schienen die Trommeln auszusetzen.

»*Mueran!*«, schrie er. »*Sie sollen sterben!*«

Und das Gemetzel begann.

■

Der Erste, den sie töteten, war der Vortänzer. Er hatte sich wochenlang auf das Fest vorbereitet und heute war der stolzeste Tag seines Lebens.

Alvarado stach von hinten zu und trieb ihm sein Schwert tief zwischen die Schulterblätter. Er hatte keine Chance.

Die Spanier waren jetzt unter den Musikern, ihre Schwerter blitzen in der Sonne. Gelächter und Gesang wichen verwirrten, panischen Schreien. Tänzer und Zuschauer versuchten, zu den Toren zu fliehen. Doch die waren versperrt …

Die Spanier drangen auf die Festteilnehmer ein und stachen um sich. Innerhalb kürzester Zeit färbten sich die Pflastersteine blutrot, Menschen stolperten und fielen übereinander. Überall lagen Tote. Es gab kein Entkommen.

An den Toren war die Panik so groß, dass Menschen zertreten und erdrückt wurden. Manche versuchten, die Mauern hinaufzuklettern – bis sie den Halt verloren und wieder herunterfielen. Und mit grauenvoller Regelmäßigkeit hoben und senkten sich die Schwerter der Spanier.

»Das Blut floss wie Wasser und sammelte sich in Pfützen«, schrieb ein Chronist. »Die Pfützen wurden größer und größer, und der Gestank von Blut und Eingeweiden erfüllte die Luft …«

Die Spanier drangen in den Tempel ein und verwüsteten einen Raum nach dem anderen. Sie töteten jeden, den sie sahen – Priester, Diener, Köche, Sklaven.

Doch lange sollten sie nicht so ungestört vorgehen können. Oben auf dem Großen Tempel schlug eine Trommel und rief die Männer der Stadt zum Kampf.

Außerhalb der Tore verteilten die Beamten der Stadt Waffen, teilten die Männer in Gruppen ein, schrien Befehle.

Aus dem ganzen unbeschreiblichen Chaos war eine Stimme herauszuhören – deutlicher, lauter als alle anderen:

Herren der Mexica, macht schnell, macht schnell, greift zu euren Waffen!

Macht schnell, macht schnell! Wir wurden verraten, unsere Krieger sind gemeuchelt!

Herren der Mexica, macht schnell, macht schnell!

Wieder und wieder warfen sich die Azteken gegen die Tore. Endlich gab das Holz nach und Hunderte kampfbereite Männer strömten, Speere und Steine schleudernd, auf den Tempelplatz.

Alvarado wurde von einem Stein am Kopf getroffen. Kurz strauchelte er, dann richtete er sich auf und hielt sein Schwert in die Höhe. »Rückzug!«, schrie er. »Zurück zum Palast!«

Auf dem Weg dorthin stießen und schlugen sie mit ihren Schwertern um sich und töteten jeden, der ihnen in die Quere kam. Irgendwie schafften sie es in den Palast hinein und verbarrikadierten die Tore.

Drinnen war der Boden mit Leichen übersät, die Wände mit Blut bespritzt. Auf Alvarados Befehl hatten seine Männer alle Berater Montezumas getötet, die sie finden konnten.

Der Hohe König selbst war jedoch noch am Leben. Als er Alvarado sah, verzog er sein Gesicht zu einer Grimasse der Verachtung.

»Seht, was Eure Leute mir angetan haben«, stieß Alvarado wutentbrannt hervor und deutete auf die Wunde an seinem Kopf.

Montezuma sah ihm in die Augen. »Nichts davon wäre passiert«, sagte er mit ausdrucksloser Stimme, »wenn Ihr es nicht begonnen hättet. So aber habt Ihr jetzt Zerstörung über uns alle gebracht.«

Die Abenddämmerung brach herein, doch die Kämpfe wüteten weiter. Unermüdlich hämmerte die Menge gegen die Palasttore, während die Spanier aus den Fenstern des Palasts ihre Armbrüste und Kanonen abfeuerten.

Dann mit einem Mal eine unheimliche Stille. Auf dem Dach des Palasts waren zwei Gestalten erschienen.

Ein Mann in Fesseln und ein zweiter, der ein Messer an die Kehle des Gefesselten hielt. Montezuma und Alvarado.

Dann zeigte sich hinter ihnen ein dritter, der sichtbar vor Angst zitterte. Die Menge erkannte ihn als Itzcuauhtzin, Herr von Tlatelolco und ein Freund Montezumas.

»Volk der Mexica«, rief Itzcuauhtzin mit dünner, greller Stimme. »Euer König bittet euch, eure Waffen niederzulegen. Wehrt euch nicht. Sie sind zu stark. Ihr könnt nicht gewinnen. Legt eure Bögen nieder und geht nach Hause.«

Einen Moment lang war es still. Dann ergriff einer aus der Menge das Wort: »Wer ist Montezuma denn jetzt noch, dass er meint, uns Befehle geben zu können?«

Mit einem Schrei aus Hunderten Kehlen warf sich die Menge erneut gegen die Tore des Palasts. Dann flogen wieder Speere, und das Kämpfen ging weiter. Erst gegen Mitternacht, als beide Seiten erschöpft waren, wurde es leiser.

Als er in dieser Nacht todmüde ins Bett fiel, war sich Pedro de Alvarado jedoch völlig im Klaren darüber, dass der heutige Tag nur der Beginn eines Krieges um alles oder nichts gewesen war.

16

Die traurige Nacht

Drei Wochen später, am 24. Juni 1520, ritten Cortés und Malinche über den Dammweg in die Hauptstadt.

Dieses Mal war von den Mengen Schaulustiger, die sie damals empfangen hatten, nichts zu sehen. Keine aztekischen Edelleute, kein Hoher König – niemand.

Die Straßen waren leer. Die ganze Stadt schien erfasst von einer tiefen, tödlichen Stille. Und doch konnte Malinche sich des unangenehmen Gefühls nicht erwehren, dass sie von irgendwoher beobachtet wurden …

Sie marschierten durch die Straßen in Richtung des Palastviertels, wo die Pflastersteine des Hauptplatzes immer noch von getrocknetem Blut bedeckt waren.

Als sie sich dem Palast des Axayacatl näherten, hörten sie, wie Riegel zurückgezogen wurden. Die Torflügel schwangen ächzend zurück, und als Cortés die Wachen sah, atmete er erleichtert auf.

Allerdings fiel ihm auf, dass ihre Gesichter blass und ausgezehrt waren. Und als Alvarado aus dem Schatten trat und auf sie zukam, erschrak Cortés über die dunklen Ringe unter den Augen seines alten Freundes.

An diesem Abend hörte er von Alvarado die ganze Geschichte.

Seit drei Wochen werde man belagert, sagte dieser. Zunächst hätten die Azteken pausenlos versucht, die Palasttore zu durchbrechen. Jedoch hätten die spanischen Armbrustschützen derart viele Opfer gefordert, dass die Angreifer sich schließlich zurückgezogen hätten.

Auch danach, fügte er mit düsterer Miene hinzu, seien die Azteken nicht faul gewesen. Jede Nacht hätten die Frauen ein Klagelied angestimmt, in dem sie ihre gefallenen Krieger betrauerten.

Die Männer der Stadt hätten alle Dammwege unterbrochen bis auf jenen, auf dem Cortés gerade gekommen war. Sie hätten die Zugbrücken hochgezogen, die Kanäle tiefer ausgehoben und viele der Straßen verbarrikadiert, um die Spanier einzupferchen.

Der Plan, den die Azteken damit verfolgten, sei klar. Sie hofften, dass die Spanier – ohne Zugang zum Markt – irgendwann vor Hunger einen Ausbruchsversuch wagen würden. Und wenn sie dies täten, würden die Azteken über sie herfallen und ihnen den Garaus machen.

Cortés schüttelte den Kopf. Warum Alvarado so überhastet gehandelt habe? Warum die Tänzer umbringen? Wie sollten sie jetzt an etwas zu essen kommen?

Alvarado zuckte die Achseln. »Zum Teufel mit dem Essen«,

sagte er dann. »Wenn man einen Krieg gewinnen will, muss man ihn irgendwann anfangen.«

■

In dieser Nacht saßen Cortés und seine Hauptmänner lange wach und überlegten, wie sie weiter vorgehen sollten.

Einige schlugen vor, Montezuma zu einer Übereinkunft zu bewegen, da sich dieser ja nach wie vor in ihrer Hand befand. Doch Cortés schüttelte den Kopf. »Warum«, fragte er verbittert, »sollte ich einem Hund geneigt sein, der hinter meinem Rücken mit Narváez verhandelt hat, und uns nicht einmal etwas zu essen besorgen kann?«

Seit dem Massaker am Tempel hielten die Spanier auch noch andere Geiseln aus der Königsfamilie gefangen, Cuitláhuac etwa, den jüngeren Bruder Montezumas. Wäre es nicht sinnvoller, meinte Cortés, diesen freizulassen und ihn als Essensboten zum Markt zu schicken?

Das war es nicht, wie sich sogleich herausstellen sollte.

Kaum außerhalb des Palasts, ließ Cuitláhuac verkünden, dass die Fremden schlimmer als wilde Tiere seien und er nicht ruhen würde, bis jeder Einzelne von ihnen röchelnd in seinem eigenen Blut liege.

So viel also zu dieser Idee.

Erschöpft rieb sich Cortés die Augen. Er fühlte sich schon mitgenommen genug, nach all dem, womit er sich in den letzten Wochen hatte befassen müssen – und nun auch noch das.

Am nächsten Morgen entschied er sich, einen Erkundungstrupp loszuschicken. Dreihundert Mann, unter dem Kommando seines Freundes Diego de Ordaz. »Brecht bis zum westlichen Dammweg durch«, befahl er knapp. »Dann kommt zurück und erstattet Bericht.«

Ordaz' Männer hatten den Damm allerdings noch gar nicht richtig gesehen, da wurden sie bereits heftig angegriffen. Schnell befand man sich auf einem überstürzten Rückzug, der von einem Steinhagel von den Hausdächern begleitet wurde. Nur fünf waren getötet worden, verwundet waren allerdings fast alle, auch Ordaz selbst.

Dieses Mal zogen sich die Angreifer nicht zurück. Stundenlang bombardierten sie den Palast des Axayacatl mit Speeren, Steinen und Pfeilen und zielten auf jede noch so kleine Bewegung an den Fenstern. Die Spanier schossen mit ihren Kanonen zurück – doch Cortés wusste natürlich, dass ihnen ihr Schießpulver nicht ewig reichen würde.

Er hätte das niemals zugegeben, aber er machte sich jetzt ernsthafte Sorgen. Irgendwie musste er Nahrung und Wasser für mehr als tausend Spanier und Hunderte tlaxcaltekische Verbündete auftreiben, die alle hier zusammen im Palast festsaßen.

Um es einfach auszudrücken: Die Spanier saßen in der Falle. *Der Feind hat die Schlinge geknüpft*, dachte Cortés, *und wir haben unsere Köpfe brav hineingesteckt.*

Und mit jedem Tag zog sich die Schlinge weiter zu …

■

Den ganzen folgenden Tag hielt die Belagerung unvermindert an. Wieder und wieder warfen sich die Azteken der spanischen Verteidigung entgegen.

Wieder und wieder schossen die Spanier mit ihren Arkebusen und Kanonen zurück und töteten mit einer einzigen Salve fünf oder zehn Männer – die aber sofort von Angreifern aus den hinteren Reihen ersetzt wurden.

Während all dem schrien die Azteken Drohungen, die den Spaniern das Blut in den Adern gerinnen ließen, als ihre tlaxcaltekischen Verbündeten diese mit finsteren Mienen übersetzten. »Wir sollten den Göttern geopfert werden«, erinnerte sich Bernal Díaz. »Unsere Herzen sollten uns aus der Brust gerissen, wir sollten ausgeblutet und unsere Arme und Beine bei Festivitäten verspeist werden. Unsere restlichen Körperteile sollten den Jaguaren, Pumas und Schlangen vorgeworfen werden, die man ausgehungert hatte, damit sie sich mit großem Eifer über unser Fleisch hermachten.«

Viele von Narváez' Männern murmelten, dass man besser in Kuba geblieben wäre. Und selbst diejenigen, die ursprünglich mit Cortés losgesegelt waren, begannen die Nerven zu verlieren.

Einige behaupteten steif und fest, des Nachts Männer ohne Köpfe herumhüpfen gesehen zu haben; einer bestand darauf, er habe »einen Kopf gesehen, der herumlief, mit nichts als einem Fuß verbunden«, und ein anderer berichtete davon, sich selbst gesehen zu haben, lang hingestreckt auf einem Altar.

Am zweiten Abend nach seiner Rückkehr – die Sonne versank gerade hinter den Bergen im Westen – stieg Cortés aufs Dach des Palasts, um von dort einen Blick über die Stadt zu werfen. Wie üblich wurde er von einem Stein- und Pfeilhagel begrüßt, und er achtete darauf, der Brüstung nicht zu nahe zu kommen.

Hinter den Barrikaden der Azteken konnte er etwa ein Dutzend Edelleute mit prachtvollen Federkopfputzen ausmachen, die offensichtlich gerade den nächsten Angriff besprachen. Er bat Malinche, herauszufinden, wer sie waren, und sie berichtete ihm kurz darauf, dass es sich um Verwandte Montezumas handelte.

Cortés winkte einen der Wachleute heran. »Bringt den Hohen König rauf aufs Dach«, sagte er knapp, »und sagt ihm, dass er mit ihnen sprechen soll.«

Kurz darauf erschien Montezuma auf dem Dach, begleitet von zwei Wachen, die ihre Schilde hochhielten, um ihn vor den Steinen zu schützen.

Die Sonne war jetzt fast verschwunden, über der Stadt begann sich die Dunkelheit auszubreiten.

Doch die Menge erkannte ihren Hohen König sofort. Ihre Spottrufe verstummten und Totenstille folgte.

Montezuma trat an den Rand des Daches. Er sah müde aus, und alt. Er begann etwas zu sagen, doch die Nachtluft schien seine Stimme nicht tragen zu wollen.

Er trat noch ein wenig weiter vor. »Hört mich, o Mexica!«, begann er von Neuem.

Von unten kam ein einzelner Stein in einem Bogen durch die Luft geflogen und traf mit einem *Klack* unweit von Montezuma auf die Brüstung. Dieser rührte sich nicht. Doch dann kam ein zweiter, ein dritter, ein vierter …

Plötzlich war die Luft erfüllt von Geschossen – »als würde es Steine und Pfeile vom Himmel regnen«, wie einer der Spanier es später beschrieb. Und die Menge war jetzt nicht mehr still, sie schrie und brüllte aus tausend Kehlen wie ein wildes Tier.

Die spanischen Wachen hasteten mit erhobenen Schilden zu Montezuma, doch es war zu spät.

Ein Stein schlug so fest auf seine Brust, dass seine Knie fast nachgaben. Dann traf ihn ein Pfeil in die Schulter. Als er zurücktaumelte, traf ihn ein weiterer Stein an der Schläfe – seine Beine gaben nach, und er fiel den Spaniern in die Arme.

Als die Spanier ihn schließlich in sein Zimmer zurückgebracht hatten, tropfte Blut aus den Wunden an seinem Kopf. Sein Gesicht war grau. Seine Augen waren geschlossen.

Er bewegte sich nicht, war bewusstlos, wie tot …

■

Die Belagerung dauerte an. Am Abend des 29. Juni berief Cortés eine weitere Beratung ein. Man sei, sagte er, in einer verzweifelten Lage.

Sie hatten jetzt nichts mehr zu essen und nur noch wenig Wasser. Die Mauern des Palasts waren durchlöchert und halb zerstört. Die meisten ihrer tlaxcaltekischen Verbündeten waren tot oder desertiert. Und ihre Schießpulvervorräte waren nahezu erschöpft.

Alvarado und Ordaz schlugen vor, einen Ausbruchsversuch zu wagen, doch Cortés schüttelte den Kopf. Das hätte bedeutet, das meiste Gold zurückzulassen. »Lieber lasse ich mich in Stücke schneiden«, sagte er trotzig, »als die Stadt zu verlassen.«

Doch dieses Mal mangelte es ihm an Überzeugungskraft. Seine Hauptmänner waren sich einig: Man musste hier raus.

Das Problem war nur, dass es nur noch einen offenen Dammweg gab – den nach Westen Richtung Tlacopan. Und selbst dort hatten die Azteken die meisten Brücken zerstört, was bedeutete, dass die Spanier irgendwie einen Weg über die Kanäle finden mussten.

Einer von Cortés' Hauptmännern, Francisco Rodríguez Magariño, räusperte sich. Es sollte, so meinte er, eigentlich nicht allzu lange dauern, eine tragbare Brücke zu bauen. Genug Holz – Türen und Balken – gebe es ja im Palast.

Damit sollten sie es über den ersten Kanal schaffen. Was die weiteren betreffe – man könne einiges an Balken und Brettern mitnehmen, und vielleicht würde das ja genügen.

Cortés nickte. All das werde nachts passieren müssen, meinte er – *und leise*. Wenn die Azteken sie auf dem Dammweg entdeckten, würde es das gewesen sein.

Auf diesen Plan verständigte man sich. Die Vorbereitungen dauerten die ganze Nacht und den folgenden Morgen.

Magariño nahm sich sechzig Männer, um mit diesen aus

Holzbalken eine behelfsmäßige Brücke zu zimmern, während andere so viel Gold wie möglich in Holzkisten für den Transport über den See verstauten.

Cortés wählte indes dreißig Männer aus, die Malinche, Alvarados Frau Luisa und Montezumas elfjährige Tochter Tecuichpoch über den Dammweg geleiten sollten. »Das Mädchen können wir vielleicht noch brauchen«, meinte er zu Alvarado.

»Und die anderen Geiseln?«, fragte dieser.

Cortés schwieg einen Moment. Er wusste, was sein Freund dachte. Die anderen Geiseln – Montezumas Freund Itzcuauhtzin etwa oder sein Neffe Cacama – mochten nützlich gewesen sein, solange man sich in der Hauptstadt aufgehalten hatte. Sie jetzt mitzuschleppen, ergab keinen Sinn. Außerdem konnte er es sich schlicht nicht mehr leisten, auch nur einen einzigen Mann für ihre Bewachung abzustellen.

»Bringt sie alle um«, sagte er.

Alvarado lächelte und griff nach seinem Schwert.

Jetzt gab es da nur noch eine Sache, die noch zu erledigen war.

■

Später, nachdem alles vorbei war, sagten die Spanier, Montezuma wäre an seinen Wunden gestorben. Die Geschichte, die sie davon erzählten, wie ihnen Montezuma zuerst willentlich sein Reich überlassen und dann sein Volk gegen ihn rebelliert hatte, klingt … wie eine Geschichte.

Sie behaupteten steif und fest, dass Montezuma, nachdem er

auf dem Dach verletzt worden war, so gebrochen war, dass er jegliche Behandlung verweigerte und einige Tage später starb. Und als er schließlich seinen letzten Atemzug tat – so beschrieb es Bernal Díaz –, habe sein Freund Cortés geweint wie ein Baby und die anderen Spanier hätten »wie um einen Vater getrauert«.

Ist das glaubhaft? Montezuma war einer der größten und respekteinflößendsten Herrscher in der Geschichte seines Volkes. Und Cortés war ein hartgesottener Abenteurer – und nicht jemand, der weinend am Bett seines toten Feindes sitzt.

Was geschah also wirklich mit Montezuma? Die Antwort findet sich wahrscheinlich in anderen, weniger berühmten Versionen der Geschichte, die spanische Mönche nach Erinnerungen der Azteken aufgeschrieben haben.

In diesen Berichten stirbt Montezuma nicht an seinen Wunden. Dort sind es die Spanier selbst, die ihm ihre Dolche in die Brust stoßen, kurz bevor sie aus dem Palast fliehen.

Warum? Die Antwort liegt auf der Hand.

Jetzt, da Montezuma seine Autorität verloren hatte, konnten sie nichts mehr mit ihm anfangen. Ja, sie hätten ihn mitnehmen können – doch wie bei den anderen Gefangenen auch war es leichter, ihn umzubringen und danach seinen eigenen Leuten die Schuld in die Schuhe zu schieben.

Wir können uns die Szene gut ausmalen: Montezuma im Bett, geschwächt von den Verletzungen, sein Kopf verbunden. Cortés, Alvarado und ein, zwei andere nähern sich mit gezückten Dolchen leise seinem Bett.

Vielleicht schrie Montezuma kurz auf. Vielleicht versuchte er, sich zu wehren. Doch gegen so viele Bewaffnete hatte er natürlich keine Chance.

Vielleicht spürte Cortés einen kurzen Stich des Bedauerns, als er auf die Leiche seines Gastgebers herabsah. Aber auch das erscheint eher unwahrscheinlich.

Montezuma war kein Heiliger. Er war ein Mann der Macht und ein Mann des Krieges.

Aber dieses Ende hatte er nicht verdient. Und ganz sicher hatte er es nicht verdient, als abergläubischer Feigling abgestempelt zu werden – das ist das Image, das die Sieger ihm zugedacht hatten und das leider auch heute noch immer wieder aufgegriffen wird.

Als die Azteken den Leichnam ihres Hohen Königs fanden, verbrannten sie ihn, wie es ihre Tradition verlangte, auf einem großen Scheiterhaufen. Seine Mörder waren da natürlich schon längst weg.

■

Gegen Mitternacht am letzten Tag des Juni 1520 gab Cortés den Befehl zur Evakuierung des Palasts.

Es war eine warme Nacht und ein feiner Nieselregen hing in der Luft. Über der Stadt lag ein Schleier der Stille. Keiner der Spanier sprach ein Wort, als sie den Palast verließen und sofort in eine Nebenstraße abbogen.

Cortés hatte seine Leute in drei Gruppen aufgeteilt. Ganz

vorne eine zweihundertköpfige Vorhut, angeführt von Gonzalo de Sandoval und Diego de Ordaz. Zu dieser Gruppe gehörten auch Malinche, Luisa, die kleine Tecuichpoch sowie Magariño und seine Handwerker, die die Holzbrücke trugen.

Dann kam Cortés selbst mit dem Großteil der Fußsoldaten, dem Rest der Tlaxcalteken und dem Gold. Die Nachhut bildete Alvarado mit den meisten der Reiter. Damit man die Pferde nicht hörte, hatten sie Stofflappen um ihre Hufe gebunden.

Leise bewegten sie sich durch die Straßen in Richtung des westlichen Damms. Die ausgebrannten Gebäude links und rechts wirkten wie geisterhafte Mahnungen an eine vergangene Zeit.

Nirgends rührte sich etwas. So weit, so gut …

Bald schon war die Vorhut am ersten Kanal. In der Dunkelheit konnte Malinche gerade so ausmachen, wie Magariño und sein Trupp Position bezogen, um die Brücke über die Lücke zu bugsieren, und wie sie dann beiseitetraten, damit die ersten ihrer Kameraden passieren konnten.

Sie fand, dass das alles viel zu lange dauerte. Schrecklich lange, gefährlich lange …

Als Cortés den Kanal erreichte, winkte er Magariño zu sich und flüsterte ihm zu, dass man keine Zeit habe, die Brücke wieder mitzunehmen. Für die nächsten drei Kanäle würde man sich auf die mitgebrachten Bretter und Balken verlassen müssen.

Dann kam der zweite Kanal. *Langsam, vorsichtig, Zentimeter für Zentimeter.* Die Bretter hielten.

Und der dritte. Wieder legten Magariños Männer vorsichtig

ihre Bretter ab, darauf bedacht, keinerlei Geräusch zu machen. Wieder langsam drüber, einer nach dem anderen. Wieder hatten sie Glück.

Nachdenklich blies Cortés seine Backen auf. Vielleicht schafften sie es ja wirklich.

Der vierte Kanal. Geübt brachten Magariños Männer die Bretter in Position und gaben dem ersten in der Schlange ein Zeichen.

Zuerst die Vorhut, dann Cortés und der Hauptteil der Mannschaft. Eine oder zwei der Planken gaben ein verdächtiges Knarzen von sich, doch sie hielten … gerade so.

Von der anderen Seite gestikulierte Cortés zu Alvarado, sich mit der Nachhut zu beeilen. *Jetzt macht schon …*

Dann sah er die Frau. Ihrer Kleidung nach zu urteilen eine Dienerin. Definitiv noch nicht ganz wach. Offensichtlich war sie herunter zum See gekommen, um Wasser zu holen. Sie war etwa hundert Meter entfernt und hatte sie noch nicht bemerkt.

Eines der Bretter knarrte.

Die Frau sah auf.

Ihre Blicke trafen sich für den Bruchteil einer Sekunde, der sich wie eine Ewigkeit anfühlte. Dann schrie sie.

■

Jetzt passierte alles auf einmal. Plötzlich brannten zu allen Seiten Lichter, Kinder weinten, Menschen schlugen auf Töpfen Alarm.

Von oben auf den Tempelpyramiden hörte man Trommeln,

Menschen mit Speeren und Bögen drängten auf die Straßen und Kanus tauchten auf – Hunderte Kanus, deren Paddel durchs Wasser des Sees peitschten.

Aus der Dunkelheit regnete es Pfeile. Neben Cortés schnellte ein Soldat herum und riss die Arme in die Höhe, aus seinem Hals ragte ein Pfeil. Direkt daneben war ein anderer in die Knie gegangen und versuchte verzweifelt, sich einen Pfeil aus dem Bauch zu ziehen.

Aus Richtung des vierten Kanals kamen kurze, knackende Geräusche, die nichts Gutes verhießen. Aztekische Kämpfer in Kanus hackten von unten mit ihren Steinmessern gegen die Bretter – lange würden die dieser Bearbeitung nicht mehr standhalten. Andere trieben vom Ufer aus mit ihren Speeren die Pferde der Spanier ins Wasser.

Verzweifelt zog Cortés sein Schwert. Er hörte jemanden laut aufschreien, dann erst wurde ihm klar, dass er das selbst war.

Einige Spanier waren in den See gesprungen und versuchten, schwimmend das Ufer zu erreichen. Diejenigen, die ihre Beutel und Taschen mit Gold vollgestopft hatten, blieben allerdings nicht lange über Wasser.

Mehr und mehr Pfeile zischten durch die Luft. Cortés konnte das Aufkreischen der Pferde hören, als die Azteken mit ihren Klingen auf sie eindrangen, und die jäh abreißenden Schreie seiner Leute, als sie unter Wasser gezogen wurden.

Nur wenige Meter entfernt, auf der anderen Seite des Kanals, sah er die Pferde, die das Gold trugen, sich am offenen Wasser panisch wiehernd aufbäumen. Als die Azteken näher und näher kamen, gerieten sie ins Stolpern und schlitterten in den See.

Das Wasser schien gesättigt von Leichen. Einige der Spanier versuchten sich wie irre halb krabbelnd, halb schwimmend über die Leichen ihrer ertrunkenen Freunde und Pferde hinweg ans Ufer zu retten.

Das Ende der Welt, schoss es Cortés durch den Kopf. Er stieß sein Schwert in die Dunkelheit und spürte die Klinge tief in die Brust eines Feindes eindringen. Dann sprang er, aufheulend vor Zorn und Verbitterung, in den See.

Kurz darauf zog er sich erschöpft, halb schluchzend und blut- und schlammverschmiert am westlichen Ufer an Land. Er sah sich um und erkannte Alvarado, ebenfalls blutverschmiert, aber wenigstens auch am Leben.

»Wo ist der Rest der Leute, die ich Euch zugeteilt habe?«, fragte Cortés ihn. Aber natürlich kannte er die Antwort schon.

Alvarado zuckte die Achseln. »Einige von ihnen sind hier«, sagte er. »Und die, die nicht hier sind, vergessen wir besser.«

Weit im Osten, hinter den Bergen, ging gerade die Sonne auf und schickte ein glühendes Rot über den Himmel. Für Cortés fühlte sich das wie ein kranker Witz an, als lachten die Götter der Azteken über ihren Schmerz.

Er ließ seinen Blick übers Ufer schweifen. Malinche und Luisa saßen aneinandergedrängt unter einer Decke, doch von Tecuichpoch war weit und breit nichts zu sehen. Cortés' Diener fehlte ebenso, wie auch viele seiner alten Kameraden aus Kuba.

Sie hatten die Kanonen verloren, die meisten der Pferde, alle Tlaxcalteken und das ganze Gold. Auf dem See trieben mindestens sechshundert tote Spanier, unter ihnen fast die gesamte Nachhut.

In einer einzigen Nacht hatte Cortés mehr als zwei Drittel seiner Leute verloren. Diese Nacht würde als *la Noche Triste*, die traurige Nacht, in die Geschichte eingehen.

▪

Als der Morgen kam, machten sich die Bewohner Tenochtitlans an die Arbeit. Sie zogen die Leichen aus dem Wasser und nahmen ihnen Kleidung und Schmuck ab, die Waffen warfen sie alle auf einen Haufen. Dann bargen sie so viel von ihrem Gold aus dem See, wie sie konnten.

Einige der Spanier waren in all dem Chaos zurück in die Stadt geflohen, wo sie gehofft hatten, sich von ihrem alten Hauptquartier aus verteidigen zu können. Man nahm sie gefangen und merkte sie für die nächsten Opferungen vor.

Für die toten Spanier war etwas anderes geplant. Bei Bernal Díaz lesen wir, dass man diese zum königlichen Zoo gebracht hat. »Dort«, so schreibt er, »verfütterte man über viele aufeinanderfolgende Tage die Leichen unserer unglücklichen Landsleute an die Pumas und Jaguare.«

Auf der anderen Seite des Sees saß Cortés allein unter einem Baum. Sein Gesicht war tränennass, doch sein Kopf beschäftigte sich bereits mit der Zukunft.

Das Rad des Schicksals, da war er sich sicher, würde sich bald weiterdrehen.

Auf dem Weg zurück zu den anderen wischte er sich zuerst die Tränen aus dem Gesicht und richtete dann schon von Weitem die Frage in die Runde, ob Martín López, der Schiffszimmermann, überlebt habe.

»Er ist verwundet, Herr«, rief jemand. »Aber er ist am Leben.«

Zum ersten Mal seit Tagen lächelte Cortés.

»Nun denn, dann haben wir alles, was wir brauchen«, sagte er. »Es geht weiter.«

TEIL VIER

DAS ENDE DER WELT

17

Krieg um alles oder nichts

Achttausend Kilometer weiter östlich bestaunte gerade einer der größten Künstler dieser Zeit die Schätze der Neuen Welt.

Albrecht Dürer, geboren in der Freien Reichsstadt Nürnberg, war in ganz Europa für seine wunderschönen Holzschnitte, Kupferstiche, Zeichnungen und Gemälde bekannt.

Am 27. August 1520 befand er sich in Brüssel – heute in Belgien, damals Teil des riesigen Reichs des jungen spanischen Königs Karl V. Dürer war besonders erpicht darauf gewesen, dem Rathaus der Stadt – ein eindrucksvolles mittelalterliches Gebäude mit riesigem zentralen Turm, ein Treffpunkt für Kaufleute und Handwerker – einen Besuch abzustatten.

Hier hatten Karls Sachwalter eine Ausstellung mit Gold von jenseits des Meeres organisiert – jenes Gold, das Hernán Cortés vor einem Jahr mit seinem Flaggschiff nach Osten gesandt hatte, vor seinem Aufbruch in Richtung des Tals von Mexiko.

Der Schatz war im Herbst zuvor in Sevilla angekommen und hatte von da an für Furore gesorgt. Und als Dürer jetzt das Rathaus betrat, traute auch er kaum seinen Augen.

»Ich habe die Dinge gesehen, die man dem König aus dem neuen güldenen Land gebracht hat«, notierte er in seinem Tagebuch. »Eine ganz güldene Sonne, einen ganzen Klafter breit; desgleichen einen ganz silbernen Mond, ebenso groß; und zwei Kammern voll mit Rüstungen, wunderbahrlichen Waffen, seltsamer Kleidung und Bettgewändern und allerlei weiteren wunderbahrlichen Dingen.«

Als Dürer ein Junge gewesen war, hatte noch niemand in Europa gewusst, dass es »Amerika« überhaupt gab – und jetzt stand er vor den Zeugnissen einer völlig unbekannten Zivilisation, die Künstler und Handwerker hervorgebracht hatte, die ebenso talentiert waren wie jene Europas.

»All mein Lebtag«, schrieb er weiter, »habe ich nichts gesehen, das mein Herz so erfreut hätte wie diese Dinge, von denen viele von solch wunderbarer Kunstfertigkeit waren, dass ich ob der feinsinnigen Erfindungsgabe der Menschen in fremden Landen sehr staunte.«

Für Dürer – wie für alle in Europa – war ein neues Zeitalter angebrochen. Cortés hatte dem Schatz einen langen Brief beigefügt, in dem er die Schönheit dieses fremden Landes beschrieb.

Der Brief wurde gedruckt und weckte großes Interesse, und überall in Europa hatten die Drucker Mühe, der ständig wachsenden Nachfrage nachzukommen.

In jedem Winkel des Kontinents saßen die Leute mit offenem Mund da, als sie diese wundersame Geschichte lasen. Und in ganz Spanien begannen ehrgeizige junge Männer davon zu träumen, es Cortés gleichzutun und in diesem neuen Land des Goldes ihr Glück zu suchen …

■

Wenn sie ihn jetzt gerade gesehen hätten, hätten sie darüber aber wahrscheinlich noch einmal nachgedacht.

Denn während Dürer in Brüssel ehrfurchtsvoll die Wunder der Neuen Welt bestaunte, stapfte Cortés an der Spitze seiner Mannschaft, die ein recht trauriges Bild abgab, missmutig durchs Tal von Mexiko.

Seit der traurigen Nacht waren zwar schon einige Wochen vergangen, doch die Moral von Cortés' Truppe hätte schlechter nicht sein können. Der Verlust des Goldes, der Waffen und Hunderter ihrer Kameraden hatte sie hart getroffen.

Vor seinen Leuten sprach Cortés davon, wieder zu alter Stärke zu gelangen und die Stadt auf dem See einzunehmen, aber wenn er alleine seinen Gedanken nachhing, war ihm durchaus bewusst, dass sie in großen Schwierigkeiten steckten.

Viele seiner Männer hatten eitrige Wunden, die nicht heilen wollten, und jeden Tag starben einer oder zwei von ihnen an einer Infektion. Cortés selbst war an der linken Hand verletzt worden, sodass ihm der Arzt schließlich zwei Finger amputieren musste.

Auf ihrem Marsch nach Osten kamen den Spaniern immer wieder Gruppen aztekischer Kämpfer in die Quere, die sie mit Pfeilen beschossen und mit Speeren bewarfen. Die Spanier hatten zwar viel verloren, doch ihre Schwerter hatten sie noch, und sie wehrten sich mit der Wut der Verzweiflung.

Schließlich stolperten sie aus den Bergen heraus und hinein in die bewaldeten Täler Tlaxcalas. Hier, dachte Cortés, würden sie Unterstützung bekommen.

Aber würden sie das wirklich?

Was Cortés nicht wusste: Der neue aztekische Herrscher Cuitláhuac hatte keine Zeit verloren und Boten nach Tlaxcala gesandt. Er hatte den ewigen Rivalen eine unbefristete Allianz angeboten – unter der einzigen Bedingung, dass sie sich von den Spaniern abwandten.

Einige der Tlaxcalteken waren dafür, das Angebot anzunehmen. Der jüngere Xicotencatl zum Beispiel, der den Fremden nach wie vor nicht über den Weg traute und sie mit einer Heuschreckenplage verglich. Man müsse diese Chance ergreifen, sie zu vernichten, solange sie noch schwach waren, meinte er.

Doch sowohl Xicotencatl der Ältere als auch der alte Maxixcatzin sahen das anders. Das sei *tatsächlich* eine einmalige Gelegenheit, meinten sie – die Chance, Tenochtitlan zu bezwingen.

In Tlaxcala hatte man Gerüchte gehört, dass an der Küste weitere spanische Einheiten eingetroffen waren, und man war sich sicher, dass das nicht die letzten sein würden. Es spreche also alles dafür, argumentierten die Gegner einer Allianz, weiter ihre spanischen Verbündeten zu unterstützen und mit ihnen zusammen die Azteken ein für alle mal zu vernichten.

Am Ende behielten sie die Oberhand. Und so wurde Cortés

dann doch vor den Toren Tlaxcalas vom alten Maxixcatzin und einer tlaxcaltekischen Delegation begrüßt, die den erschöpften Spaniern sofort etwas zu essen und zu trinken reichten.

Zwanzig Tage lang ruhten sich die Spanier aus. In dieser Zeit verhandelten Cortés und Maxixcatzin eine neue Übereinkunft: Sie würden die Hauptstadt der Azteken erobern und die Beute teilen.

Wie immer spielte Malinche, mit Alvarados Frau Luisa an ihrer Seite, eine wichtige Rolle. Viele Tlaxcalteken waren tatsächlich der Meinung, sie sei es, nicht Cortés, die jetzt das Sagen hatte – schließlich sprach fast immer nur sie.

Und obwohl Cortés immer so tat, als sei er der Anführer des Bündnisses, sahen die Tlaxcalteken auch das anders. Sie kämpften schließlich seit Jahrzehnten gegen die Azteken und sahen in den Spaniern nicht viel mehr als bezahlte Söldner, die sie in *ihrem* Krieg gut gebrauchen konnten.

Einigen Spaniern ging die Aussicht auf einen Krieg um alles oder nichts jedoch etwas zu weit. Eine Gruppe seiner Hauptmänner wandte sich mit der Klage an Cortés, »ihre Köpfe seien lädiert, ihre geschundenen Leiber blutlos, schwach, nackt und von Wunden und offenen Stellen übersät – man sei krank und befinde sich von Feinden umgeben in einem fremden Land«.

Anders ausgedrückt: Sie wollten nach Hause.

Wenn Cortés nachgegeben hätte, wäre die Geschichte Amerikas vielleicht anders verlaufen. Aber er ließ sich nicht beeindrucken.

Ja, gab er zu, sie hätten Rückschläge erlitten. »Doch jede Nation, die jemals die Welt beherrscht hat, hat zuerst die eine oder andere Niederlage einstecken müssen. Und welcher große Feldherr hat bitte *alle* seine Schlachten gewonnen?«

Er grinste. »Wir sind Christen«, fuhr er fort, »und sollten auf die Güte Gottes vertrauen. Er würde es nie zulassen, dass wir geschlagen werden. Und bedenkt: Das Glück ist mit den Tüchtigen!«

Wie immer trug seine Redegewandtheit den Sieg davon. Jubelrufe hallten durchs spanische Lager und von einer Beendigung der Expedition war keine Rede mehr.

Einige Tage später verließen sie Tlaxcala.

■

Wenn Cortés davon sprach, den Krieg zu gewinnen, meinte er das genau so. Er hatte ja Gelegenheit gehabt, die aztekische Führung aus nächster Nähe zu studieren, und er war sich sicher, dass sie geschlagen werden konnte.

Ihre Hauptstadt befand sich inmitten eines Sees – sie konnte also leicht von der Versorgung mit Nahrung und Rohstoffen abgeschnitten werden. Und ihr Reich – eher ein Bündnis von Stadtstaaten als ein Königreich europäischer Prägung – war nicht so gefestigt, wie es schien.

Wenn man ihnen ein paar ihrer Vasallen abspenstig machen könnte, so überlegte Cortés, würden diesen sicher weitere folgen. Am wichtigsten aber würde es sein, schnell, hart und ohne jede Gnade zuzuschlagen.

Sein erstes Angriffsziel war die auf einem Hügel gelegene Stadt Tepeaca, die die Handelsroute vom Tal von Mexiko zur Küste kontrollierte. Die Kämpfer der Stadt wurden auf einem Maisfeld außerhalb Tepeacas gestellt. Sie hatten der großen zahlenmäßigen Überlegenheit der Tlaxcalteken und dem spanischen Stahl nichts entgegenzusetzen.

Die Frauen und Kinder des Ortes wurden zusammengetrieben, auf der Wange mit einem »G« für *Guerra* – Krieg – gebrandmarkt und als Sklaven verkauft, wahrscheinlich an die Tlaxcalteken.

Was die Männer betraf – diese schleppte man als Opfergefangene nach Tlaxcala oder ließ sie gleich an Ort und Stelle von den Hunden zerreißen. Es gab auch Gerüchte, dass man einige in den örtlichen Metzgereien zerlegen ließ, um sie dann beim Siegesfest der Tlaxcalteken zu servieren.

Das ist womöglich übertrieben. Doch insgesamt war dieses grausame Gemetzel genau das, was Cortés' Plan vorsah. Es gehe darum, schrieb er in einem Bericht an Karl V., die anderen Städte in Angst und Schrecken zu versetzen und sie so zum Seitenwechsel zu bewegen.

Stadt um Stadt fiel, Tausende weitere Frauen und Kinder wurden versklavt. Weinen und Wehklagen erfüllte das Tal von Mexiko.

Später meinten selbst einige von Cortés' Weggefährten, er sei zu weit gegangen. Doch wenn man jede menschliche Regung außer Acht lässt, kann man die Strategie durchaus als erfolgreich bezeichnen. Stadt um Stadt ergab sich, und als es Herbst wurde, hatte Tenochtitlan die Verbindung zu den Orten an der Küste verloren.

Cortés plante bereits weiter. Während seine Truppen die ländlichen Gebiete des Tals von Mexiko in Schutt und Asche legten, hatte er eine kleine Gruppe unter der Führung von Martín López, dem Schiffszimmermann, nach Tlaxcala zurückgeschickt.

López hatte klare Anweisungen. Er sollte – mit Holz aus den nahe gelegenen Wäldern und den Segeln, Ankern und Tauen, die sie an der Küste zurückgelassen hatten – in Tlaxcala eine Schiffswerft einrichten und dreizehn neue Schiffe bauen. Eine Kampfflotte für den Angriff auf die Hauptstadt der Azteken.

Doch mittlerweile war es zu einer Wendung gekommen, die selbst Cortés in all seinem kaltblütigen Kalkül nicht hatte voraussehen können.

Als die Schiffsbauer sich den Außenbezirken Tlaxcalas näherten, sahen sie über der Stadt Rauchwolken aufsteigen. In der Luft lag ein unheimlicher, klagender Ton. Trauergesänge, wie sich bald herausstellen würde.

Ein weiterer fremder Eindringling hatte zugeschlagen. Wie die Spanier war er aus dem Osten gekommen, von jenseits des Meeres. Doch er war viel, viel tödlicher als selbst die schärfste Toledoklinge.

Die Pocken.

■

Der Virus war im Sommer mit den Schiffen von Pánfilo de Narváez nach Mexiko gekommen, und er verbreitete sich schnell. Auf die Spanier selbst hatte er, obwohl sie ihn eingeschleppt hatten, nur sehr geringe Auswirkungen, da sie bereits eine natürliche Immunität dagegen entwickelt hatten. Die Menschen Amerikas hatten ihm jedoch nichts entgegenzusetzen.

Bis zum Spätsommer hatten die Pocken bereits die Bevölkerung an der Küste dezimiert, Familie um Familie, Dorf um Dorf. Schakale und Geier zankten sich um die sterblichen Überreste, da man die Leichen nicht so schnell bestatten konnte, wie die Menschen starben.

Nachdem ganze Dörfer entvölkert waren, gab es niemanden mehr, der die Ernte hätte einbringen können. Und damit – so ein Chronist – »brach alles zusammen«.

Als Martín López Tlaxcala erreichte, hatte sich der Virus bereits ins Landesinnere ausgebreitet. Der alte Maxixcatzin lag auf dem Sterbebett und wurde von einem Fieber geschüttelt, das ihn sehr bald umbringen würde. Er war jedoch nur einer von Tausenden – wahrscheinlich etwa ein Drittel der Bevölkerung –, das in diesem schrecklichen Herbst starb.

Innerhalb weniger Wochen hatten die Pocken auch Tenochtitlan erreicht. Sie mochten von einem Händler mitgebracht worden sein, der vor Fieber schwitzte und bald daran sterben würde. Oder von einem Boten, zusammen mit Neuigkeiten von der Küste. So oder so – das Ergebnis war eine Katastrophe.

In den Wochen seit der traurigen Nacht waren die Azteken

damit beschäftigt gewesen, ihre Stadt wieder aufzubauen. Unter ihrem neuen Herrscher, Montezumas Bruder Cuitláhuac, hatten sie die Straßen frei geräumt, den Schutt beseitigt und versucht, zu einem normalen Leben zurückzukehren.

Die meisten von ihnen hatten angenommen, dass die Fremden endgültig verschwunden seien. Die Spanier, so sagten sie, seien wie eine Sturmwolke gewesen, die der Wind jetzt weit weg hinter die Berge getrieben habe.

Und dann kamen die Pocken.

»Die Menschen bekamen Bläschen und Pusteln im Gesicht, auf dem Kopf und auf der Brust«, schrieb ein Chronist. »Sie waren von Kopf bis Fuß übersät von diesen qualvollen Wunden. Viele waren so krank, dass sie sich kaum bewegen konnten. Sie lagen in ihren Betten wie tot und konnten nicht einmal den Kopf heben. Und falls sie sich doch bewegten, schrien sie vor Schmerzen. Viele starben an dieser fürchterlichen Krankheit. Andere verhungerten, weil sie zu schwach waren, sich mit Essen zu versorgen, und die Menschen um sie herum zu krank, um sich um sie zu kümmern.«

Adlige und Kaufleute, Diener und Sklaven – niemand war vor dem Virus sicher. Auch nicht der neue König.

Nur Wochen nachdem er die Stelle seines Bruders eingenommen hatte, erkrankte Cuitláhuac schwer. Oben auf den Pyramiden riefen die Priester die Götter an und brachten ihnen Opfer im Namen des Königs dar.

Aber es half alles nichts. Nach einer Regierungszeit von nur achtzig Tagen tat Cuitláhuac einen letzten qualvollen Atemzug – und die Azteken mussten sich schon wieder nach einem neuen König umsehen.

In dieser dunklen Stunde wandten sich die Ältesten an Montezumas Cousin Cuauhtemoc, der von großer, imposanter Erscheinung war und dessen »ernste Augen niemals Wankelmut erkennen ließen«. Sein Name bedeutete »Fallender Adler« und alle waren sich einig, dass er der ideale Kandidat war.

Als Sohn eines der größten ihrer Könige, des mächtigen Ahuitzotl, erfreute sich Cuauhtemoc auch bei der Bevölkerung der Hauptstadt außerordentlicher Beliebtheit. Und obwohl er erst Mitte zwanzig war, war er ein erfahrener Kämpfer und ihm eilte der Ruf großer Tapferkeit voraus.

Und er war zu allem bereit – das stellte er von Anfang an klar, als er an seinem ersten Tag als neuer Herrscher sechs von Montezumas Söhnen zusammentreiben und hinrichten ließ.

Einige munkelten, er habe eine der Hinrichtungen persönlich vorgenommen – mit bloßen Händen. Potenzielle Rivalen auszuschalten war jedoch genau die Art unbarmherziger Pragmatismus, den die Azteken von ihrem Herrscher erwarteten.

Für ein weiteres von Montezumas Kindern hatte Cuauhtemoc jedoch andere Pläne.

Anders als die Spanier glaubten, war die kleine Tecuichpoch nicht während der traurigen Nacht ertrunken. Sie war zwar ins Wasser gefallen – doch man hatte sie in all dem Chaos erkannt und in letzter Minute prustend und spuckend an Land gezogen.

Cuauhtemoc hatte zwar bereits eine Frau, ließ es sich aber nicht nehmen, auch seine elfjährige Cousine zu ehelichen. Er fand das eine ausgezeichnete Idee, um beide Seiten der königlichen Dynastie zu vereinen.

Was Tecuichpoch davon hielt, ist nicht überliefert. Sie mag es aber einem nassen Grab am Grund des Sees vorgezogen haben.

■

Auf den Gipfeln der Berge glitzerte bereits der Schnee, als Hernán Cortés seine Truppen zurück nach Tlaxcala führte. Es war ein schwieriger, blutiger Feldzug gewesen, doch er hatte keine einzige Schlacht verloren, und die Stimmung seiner Leute hatte sich seit ihrer Flucht aus der Hauptstadt deutlich verbessert.

Unterdessen waren weitere gute Nachrichten von der Küste eingetroffen. Es kamen jetzt mehr Schiffe aus Kuba, aus Hispaniola und selbst aus Spanien, die Schusswaffen, Armbrüste, Pulver und Pferde brachten. Ihre wichtigste Fracht aber war der Nachschub an *Männern*: Söldner, Soldaten, Glücksritter und Abenteurer, angezogen von den Geschichten über Gold und Ruhm.

Dann wurde es Weihnachten, und in Tlaxcala neigten die Spanier ihre Köpfe im Gebet in der Gewissheit, dass sie Gottes Werk taten.

An Heiligabend saßen Cortés und seine Hauptmänner lange zusammen und planten ihr weiteres Vorgehen. Mit neun Kanonen, fast sechshundert Fußsoldaten und achtzig Gewehr- und

Armbrustschützen war Cortés' Armee so schlagkräftig wie nie zuvor.

Er hatte allerdings nicht vor, sich den Jaguarkriegern Tenochtitlans in einer offenen Feldschlacht entgegenzustellen. Vielmehr plante er einen Krieg, wie man ihn in Europa gerne führte – *zudrücken*, bis der Gegner nicht mehr konnte.

Die Verbindungen vom Tal von Mexiko zur Küste hatte er bereits gekappt. Jetzt wollte er die Kontrolle über den See gewinnen und so Tenochtitlans Versorgung mit Nahrungsmitteln unterbrechen. Wie lange es auch dauerte, er würde die Azteken aushungern, bis sie sich unterwarfen.

Am 27. Dezember 1520 versammelten sich die Spanier im Haupttempel von Tlaxcala. Als alle an ihrem Platz waren, erhob sich Cortés.

Vor ihnen liege, sagte er, ein ehrenvoller Kreuzzug, bei dem man die Azteken unter dem Banner Spaniens in ihre Schranken weisen werde. Vor allem aber kämpfe man im Namen Jesu Christi, um den Menschen Mexikos »Zeugnis von unserem heiligen Glauben zu geben«.

Dann grinste er. »Und so wie es aussieht«, sagte er leichthin, »wird uns das sowohl Ruhm als auch einigen Profit einbringen – zwei Dinge, die man nur sehr selten zusammen bekommt.«

Gelächter hallte über den Tempelbezirk.

■

Sie marschierten vier Tage lang, nahmen einmal mehr den kürzeren, steileren Weg über die Berge, bis sich schließlich erneut das Tal von Mexiko vor ihnen auftat – und ihr Ziel: der See, die schwimmenden Gärten, die Insel, die Stadt …

Anstatt direkt auf Tenochtitlan zuzumarschieren, wandte Cortés sich zunächst nach Norden, um den See herum. Seine erste Station würde Texcoco sein, die zweite Stadt der Dreier-Allianz.

Texcoco war eine der schönsten Städte des Tals, ein Zentrum der Künste, und bekannt für seine Bäder und Paläste, seine Dichtkunst und sein Töpferhandwerk. Für die Spanier von größerem Interesse: Texcoco war eine wichtige Kornkammer Tenochtitlans und versorgte die Hauptstadt mit einem Großteil ihres Maises.

Zudem machte die Lage der Stadt am Ostufer des Sees sie zum idealen Stützpunkt, um von dort aus die Hauptstadt der Azteken anzugreifen. Sobald Texcoco in seiner Hand war, würde er den Überlandtransport der hölzernen Segmente von Martín López' Schiffen veranlassen.

Seine Männer würden die Zweimaster dann in Texcoco zusammenbauen, damit über den See fahren und die Sache zu Ende bringen. Das war jedenfalls der Plan.

Am letzten Tag des Jahres 1520 marschierten die Spanier in Texcoco ein. Sie fanden die Straßen der Stadt menschenleer, ihre Häuser verlassen. Als Pedro de Alvarado schließlich die Tempelpyramide erklomm und von dort über den See sah, konnte er auf dem glitzernden Wasser in westlicher Richtung Tausende Kanus ausmachen – Fliehende auf dem Weg nach Tenochtitlan.

Drei Tage lang wüteten die Spanier und ihre Verbündeten plündernd und brandschatzend durch die Stadt. Ihrer Raserei fielen einige der schönsten und wertvollsten aztekischen Artefakte zum Opfer: die kunstvoll verzierten Karten und Bücher der Könige Texcocos.

Als sich ihr Zorn schließlich gelegt hatte, fasste Cortés den nächsten Punkt seines Plans ins Auge. Er fand, dass es an der Zeit war, die Schlinge um die Hauptstadt der Azteken enger zu ziehen.

Sein nächstes Ziel war Iztapalapan, das hübsche Uferstädtchen, in dem die Spanier damals, in der Nacht vor ihrem ersten Treffen mit Montezuma, Rast gemacht hatten. Wieder kannte er keine Gnade und fiel mit zweihundert Spaniern und Tausenden Tlaxcalteken in der Stadt ein.

Das Blut floss die Straßen hinunter, doch Cortés empfand keine Reue – Hauptsache, die Botschaft, die er durch das Tal von Mexiko schicken wollte, kam an. Und das tat sie: Viele der Städte am See ergaben sich,bevor auch nur ein Spanier sein Schwert gezogen hatte.

Als Nächstes fiel Cortés über das kleinste Mitglied der Dreier-Allianz her: Tlacopan – dort am Westufer des Sees gelegen, wo der Damm aus Tenochtitlan aufs Festland traf. Es wiederholte sich das bekannte Muster: mehr Gemetzel, mehr Todesqualen, mehr Blut, mehr brennende Häuser.

Die Hauptstadt der Azteken war jetzt so nahe, dass sich ihre Krieger auf den Damm hinauswagten, um sich Wortgefechte mit den Spaniern zu liefern, dabei aber darauf achteten, immer außer Reichweite der Armbrüste zu bleiben.

»Glaubt ihr etwa, es gibt hier wieder einen Montezuma, der euch schalten und walten lässt, wie ihr wollt?«, spöttelten sie über den See.

»Nicht mehr lange, und ihr seid verhungert!«, brüllten einige der Spanier zurück.

Darauf brachen die Azteken in schallendes Gelächter aus. »Wenn wir Hunger bekommen«, rief einer von ihnen, »dann essen wir einfach *euch*!«

Das werden wir noch sehen, dachte Cortés.

■

Wäre das ein Blumenkrieg gewesen, hätte man es wahrscheinlich damit auf sich beruhen lassen. Die Zeit des Kämpfens wäre zu Ende gegangen, die Krieger nach Hause, und man hätte sich wieder anderen Dingen gewidmet.

Doch Cortés ging es ausschließlich um eines: Er wollte einen Sieg, nach dem es keine weiteren Kämpfe mehr geben *konnte*, weil das Gegenüber nicht mehr existierte – zumindest nicht als ernst zu nehmender Gegner.

Und die ganze Zeit flutete Welle um Welle kampfbereiter Spanier nach Texcoco. Jedes Mal wenn Cortés in die Stadt zurückkam,stellte er zufrieden fest, dass wieder Schiffe aus Hispaniola eingetroffen waren, die weitere Männer, Pferde, Arkebusen und Schwerter gebracht hatten.

Nur ein Detail seines Plans fehlte noch – die Schiffe.

Den ganzen Winter über hatte man Martín López und seine Männer in Tlaxcala fast nicht zu Gesicht bekommen, weil sie die behelfsmäßig errichtete Werft kaum verlassen hatten. Der Zimmermann hatte wie ein Besessener gearbeitet und selbst nachts bei Kerzenlicht an seiner Werkbank gestanden.

Dann – die Hügel Mexikos leuchteten in den strahlenden Farben der Frühlingsblumen – legte López sein Werkzeug beiseite und trat zurück, um die Arbeit seiner Männer zu bewundern.

Das Holz war zurechtgesägt, geschliffen und gebogen worden, die Segel, Bolzen und Seile von der Küste hergebracht und die Maße auf den Zentimeter genau berechnet. Alles war bereit, nichts war dem Zufall überlassen worden.

López war kein Mann vieler Worte. Er nickte einfach nur zufrieden.

Einige Tage später hörten die Menschen am Texcoco-See ein entferntes Rumoren aus Richtung des östlichen Horizonts, ein Zittern und Beben, das stetig lauter wurde. Doch es war kein Erdbeben, sondern das Trampeln Tausender Füße.

Jetzt breitete sich am Horizont eine gewaltige Staubwolke aus, und in dem ganzen Getöse hörte man immer deutlicher den Klang von Trommeln, Flöten und Schneckenhörnern.

Und dann sahen sie es durch den Dunst – das außerordentlichste Spektakel, das je irgendeiner von ihnen zu Gesicht bekommen hatte: die ersten Reihen einer Prozession, die sich auf zehn Kilometern Länge über die Hügel Mexikos schlängelte.

Ganz vorne Hunderte tlaxcaltekischer Kämpfer mit prächtigem Federkopfschmuck, angeführt von Xicotencatl dem Älteren. Dann Reihe um Reihe spanischer Reiter, deren klappernde Harnische in der Sonne glitzerten.

Vor den Toren von Texcoco wartete Hernán Cortés, flankiert von seinen Hauptmännern, Malinche direkt hinter ihm.

Langsam näherte sich die Prozession. Eine Trompetenfanfare, dann begeisterte Rufe:

Lang lebe der König! Lang lebe der König! Kastilien! Kastilien! Tlaxcala! Tlaxcala!

Jetzt konnte man endlich auch die wertvolle Fracht sehen: Hunderte feinsäuberlich gearbeiteter Holzbauteile auf den Rücken Tausender Träger. Planken und Balken, Masten und Ruder, Duchten und Dollborde, Buge und Kiele.

Martín López kam mit seinem Pferd direkt vor Cortés zum Stehen. Er glitt aus dem Sattel und ausnahmsweise schenkte der sonst eher griesgrämige Zimmermann allen Umstehenden ein breites Grinsen.

»Da wären jetzt also Eure Schiffe, Käpt'n«, sagte er.

18

Tenochtitlan wird belagert

Es war ein warmer, sonniger Morgen, als das spanische Flaggschiff zu den Klängen von Trommeln und Trompeten seine Segel hisste und auf den Texcoco-See hinausglitt.

An seinem Heck flatterte eine Standarte mit leuchtend rotem Kreuz darauf. Hinter ihm folgten die anderen elf Schiffe, alle mit bronzenen Kanonen bestückt, auf deren polierter Oberfläche das Sonnenlicht tanzte. Und in ihrem Kielwasser Hunderte Kanus, Schwanenküken gleich, die ihren Eltern folgten.

Es war Ende April 1521, und seit Wochen hatte in Texcoco, das mittlerweile einem Flottenstützpunkt glich, aufgeregte Betriebsamkeit geherrscht. Wo man hinblickte, sah man Seile und Haufen von Nägeln herumliegen, Holzmasten und zusammengerolltes Segeltuch, und alle paar Meter eine Gruppe spanischer Soldaten, die ihre Schwerter für die kommende Entscheidungsschlacht schärften.

Heute jedoch waren alle Blicke auf die Schiffe gerichtet. Am Ufer drängten sich die Zuschauer und jubelten und brüllten, was das Zeug hielt.

Fahnen wehten. Flöten pfiffen. Und wieder die Rufe: »*Kastilien! Kastilien! Tlaxcala! Tlaxcala!*«

Am Bug des Flaggschiffs ließ Hernán Cortés seinen Blick über den See schweifen. Da vorne, in der Ferne, lag sein Ziel: die Insel mit der Hauptstadt der Azteken.

Einen Moment lang hörte er seine Männer jubelnd am Strand – damals, vor einer gefühlten Ewigkeit, bevor sie Richtung Tenochtitlan aufgebrochen waren. »*Sieg oder Tod! Sieg oder Tod!*«

Jetzt gilt es, ging es ihm durch den Kopf. *Sieg oder Tod!*

Kurz sah er zurück zum Ufer und erhaschte einen Blick auf Malinches schmale Gestalt, die dort inmitten seiner Hauptmänner stand. Er hob seine Hand zum Gruß, dann drehte er sich wieder um und starrte auf die Stadt.

■

Als die Abenddämmerung hereinbrach, segelte Cortés zurück nach Texcoco und rief seine Vertrauten zusammen, um den Angriff zu planen.

Mit den zuletzt hinzugekommenen Soldaten war seine Armee jetzt stärker als je zuvor – siebenhundert Fußsoldaten, nahezu einhundert Reiter und weitere hundert Arkebusen- und Armbrustschützen. Was Artillerie betraf, hatte er drei große Kanonen sowie fünfzehn kleinere, die allesamt fest an Bord der Schiffe montiert waren.

Der entscheidende Faktor, das wusste er, würden seine einheimischen Verbündeten sein. Mit den vor Ort rekrutierten Kämpfern und den Tlaxcalteken hatte er insgesamt mindestens einhunderttausend Mann – und die meisten davon juckte es geradezu in den Fingern, sich endlich an ihren aztekischen Unterdrückern zu rächen.

Er teilte die Männer in vier große Gruppen, wovon er drei seinen dienstältesten Hauptmännern unterstellte – Pedro de Alvarado, Cristóbal de Olid und Gonzalo de Sandoval –, die sich sogleich Richtung Westen nach Tlacopan, Richtung Südwesten nach Coyoacán und Richtung Südosten nach Iztapalapan auf den Weg machen, um die wichtigsten Dammwege der Stadt zu sichern.

Die vierte Gruppe behielt Cortés zurück – sie brauchte er für einen wichtigen Teil seines Plans.

Laut der Berichte, die in den folgenden Tagen und Wochen aus den Lagern von Alvarado, Olid und Sandoval eintrafen, hatte Cuauhtemoc die letzten Monate gut genutzt: Er hatte seine Leute angewiesen, tiefe Gräben in die Dämme zu schlagen, um ein Vorrücken der Spanier zu verhindern.

Damit hatte Cortés jedoch gerechnet. Am Morgen des 1. Juni 1521 gab er seiner Flotte den Auslaufbefehl. Am Steuer des Flaggschiffs stand der Schiffsbauer Martín López.

Wie Cortés erwartet hatte, tauchte sofort eine riesige Flotte Kanus auf, die ihnen Hunderte Speerwerfer entgegentrug, um sie abzufangen. Näher und näher kamen sie – und dann schrie Cortés: »*Feuer!*«

Die bronzenen Kanonen der Spanier spieen Rauch und Feuer, und Dutzende Kanus waren mit einem Schlag zerstört. Die spanischen Armbrustschützen – die unablässig schossen und nachluden – taten ihr Übriges, um Tod und Verderben über diejenigen der aztekischen Kämpfer zu bringen, die sich noch über Wasser hielten.

Die überlebenden Azteken paddelten in den wenigen noch intakten Kanus verzweifelt um ihr Leben. Die spanische Flotte – die kaum an Fahrt verloren hatte – hielt weiter auf Tenochtitlan zu.

Dann änderte sie plötzlich doch den Kurs und steuerte statt auf die Hauptinsel auf die Festung Xoloc zu, die man auf einer kleinen Felsinsel auf halbem Weg entlang des südlichen Dammwegs erbaut hatte.

Wieder hallte das Donnern der Kanonen über den See. Die Verteidiger der Festung wussten noch gar nicht richtig, wie ihnen geschah, da sprangen Cortés und seine Männer bereits mit gezogenen Schwertern an Land.

Der erste auf dem Felsen war Martín López. »Sieg!«, brüllte er und reckte die kastilische Fahne in den Himmel. »Sieg für den König von Spanien!«

Wieder feuerten die Kanonen. Mittlerweile hatten die Azteken jedoch ihren Mut wiedergefunden und strömten mit Speeren und Knüppeln bewaffnet den Hügel hinunter.

Die Schlacht – ein grausiger, blutiger Kampf Mann gegen Mann um jeden Meter, jedes Stückchen Felsen – dauerte den ganzen Nachmittag. Die Spanier hatten die besseren Waffen, doch die Azteken waren in der Überzahl – die beiden Seiten nahmen sich also nicht viel.

Mit der Abenddämmerung warfen sich die Tlaxcalteken ins Schlachtgewühl, und ganz langsam begannen die Verteidiger, ins Hintertreffen zu geraten, bis sie schließlich doch entlang des Damms den Rückzug nach Tenochtitlan antreten mussten.

Gegen Mitternacht hisste Martín López auf dem Turm der Festung die kastilische Flagge, um aller Welt zu zeigen, dass sie gewonnen hatten.

Aber Cortés war sich natürlich darüber im Klaren, dass die Sache noch lange nicht vorbei war.

■

Bei Sonnenaufgang schlugen die Verteidiger zurück. Aztekische Kämpfer stürmten auf dem Damm der Felsenfestung entgegen und von allen Seiten drangen Kanus auf sie ein. Cortés sagte später, die Kampfesrufe der Azteken seien so ohrenbetäubend gewesen, dass man meinte, »das Ende der Welt sei gekommen«.

Doch er war vorbereitet. Auf sein Signal hin zogen seine Leute eine der hölzernen Verbindungsbrücken zwischen den einzelnen Dammsegmenten hoch, und kurz darauf preschten vier spanische Schiffe, deren Relings von Armbrustschützen gesäumt waren, durch die Lücke.

Während Cortés' Fußsoldaten sich die Dammwege entlangkämpften, nahmen die Zweimaster Kurs auf die Stadt. Die

Azteken hatten Pfähle in den schlammigen Boden des Sees gerammt, um die Schiffe aufzuhalten, doch diese pflügten einfach hindurch und feuerten dabei aus allen Rohren.

Das ging den ganzen Tag so, doch gegen Abend zogen sich beide Seiten zurück. Ein Muster, das sich viele Male wiederholen sollte.

Jeden Morgen versuchten die Azteken, die Angreifer zurückzudrängen – ihre Bogenschützen ließen einen Pfeilregen auf die Spanier niedergehen, während andere tiefe Gräben in den Dämmen aushoben.

Und jeden Nachmittag schlugen die Spanier und ihre tlaxcaltekischen Verbündeten zurück und füllten die Gräben wieder auf, während ihre Schiffe die Stadt unablässig mit Kanonenkugeln und brennenden Pfeilen beschossen.

Die Azteken kämpften mutig und mit eisernem Willen, trotzdem ging es für sie immer nur in eine Richtung: rückwärts.

Nachdem das ein paar Tage so gegangen war, erhielt Cortés eine Nachricht von Alvarado. Bislang hatten die Spanier den Damm im Norden, der das Marktviertel Tlatelolcos mit dem gegenüberliegenden Ufer verband, nicht angerührt.

Indem sie diesen offen ließen, gaben sie den Azteken eine Chance zur Flucht. Was Cortés betraf, wäre dies die ideale Lösung gewesen – er war nur an der Stadt selbst interessiert.

Jetzt aber, so Alvarado, beobachte man auf diesem Damm Verkehr in *südliche* Richtung – Nachschub- und Proviantlieferungen. So würde das mit dem Aushungern nichts werden.

Cortés handelte blitzschnell und beorderte Gonzalo de Sandoval an den Uferbereich des Norddamms, um dessen Zugänge einzunehmen und zu halten.

Damit war die Blockade komplett und Tenochtitlan von der Außenwelt abgeschnitten. Die Azteken waren auf ihrer Insel gefangen, von Feinden umgeben, und Cortés kam näher und näher …

■

Zehn Tage lang mühten sich die Spanier vorwärts – manchmal machten sie tatsächlich nur wenige Meter gut, wüteten dabei aber jedes Mal verheerend unter den Verteidigern.

Dann, am Morgen des 10. Juni, startete Cortés einen entscheidenden Vorstoß und schickte zweihundert seiner Männer den Damm hinunter, gefolgt von Tausenden einheimischer Verbündeter.

Am Tor des Adlers am Eingang zur Stadt hatten die Azteken die Zugbrücke hochgezogen. Mithilfe eines ihrer Schiffe, das man kurzerhand in die Lücke manövriert hatte, konnten die Spanier dieses Hindernis jedoch überbrücken und ihren Weg ins Herz der Stadt fortsetzen.

Bald stießen sie auf eine riesige Barrikade aus Steinen und Schlamm, die ihnen den Weg zum nächsten Kanal versperrte. Cortés rief nach den Kanonen, und zwei ohrenbetäubende Explosionen hallten über den See.

Mit vor Kriegslust leuchtenden Augen stürmten die Spanier

weiter. Jetzt waren sie schon fast am Platz des Großen Tempels im Zentrum des Palastviertels.

Wieder Cortés' knappe Befehle, wieder Kanonendonner. Der Rauch hatte sich noch nicht gelegt, da stürmten seine Männer bereits auf die Stufen des Großen Tempels zu.

Dann – sie dachten, sie hätten den Tempel bereits eingenommen – schlugen oben auf der Tempelplattform plötzlich die Trommeln, und von überallher strömten Krieger auf den Platz, die zornig ihre obsidianbesetzten Knüppel schwangen.

Jetzt war es an den Spaniern, den Rückzug anzutreten. Mit einem Mal waren überall Azteken und von den Dächern der umliegenden Häuser ging ein Steinregen auf sie nieder. Irgendwie gelang es Cortés, seine Leute beieinanderzuhalten und sie Richtung Damm zurückzubugsieren.

Bei Anbruch der Nacht waren sie schließlich wieder bis zur Felsenfestung zurückgefallen. Cortés schien das aber nicht viel auszumachen. Mit erstaunlich ruhigem Gesichtsausdruck rieb er sich seine schmerzenden Arme und Beine.

Das eben, meinte er zuversichtlich, sei nur der erste Hammerschlag gewesen. Sie würden sich jetzt ein paar Tage erholen und dann erneut zuschlagen.

Und da es die Azteken ganz offensichtlich auf einen Kampf auf Leben oder Tod anlegten, würde er ihnen geben, wonach ihnen verlangte. Sie würden alles dem Erdboden gleichmachen – jeden Palast, jeden Tempel, jedes Haus, jede Schule –, bis nichts mehr übrig war als ein Haufen rauchender Trümmer.

Wenn das die einzige Möglichkeit war, die Stadt einzunehmen, dann könne er auch nichts machen. Schließlich, schloss Cortés mit einen Lächeln, tue man ja nur Gottes Willen.

■

Fünf Tage später griffen die Spanier erneut an. Wieder stürmten sie das Tor des Adlers und fielen in den Tempelplatz ein.

Wieder trafen sie auf erbitterten Widerstand und mussten sich zum Damm zurückziehen. Dieses Mal hinterließen sie jedoch bei ihrem Rückzug eine Spur der Verwüstung und schlugen alles, was ihnen in die Quere kam, kurz und klein oder steckten es in Brand.

An diesem Abend war die Stadt in einen Schleier aus Rauch gehüllt. Ganze Straßenzüge lagen in Trümmern. Verkohlte Gebäudereste glommen in der Dunkelheit.

Nun änderte Cortés seine Taktik. Anstatt noch weiter ins Stadtinnere vorzudringen, wandte er sich nach links, in Richtung des Dammwegs nach Tlacopan. Hier würde er sicher über kurz oder lang auf Alvarado treffen, der die Angriffe aus dieser Richtung durchgeführt hatte. Sobald das der Fall war, würden sie den gesamten südwestlichen Bereich vom Rest der Stadt abschneiden können.

Auf dem Papier hatten die Spanier jetzt die Oberhand. Fast alle der Städte am See hatten sich ihnen angeschlossen und Tausende Einheimische unterstützten sie im Kampf – oder jubelten ihnen vom Seeufer aus zu.

Die Blockade war jetzt undurchlässiger als je zuvor. Die meisten der Inselgärten waren zerstört oder verbrannt worden und die Nahrungsvorräte der Azteken neigten sich bedrohlich ihrem Ende entgegen. Das Palastviertel lag in Trümmern und Tausende waren in die nördlichen Bezirke der Stadt geflohen.

Darunter auch Cuauhtemoc selbst, der sein Hauptquartier jetzt nahe des großen Markts von Tlatelolco aufgeschlagen hatte. Mit dabei hatte er die Statue von Huitzilopochtli, die zuvor den Großen Tempel geziert hatte – damit sie nicht in die Hände der Feinde fiel.

Der Kampfeswille der Azteken war jedoch ungebrochen. Mit jedem langen Sommertag kämpften sie entschlossener um jedes Haus und um jede Straße.

Natürlich konnte es keine ihrer Waffen mit den Kanonen und Schwertern der Spanier aufnehmen. Doch selbst Cortés musste zugeben, dass sie mit erstaunlichem Kampfgeist bei der Sache waren. So, als hinge ihre ganze Welt davon ab – was sie natürlich tat.

Gegen Ende Juni ließen die Kräfte der Spanier langsam nach. Und als man sich des Abends die Wunden verband, mehrten sich die Stimmen, die flüsterten, dass man das nicht mehr lange so durchhalten werde können.

Cortés sei zu zaghaft, meinten einige. Warum er die Sache nicht endlich zu Ende bringe, bevor sie alle vor Erschöpfung tot umfielen?

An einem der folgenden Morgen – Cortés' Hauptmänner

hatten sich gerade zur Lagebesprechung eingefunden – war die Stimmung besonders gereizt. Einer nach dem anderen wandte sich an Cortés und drängte diesen, seine Taktiererei endlich sein zu lassen und alles auf eine Karte zu setzen.

Es sei an der Zeit, meinten sie, alles, was sie hatten, auf einmal in die Schlacht zu werfen, um so die Verteidigungslinien des Feindes ein für alle mal zu durchbrechen und bis Tlatelolco vorzudringen. Dort den Markt mit seinen wertvollen Nahrungsreserven an sich reißen, dann wäre es das mit den Azteken gewesen – und am Abend wäre der Krieg vorbei.

Cortés runzelte die Stirn. »*Könnte* funktionieren«, sagte er und rieb sich den Bart. »Aber extrem riskant.« Sie seien dort viel zu weit weg von ihren Schiffen, und so vieles könne schiefgehen …

»Das gesamte Lager ist für diesen Plan«, erwiderte einer der Hauptmänner.

»Wir verstehen es ja«, sagte ein zweiter mit einem wissenden Lächeln. »Ihr habt Sorge, dass Alvarados Männer vor den Euren am Markt von Tlatelolco sein könnten.«

Als sich daraufhin ein tiefroter Schimmer über Cortés' Wangen legte, wussten sie, dass sie ihren Willen bekommen würden.

■

30. Juni 1521 – auf den Tag genau ein Jahr nach der traurigen Nacht.

Die Operation begann im Morgengrauen. Nach dem gemeinsamen Gebet hatte Cortés seine Männer in drei Kolonnen eingeteilt.

Jede Kolonne hatte den Befehl, einen etwas anderen Weg zu nehmen, damit die Verteidiger nie so genau wussten, wohin sie ihre Aufmerksamkeit richten sollten. Hinter Cortés' Männern folgten Tausende Tlaxcalteken, erpicht auf das letzte, entscheidende Kräftemessen mit den verhassten Rivalen.

Zur selben Zeit bereiteten sich Alvarado und Sandoval darauf vor, in zwei Gruppen vom westlichen Damm her anzugreifen. In Tlatelolco würde man seine Kräfte dann vereinen und die Sache zu Ende bringen.

Durchaus kein schlechter Plan, dachte Cortés. Und doch – während er seine Männer durch das zerstörte Tor des Adlers führte und dann vorbei an schwelenden Trümmern, wollten die Zweifel in seinem Hinterkopf nicht verstummen.

Auf den Tag genau ein Jahr nach der Nacht der Tränen.

Die Trommeln von oben auf den Pyramiden, das Zischen der Pfeile in der Nacht, panisch in den See stürzende Pferde, die Dunkelheit, die Schreie, das Grauen …

Er schüttelte sich, um die Gedanken loszuwerden. All das war Vergangenheit.

Langsam, bedächtig bewegte er sich durch die Straßen, immer Richtung Norden. Bis jetzt hatten sie kaum einen Azteken gesehen. Die Spanier waren bester Laune. Einige witzelten, dass man nach einem gemütlichen Mittagessen den Nachmittag damit verbringen würde, das erbeutete Gold zu zählen.

Doch die Zweifel in Cortés' Hinterkopf waren immer noch nicht verstummt. Irgendetwas stimmte nicht. *Die Stadt war zu ruhig.*

Ein weiterer Kanal – der tiefe Graben, der die Grenze zwischen Tenochtitlan und Tlatelolco markierte. Cortés' Männer überbrückten ihn mit den mitgebrachten Planken und Balken und schnell hatte man auch dieses Hindernis überwunden.

Hinter dem Graben waren die Straßen schmaler, enger. Und es war ruhig. *Unheimlich* ruhig. Keine Menschenseele weit und breit.

Nun gut. Um diese Ecke da vorne noch.

Plötzlich standen sie ihnen gegenüber. Dutzende. *Hunderte.* Und mehr, immer noch mehr sprangen mit ohrenbetäubendem Gebrüll von den Dächern und hieben mit ihren Obsidianschwertern um sich. Hinter ihm fanden Speere und Pfeile mit dumpfem Aufprall ihr Ziel.

Er drehte sich um und Blut spritzte ihm ins Gesicht. Ein getroffener Spanier wankte heulend wie ein Tier auf ihn zu, die Hände um einen Pfeil in seiner Brust.

»Wo sind die Pferde?«, brüllte Cortés. »*Wo sind die Kanonen?*«

Eine sinnlose Frage, das wusste er. Die Straßen waren viel zu eng. Pferde und Kanonen wären ohnehin vollkommen nutzlos gewesen.

»*Rückzug!*«, schrie er. Doch überall waren jetzt Azteken – ihre Obsidianschwerter und Speere schwingend, die Gesichter rot vor Zorn.

Später beschrieb ein aztekischer Chronist die Szene so:

Unsere Krieger drückten sich auf den Boden, um sich so klein wie möglich zu machen, und warteten auf den Ruf zum Kampf. Dann hörten sie ihn: »O Mexica, die Zeit ist gekommen!«
Hecatzin, der die Kämpfer befehligte, sprang auf, rannte den Spaniern entgegen und rief: »Krieger von Tlatelolco, die Zeit ist gekommen!«
Alle Mexica sprangen auf und folgten ihm in den Kampf. Die Spanier waren so überrascht, dass sie wie betrunken umherirrten und sich zur Flucht wandten, verfolgt von unseren Kriegern.

Im entscheidenden Moment jedoch standen den Azteken ihre eigenen Traditionen im Weg. Sie waren es gewohnt, Opfergefangene zu machen, nicht, ihre Feinde an Ort und Stelle zu töten.

Cortés wurde zwar von vielen Kämpfern angegangen – keiner versetzte ihm jedoch den entscheidenden Stoß. Jeder von ihnen wollte ihn lieber als seinen persönlichen Gefangenen, achtete also darauf, ihn nur zu verwunden, nicht zu töten.

Cortés' Leibgarde hatte da weniger Skrupel. Einer hieb dem aztekischen Kämpfer, der Cortés am nächsten war, die Hände ab, während ein anderer Cortés packte und wegzerrte und ihn dabei anschrie, dass er sich retten müsse, bevor es zu spät sei.

Nicht alle Spanier hatten so viel Glück. Auf ihrem hastigen Rückzug über den Kanal und dann die Straße hinunter Richtung Hauptplatz und weiter durch das zerstörte Tor hinaus auf den Damm setzten ihnen die Azteken immer weiter zu.

Auch draußen auf dem Damm waren sie noch nicht in Sicherheit. In ihrer panischen Flucht rutschten viele aus und stürzten in den See, wo sie verzweifelt versuchten, nicht unterzugehen.

»Die Krieger ergriffen sie und zogen sie aus dem Schlamm«, schrieb der aztekische Chronist. »Es war eine große Ernte. Eine große Ernte, die zu Ehren der Götter geopfert werden würde.«

Als Cortés schließlich ihr Lager, die Felsenfestung Xoloc, erreichte, waren zwanzig seiner Leute tot – viele davon treue Gefährten – und weitere dreiundfünfzig gefangen genommen.

Die Tlaxcalteken hatten Hunderte, vielleicht sogar Tausende verloren. An diesem Abend dachten die Spanier jedoch nur an ihre gefangenen Freunde.

»Als die Abenddämmerung hereinbrach«, erinnerte sich Bernal Díaz, »hörten wir vom Großen Tempel des Huitzilopochtli die Trommeln herüberschallen, begleitet von der Höllenmusik ihrer Trompeten, Schneckenhörner und anderer Instrumente.«

Und dann, als die Musik ihren Höhepunkt erreichte, sahen sie etwas, das sie nie wieder vergessen würden.

Dort, in der Ferne, wurden ihre Freunde die Stufen zur Tempelplattform hinaufgetrieben. Man hatte sie nackt ausgezogen und mit Federn geschmückt. Viele von ihnen wurden von Weinkrämpfen geschüttelt.

»Die Priester zwangen sie, für den Gott Huitzilopochtli zu

tanzen«, schrieb Díaz. »Dann streckten sie sie, einen nach dem anderen, auf dem großen Opferaltar aus, schnitten ihnen mit ihren Steinmessern die noch schlagenden Herzen heraus und boten diese ihren Göttern dar.

Schließlich packten sie ihre Leichen bei den Füßen und warfen sie die Stufen des Tempels hinunter. Dort warteten bereits die Metzger, um ihnen Arme und Beine abzuschneiden und die Haut vom Gesicht abzuziehen. Die Eingeweide bekamen die Jaguare, Wölfe, Otter und Schlangen, die schon in ihren Käfigen warteten.

All das sahen wir von unserem Lager aus mit unseren eigenen Augen. Und man kann sich sicher vorstellen, wie wir uns dabei gefühlt haben. Wir waren unseren unglückseligen Freunden so nahe, doch wir konnten nichts tun, um ihnen zu helfen.«

Dann versank die Sonne hinter den Bergen und tauchte Tenochtitlan in ein fürchterliches, glühendes Rot. Aus der Stadt drangen immer noch die Trommeln und Hörner herüber, die Klänge eines fröhlichen Festes, hin und wieder unterbrochen von markerschütternden Schreien.

Im Lager der Spanier herrschte an diesem Abend nur Stille.

19

Die Adler fallen

Über der verwüsteten Stadt brach der Morgen an. Ganz oben auf den Pyramiden sandten die Tempelfeuer ihr Licht trotzig ins trübe Morgengrauen.

Jenseits des Damms saßen Cortés' Leute in kleinen Grüppchen zusammen. Einige schliefen, andere verbanden sich die Wunden, und wieder andere starrten einfach ins Wasser und hingen ihren Gedanken nach.

Die Frauen huschten leise durchs Lager, boten hier Verbandszeug, da Getränke und dort Gebete an. Nur wenigen war nach reden zumute.

Am Nachmittag saß Cortés, auf dessen Gesicht sich deutlich die Müdigkeit abzeichnete, mit Malinche und seinen Hauptmännern über eine Karte gebeugt. Seine Kundschafter hatten ihm berichtet, dass Cuauhtemoc Boten ins Tal ausgesandt hatte, die die Nachricht von der Niederlage der Spanier verbreiten sollten.

Geschmackloserweise, so seine Kundschafter, hätten einige dieser Boten Köpfe, Hände und Füße der geopferten Spanier dabei – als Geschenke für die Städte, die sie besuchten. Die Botschaft war unmissverständlich: Die Fremden seien geschlagen, und man rate dringend dazu, in die liebevolle Umarmung Tenochtitlans zurückzukehren, bevor es zu spät sei.

Cortés kamen zwar tatsächlich einige seiner einheimischen Verbündeten abhanden, doch seine schlimmste Befürchtung – eine groß angelegte Gegenoffensive der Azteken – bewahrheitete sich nicht. Die Tage vergingen, die Trommeln wurden leiser und verstummten schließlich ganz, und kein aztekisches Großaufgebot weit und breit.

Tatsächlich waren die Azteken ihrerseits viel zu geschwächt. Zwar hatten sie den Angriff auf Tlatelolco abwehren können, ein Durchbrechen der Blockade war ihnen aber nicht einmal ansatzweise gelungen. Ihre Vorräte waren immer noch sehr, sehr knapp und für eine Gegenoffensive fehlte ihnen schlicht die Kraft.

Um die zweite Juliwoche herum begann Cortés' Stimmung, sich zu bessern. Bei seinen Lagerrundgängen sprach er den Männern Mut zu, und er sandte kleine Kommandos den Damm hinunter, um die Brücken zu reparieren und die Gräben wieder aufzufüllen.

Dann begann es zu regnen.

Sommer war Regenzeit im Tal von Mexiko und jeden Nachmittag goss es stundenlang wie aus Kübeln. Vor der dampfenden Hitze gab es kein Entrinnen, alles war durchnässt, und alles, was man tat, musste sehr, sehr langsam erledigt werden.

Unter den Belagerten wurde die Moral von Tag zu Tag

schlechter. Die Lagerhäuser waren längst leer und Nahrung war knapper als je zuvor. Was noch viel schlimmer war: Alvarados Überfallkommandos hatten die letzte verbleibende Quelle, aus der sich die Azteken bis dahin noch mit Trinkwasser hatten versorgen können, zerstört.

»In der Stadt«, so steht es in einer Chronik, »gab es nur noch abgestandenes Wasser und die Lake aus dem See, und viele ihrer Bewohner starben an der Ruhr. Zu essen gab es nur noch Eidechsen, Schwalben, harte Maiskolben und Salzgras.

Die Menschen aßen auch Wasserlilien, andere Blumen und Samen, sie kauten Tierhäute und Leder. Sie aßen die bittersten Unkräuter, ja selbst Erde.

Nichts lässt sich mit dem Schrecken einer Belagerung vergleichen, nichts mit den Qualen der Verhungernden.«

■

Jetzt spielte Cortés ein Ereignis in die Hände, das sich zweitausend Kilometer entfernt zugetragen hatte.

Einige Monate zuvor waren spanische Abenteurer auf der anderen Seite des Golfs von Mexiko an Land gegangen. Ihr Anführer, Juan Ponce de León, war überzeugt davon gewesen, dort, in *La Florida*, die Quelle der ewigen Jugend zu finden.

Er lebte nicht lange genug, um herausfinden zu können, wie falsch er gelegen hatte. Kaum an Land, waren seine Leute von den ortsansässigen Fischern angegriffen worden und Ponce de León hatte einen vergifteten Pfeil abbekommen.

Die gute Nachricht für Cortés dabei war, dass eines der Schiffe aus Ponce de Leóns Flotte auf dem Heimweg bei Vera Cruz haltmachte und Cortés so mit Hunderten Männern Verstärkung und Nachschub an Pferden, Armbrüsten und Schießpulver versorgte.

Damit hatte Cortés jetzt zusätzlich zu den Zehntausenden Kämpfern aus Tlaxcala und Texcoco wieder fast eintausend Spanier unter seinem Kommando. Außerdem erklärte sich einer seiner Vertrauten bereit, sich ins Innere des Popocatépetls abseilen zu lassen, um dort Schwefelgestein zu sammeln, das man zu noch mehr Schießpulver verarbeiten konnte.

Der Regen hielt an. In der belagerten Stadt wurde die Verzweiflung der Azteken mit jedem Tag größer.

Eines Nachmittags riefen die Eingeschlossenen nach Malinche. Barfuß wie immer machte sie sich auf den Weg über den Damm, dicht gefolgt von Cortés und seiner Leibgarde.

Während sie sich anhörte, was die Azteken zu sagen hatten, fiel Cortés ein alter Mann auf, der etwas abseits saß. Er nestelte in seiner Tasche, nahm langsam ein Stück Brot heraus, biss ein-, zweimal davon ab und schien dann wieder den Verhandlungen zu lauschen, das Brot in seiner Hand scheinbar vergessen.

Cortés musste laut auflachen. Was für ein billiger Trick! Die Azteken hatten all das hier ganz offensichtlich inszeniert, um die Spanier davon zu überzeugen, dass sie nach wie vor genug zu essen hatten.

Jetzt wusste Cortés es ganz sicher: Seine Kontrahenten waren am Verhungern. Als Malinche dann das Angebot der Azteken übersetzte – Frieden, solange die Spanier sich bereit erklärten, nach Hause zurückzukehren –, schüttelte Cortés den Kopf.

Wieso sollte er ausgerechnet jetzt – seine Feinde in der Falle, er kurz vor dem Sieg – nach Hause zurückkehren?

Trotzdem war Cortés gewillt, Cuauhtemoc noch eine letzte Chance zu geben, und antwortete einige Tage später mit eigenen Bedingungen. Tenochtitlan, so Cortés, sei »das Schönste, was es auf der Welt gibt«, und er verabscheue den Gedanken, es zu zerstören.

Für den Fall, dass Cuauhtemoc sich ergebe, sagte Cortés zu, die Bewohner der Stadt zu verschonen. Alles, was er wolle, sei, dass die Azteken sich dem König von Spanien unterwarfen.

Das Gold erwähnte er selbstverständlich nicht.

Hierauf saß der junge Herrscher sehr, sehr lange da und sagte nichts. Er war ein stolzer, streitbarer Mann, ein geborener Kämpfer. Aber er wusste auch, wie sehr sein Volk litt.

Alle seine Berater waren jedoch dagegen, das Angebot anzunehmen. »Malinche hat gezeigt, dass man ihm nicht trauen kann«, meinte einer von ihnen verbittert. »Es kann keinen Frieden geben, solange diese Fremden in unserem Land verweilen. Besser als freie Männer sterben, denn als Sklaven weiterleben.«

Und so ging der Krieg weiter. Die Spanier kamen zurück, drangen wieder Straße um Straße bis zum Festplatz im Palastviertel vor.

Cuauhtemocs Kämpfer weigerten sich weiterhin, aufzugeben.

Tenochtitlan war nicht nur ihre Hauptstadt. Es war ihre Heimat, das Herz ihrer Zivilisation, das Haus ihrer Ahnen.

Es war jetzt Mitte Juli, die aztekischen Krieger hatten keinerlei Bewegungsspielraum mehr und stolperten bei jedem Rückzug über die Leichen ihrer gefallenen Kameraden. »Sie hatten jetzt keine Pfeile, Speere oder Steine mehr, mit denen sie uns hätten attackieren können«, schrieb Cortés. »Unsere Verbündeten hingegen waren mit Schwertern und Schilden bewaffnet und metzelten so viele von ihnen an Land und zu Wasser nieder, dass schließlich mehr als vierzigtausend tot oder gefangen waren.«

Am 24. Juli schafften Alvarado und seine Männer schließlich den Durchbruch aus Richtung des westlichen Damms, sodass sich die Truppenteile vereinigen und Seite an Seite kämpfen konnten.

Die Stadt lag größtenteils in Schutt und Asche. Haus um Haus war geplündert und niedergebrannt worden, Palast um Palast dem Erdboden gleichgemacht.

Am frühen Morgen des 27. Juli sahen Cortés' Kundschafter Rauch über dem Tempel von Tlatelolco aufsteigen. Sein Herz tat einen Freudensprung, denn er wusste, was das bedeutete. Nach erbittertem Kampf hatten es Alvarados Männer schließlich bis auf den großen Marktplatz geschafft.

Kurz darauf sah Cortés ganz oben auf der Pyramide etwas Rotes aufblitzen – seine persönliche Standarte, gehisst von einem von Alvarados Soldaten. Die Männer um ihn herum brachen in heiseren Jubel aus.

Cortés sah zu Malinche. Der Triumph stand ihr ins Gesicht geschrieben.

Nur noch ein paar Tage, dachte er. Bald würde es vorbei sein.

■

Am nächsten Tag schlug Cortés sein neues Hauptquartier auf, von dem aus er den letzten Angriff leiten würde: ein scharlachrotes Zelt auf dem Dach eines Herrenhauses im Bezirk Amaxac. Von hier aus hatte er einen Überblick über das gesamte Schlachtfeld: die ausgebrannten Häuser, die zerstörten Tempel, die Leichenberge.

Die Azteken gaben noch immer nicht auf, kämpften verzweifelt um jeden Zentimeter ihrer Stadt. Die Spanier drangen weiter und weiter vor und hinterließen dabei Berge von Leichen – Adler- und Jaguarkrieger in ihren gefiederten Kopfputzen, Kaufleute und Höflinge in ihren Mänteln und Umhängen, Frauen und Kinder, deren Hände noch ausgestreckt waren, weil sie eben noch um ihr Leben gefleht hatten.

Es war Alvarado, der in diesen letzten, schrecklichen Kämpfen stets voranpreschte – Alvarado, ein gnadenloser Rächer auf seinem weißen Pferd, seine Stoffrüstung voller Schweiß, seine blonden Haare voller Ruß, seine Stimme heiser vom Brüllen und sein Schwert rot vom Blut …

Jetzt aber musste Alvarado ganz plötzlich bremsen. Mit weit aufgerissenen Augen und offenem Mund starrte er auf das, was er da vor sich sah.

Eine Erscheinung wie aus einer uralten Legende. Kein Krieger – eine Vision. Kein Mann, sondern ein *Vogel.* Bewaffnet mit langen Pfeilen mit Obsidianspitzen und von Kopf bis Fuß in einem grün-goldenen Federkleid.

Die Azteken nannten ihn, der von jeher Furcht und Schrecken in die Herzen ihrer Feinde getragen hatte, den Quetzaleulen-Krieger. Er kam normalerweise ganz am Schluss eines Kampfes zum Einsatz.

Hinter der Maske verbarg sich natürlich ein Mensch. Das Kostüm hatte einst Cuauhtemocs Vater Ahuitzotl gehört, und heute trug es Opochtzin, Färber von Beruf, den man wegen seiner großen Kraft und seines außerordentlichen Mutes hierfür ausgewählt hatte.

Für die Azteken gab es keinen aufwühlenderen Anblick. Und während ihre Priester die heiligen Beschwörungsformeln anstimmten – *Den heiligen Pfeil ins Herz der Feinde, er ist die Schlange des Feuers, der Pfeil, der das Feuer durchbricht. Den heiligen Pfeil den Feinden, auf dass sie vergehen durch Huitzilopochtlis Macht* –, hatten viele der Kämpfer Tränen in den Augen.

Und als die Quetzaleule sich in den Kampf warf, sah es zunächst tatsächlich so aus, als könnte sie den Sieg davontragen. Fassungslos taten die Spanier erst einen Schritt zurück, dann zwei. Einige schienen sich vor dem, was ihnen da gegenüberstand, zu Tode zu ängstigen.

Die grün gefiederte Gestalt tanzte durch die Reihen der Feinde, sprang von Dach zu Dach, und die Azteken jubelten.

Doch jetzt rückten einige Spanier – in der Zwischenzeit war Verstärkung eingetroffen – wieder vorwärts …

Kurz blitzte es grün auf, als die Quetzaleule von einem Dach herunter mit einen Satz in die Menge sprang. Sofort waren Spanier dort, wo sie gelandet war. Schwerter hoben und senkten sich. Niemand hat die Quetzaleule je wieder zu Gesicht bekommen.

■

Als Cuauhtemoc die Quetzaleule fallen sah, wusste er, dass die Götter den Mexica den Rücken gekehrt hatten. Seine Krieger hielten noch ein paar Tage aus, eingezwängt in einer Ecke der Stadt und umgeben von verwesenden Leichen. Die meisten hatten seit Tagen nichts als Eidechsen und Insekten gegessen, manche sogar vom Regen aufgeweichte Lehmziegel. Krankheiten grassierten, eine Niederlage war unausweichlich.

Am 12. August sandte Cortés einen weiteren Boten mit einem Friedensangebot. »Habt Ihr kein Mitleid mit Euren Alten, Euren Frauen, Euren Kindern?«, fragte er. »Ihr könnt nichts mehr tun. Dies ist Eure letzte Chance. Ergebt Euch oder werdet vernichtet.«

Wieder versammelte Cuauhtemoc seine Berater. Dieses Mal tat er nichts mehr, um seine Gefühle zu verstecken. Sein Gesicht war eingefallen, seine Augen rot gerändert. Es sei vorbei, sagte er. Ihre Leute hätten genug gelitten.

Doch er war der Große Sprecher von Tenochtitlan, der Hohe

König der Mexica und Herrscher der Azteken. Er war der Erbe Montezumas, Ahuitzotls, Itzcóatls und Huitzilíhuitls.

Er würde nicht angekrochen kommen wie ein Hund. Er würde die Stadt verlassen, über den See.

In der Zwischenzeit führte Alvarado einen letzten Angriff an. Männer, Frauen und Kinder fielen unter den Schwertern der Spanier. Später erinnerten sich die Überlebenden an verstümmelte Leichen an Straßenecken, Blut an den Wänden, den grauenvollen Gestank …

Auch an diesem Abend regnete es. Die Götter weinten um die Kinder des Adlers.

In der Nacht sahen die Azteken einen Kometen, »ein gleißend helles Leuchtfeuer, das seine Bahn am Himmel zog«. Er drehte sich wie ein Wirbelwind und ließ Funken herabregnen.

Kurz schien er über dem See zu schweben, dann schoss er mit einem Mal auf das Wasser zu und verschwand.

»Die Menschen wussten, was das bedeutete«, schrieb ein Chronist. »Sie sahen zu und schwiegen.«

■

Früh am nächsten Morgen, die Dämmerung war gerade angebrochen, befahl Cortés eine letzte Attacke.

Auf sein Signal hin – ein einzelner Schuss aus einer Arkebuse – drang Alvarado mit seinen Truppen noch einmal ins zerstörte Tlatelolco vor und trieb die letzten Verteidiger zum Ufer des Sees. Dort wartete Cortés' Flottenkommandant Gonzalo de

Sandoval mit den Schiffen, auf deren Decks sich die Armbrustschützen aufgereiht hatten. Für die Azteken würde es kein Entkommen geben.

Cortés' Männer hatten den ausdrücklichen Befehl, Cuauhtemoc nicht entkommen zu lassen. »Aber«, betonte Cortés, »wir wollen ihn lebend.«

Von ihrem Hauptquartier auf dem Dach aus sahen Cortés und Malinche zu, wie Alvarados Männer in die engen Straßen von Tlatelolco vorrückten. Sie trafen auf keinerlei Widerstand. Die meisten Azteken warfen einfach ihre Waffen weg und warteten auf den Tod.*

Alvarados Männer trieben Hunderte halb verhungerte Frauen und Kinder vor sich her, die Richtung See flüchteten. Einige, die in ihrer Todesangst stolperten und hinfielen, wurden zertrampelt. Andere wurden von der Menschenmenge weitergeschoben, stürzten in den See und ertranken.

Einige Azteken hatten es geschafft, ihre Kanus zu Wasser zu lassen, und paddelten nun verzweifelt auf das gegenüberliegende Ufer zu. Als Cortés' Flotte Kurs auf sie nahm, um ihnen den Rest zu geben, fiel einem der Kapitäne – García Holguín, einem Landsmann von Cortés aus der Extremadura – etwas Seltsames auf.

---

* Wir können nicht mit Sicherheit sagen, wie viele Menschen bei der Belagerung Tenochtitlans ums Leben gekommen sind. Hunderttausend? Zweihunderttausend? So oder so, es war ein beispielloses Gemetzel.

Die Ruderer in einem der Kanus, fand er, unterschieden sich von den anderen: Sie schienen ihm irgendwie stolzer und herrschaftlicher. Außerdem waren sie besser gekleidet. Er schrie seiner Mannschaft zu, auf dieses Kanu zuzuhalten.

Einen Augenblick lang sah es so aus, als könnte das kleine Boot entkommen, aber dann holte das schwerere und schnellere Schiff doch nach und nach auf.

»Kanonen *klar*!«, brüllte Holguín. »*Aaachtung! F–*«

Er unterbrach seinen Feuerbefehl. Zwei der Ruderer waren aufgestanden, winkten panisch und riefen etwas auf Nahuatl.

García Holguíns Schiff ging längsseits. Jetzt sah er einen weiteren Ruderer – sehr groß, sehr bleich – nach seinem Obsidianschwert greifen. Die spanischen Armbrustschützen legten auf ihn an, und langsam, sehr langsam, hob der Mann seine Hände über den Kopf.

Erst nachdem man ihn an Bord des spanischen Schiffs geschleppt hatte, wurde García Holguín klar, dass er den Herrscher der Azteken gefangen genommen hatte.

■

Sie brachten Cuauhtemoc zurück ans Ufer und führten ihn auf das Dach hinauf, wo Cortés mit Alvarado und Malinche wartete.

»Dort«, so berichtet eine Chronik, »musterte ihn der Generalkapitän eine Weile und tätschelte ihm dann den Kopf. Dann deutete er auf einen Stuhl und die beiden Anführer setzten sich.«

Cuauhtemoc sagte zunächst nichts. Dann begann er zu sprechen und Malinche übersetzte.

»Ich habe alles in meiner Macht Stehende getan«, sagte er, »um mein Reich vor Euch zu beschützen. Doch jetzt, da sich das Schicksal gegen mich gewandt hat, bitte ich Euch, mich zu töten. Das wäre das richtige Ende für den Herrscher der Mexica, nachdem Ihr bereits meine Stadt zerstört und meine Leute umgebracht habt.«

Cortés lächelte das höfliche, freundliche Lächeln, das Velázquez und Narváez und Montezuma so gut gekannt hatten.

»In meinen Augen«, gab Cortés mit wohlgeölter Stimme zurück, »habt Ihre Eure Stadt ehrenhaft und tapfer verteidigt. Ich bedaure nur, dass Ihr nicht Frieden geschlossen habt, bevor so viel davon zerstört wurde.«

Wieder dieses Lächeln. *Wie ein Wolf*, dachte Cuauhtemoc.

»Doch jetzt«, fuhr Cortés fort, »müsst Ihr ruhen. Wenn all das hier vorbei ist, werdet Ihr Euer Reich regieren, genau wie zuvor. Ihr habt nichts zu befürchten – nicht das Geringste.«

■

Kurz darauf entdeckten die Spanier die zwölfjährige Tecuichpoch in den Trümmern des alten Hauptquartiers ihres Mannes.

Man brachte sie umgehend zu Cortés, der sich höflich vor ihr verbeugte und ihr dann das bekannte Lächeln schenkte. Er versicherte ihr, dass er sie behandeln werde wie seine eigene Tochter, und stellte sie unter strenge Bewachung.

An diesem Abend war der Regen so stark wie nie. Das Wasser floss in Bächen die Straßen hinunter und aus den Wolken donnerte und grollte es.

Die Stadt war still. Keine Trommeln, keine Kanonen, keine Trompeten, keine Schreie. Da waren nur der Regen und der Donner, der von den Bergen im Osten her zu kommen schien.

Am nächsten Morgen eskortierten Wachen Cuauhtemoc und den kläglichen Rest seines Gefolges zu einem der wenigen Paläste, die noch vier Wände und ein Dach hatten. Cuauhtemoc trug seinen königlichen Umhang aus grünen Quetzalfedern. Doch der Umhang war fleckig und schmuddelig und Cuauhtemocs Gesicht war grau vor Müdigkeit.

Am anderen Ende des Saals saß Cortés und trommelte mit den Fingern auf der Armlehne seines Stuhls herum. Heute lächelte er nicht.

»Wo ist das Gold?«, fragte er. »Das Gold, das in der Stadt versteckt ist. Wo ist es?«

Malinche übersetzte und es entstand eine Pause. Einige der Azteken murmelten einander etwas zu und zwei oder drei verließen den Raum. Als sie kurz darauf zurückkamen, hatten sie die Arme voller Schätze.

Goldbarren und goldene Kronen, goldene Masken, goldene Figuren und goldener Schmuck in allen erdenklichen Formen und Größen – alles, was sie für eine Flucht in ihre Kanus hatten retten können. Cortés' Stirnrunzeln wurde tiefer.

»Ist das alles?«, blaffte er.

Einer von Cuauhtemocs Beratern, Tlacotzin, rang die Hände. »All unser Gold war in den Palästen«, sagte er. »Ihr habt es mitgenommen, als Ihr vor einem Jahr die Stadt verlassen habt.«

Cortés schüttelte den Kopf. »Das ist uns ins Wasser gefallen, als ihr uns angegriffen habt«, sagte er gereizt. »Ihr müsst es finden. Ihr *werdet* es finden.«

Dann ergriff Malinche das Wort. »Ihr müsst uns zweihundert Goldbarren von dieser Größe bringen.« Sie machte eine Geste mit beiden Händen, um zu zeigen, was sie meinte.

»Vielleicht hat es sich das gemeine Volk genommen«, meinte Tlacotzin in seiner Verzweiflung.

Cortés nickte den Wachen zu. »Durchsucht das gemeine Volk.«

■

An diesem Abend gab Cortés ein großes Festessen anlässlich des Sieges. Da der Verwesungsgeruch in Tenochtitlan zu stark war, schien ihm Coyoacán, am Südufer des Sees, ein geeigneterer Ort.

Gerade erst waren weiteren Schiffe aus der Karibik angekommen, die Wein aus Spanien und Schweinefleisch aus Hispaniola geladen hatten – es gab also genug zu essen und zu trinken. Nach dem Essen wurde noch lange fröhlich gezockt, gesungen und gebrüllt und einige von Cortés' Hauptmännern tanzten sogar auf den Tischen. Zum Schluss waren die meisten so betrunken, dass sie kaum mehr gehen konnten.

Am nächsten Morgen – es regnete immer noch ununterbrochen – sah man die ersten Flüchtlinge zu Hunderten und Tausenden auf den Dämmen die Stadt verlassen: ausgemergelte, in Lumpen gehüllte Gestalten mit eingefallenen Gesichtern, ihre Habseligkeiten in durchnässten Bündeln.

Es gab nichts mehr, was sie in der Stadt hielt: keine Nahrung, kein Wasser, keinen Schutz. Tenochtitlan war zur Nekropole geworden, zu einem Ödland der Toten.

Auf halbem Weg den Damm hinunter warteten die Spanier mit kaltem, wachsamem Blick. Die hübscheren Mädchen und jungen Frauen schleppten sie davon – sie würden ihnen als Sklavinnen dienen. Die jungen Männer bekamen mit glühenden Eisen ein Brandzeichen ins Gesicht, das der ganzen Welt verkünden sollte, dass sie sich dem König von Spanien widersetzt hatten.

Und die Spanier durchsuchten jeden Einzelnen. Und sie suchten *überall.* Sie rissen den Leuten die Lumpen herunter, die Röcke und die Lendenschurze; sie inspizierten die Münder und die Ohren. Was sie suchten, war klar: Gold.

Auf der anderen Seite des Damms angekommen, zögerten viele der Geflüchteten. Ihre Welt war zerstört worden, sie waren in der Hölle. Sie lebten noch – aber sie wussten nicht, wohin.

Später versuchten einige, ihre Gefühle in Gedichten zu fassen:

Unsere Klagen heben sich zum Himmel
und unsere Tränen fallen zur Erde …

Nichts als Blumen und Lieder des Leids
gibt es noch in Mexiko und Tlatelolco,
wo einst Krieger und Weise weilten …

Wir sind zertreten worden,
liegen zerschmettert da.

Nichts als Schmerz und Leid
gibt es noch in Mexiko und Tlatelolco,
wo einst Mut und Schönheit weilten.

So fiel Tenochtitlan, die Stadt des Adlers.

20

Stadt der Geister

Die Stadt war gefallen, das Reich Vergangenheit. »Geschichte«, gleich den Gezeiten des Meeres, hört aber natürlich nicht einfach auf.

Die Wochen vergingen, und über den Ruinen Tenochtitlans hing ein grauer Dunst. Es war eine Stadt der Erinnerungen und der Geister.

In den Straßen zerbrochene Speere,
unsere Haare vom Kopf gerissen vor Schmerz.
Die Häuser haben ihre Dächer verloren,
*und die Wände sind rot von Blut.**

In seinem Hauptquartier in Coyoacán am Südufer des Sees saß Hernán Cortés mit gerunzelter Stirn über seiner Buchhaltung. Er war wegen des Goldes gekommen, hatte bis jetzt aber lange nicht so viel gefunden, wie er erwartet hatte.

---

* Aus einem 1528 auf Nahuatl verfassten Gedicht eines Autors aus Tlatelolco.

Einen Moment lang überlegte er, ob er sich etwas eingeredet hatte. Dann schüttelte er entschlossen den Kopf.

Die Azteken lügen mich an. Natürlich haben sie es versteckt.

Wochenlang versuchten seine Wachen, die Wahrheit aus ihren Gefangenen herauszuprügeln. Als das nichts half, befahl Cortés seinen Leuten, die Priester und Edelleute einen nach dem anderen aufzuhängen. Jetzt *mussten* sie ihm ihr Gold doch aushändigen.

Entlang der Straßen im Tal von Mexiko schwangen die Leichen im Wind – Gold gab es aber immer noch keines.

Die Spanier weiteten ihre Suche aus. Sie verwüsteten die Seestädte Texcoco und Xochimilco und warfen die dortigen Priester ihren Hunden vor. Immer noch kein Gold.

Cortés kam auf eine neue Idee. Seine Männer schleppten Cuauhtemoc aus seiner Zelle und banden ihn an einen Pfahl. Dann gossen sie ihm Öl über die Füße und zündeten sie an – das musste den letzten Herrscher der Azteken doch dazu bringen, das Geheimnis endlich zu verraten.

Doch Cuauhtemoc sagte nichts. Er lächelte nur, so als würde er ein Dampfbad nehmen. Schließlich banden ihn die Spanier wieder los und schleppten ihn zurück in seine Zelle.

Manche meinten, die Azteken müssten das Gold in den See geworfen haben. Doch auch auf dem Grund des Sees fanden Cortés' Taucher nur ein paar vereinzelt herumliegende Schmuckstücke.

Unter den Spaniern begann die Enttäuschung langsam in

Unmut umzuschlagen. Einige grummelten, dass man sie für nichts und wieder nichts den ganzen Weg hierhergeschleppt habe. Andere flüsterten, Cortés und seine Kumpane hätten das Gold bestimmt längst gefunden, wollten es aber nicht teilen.

Bereits jetzt, nur Wochen nach der Eroberung, stritten sich die Wölfe um die Beute.

■

Hernán Cortés, der mit den Abenteuern Alexanders des Großen und Julius Cäsars groß geworden war, hatte mehr erreicht, als er sich jemals erträumt hatte.

Er hat ein glanzvolles Reich entdeckt, dessen Anführer gestürzt und die Hauptstadt eingenommen. Er hat seinen Namen in die Geschichtsbücher geschrieben und den Menschen der folgenden Jahrhunderte reichlich Diskussionsstoff geliefert.

Und er hat in vielerlei Hinsicht außerordentliches Glück gehabt. Der »Technologievorsprung« der Alten Welt gegenüber der Neuen Welt hatte den Spaniern einen enormen Vorteil verschafft.

Sie hatten Schiffe, Kanonen, Schießpulver und Armbrüste – nichts davon hatten die Azteken je zuvor gesehen. Die Spanier hatten Pferde – auch diese gab es in Amerika nicht. Und sie hatten – das war vielleicht am wichtigsten – Stahlschwerter, die weitaus tödlicher waren als die obsidianbesetzten Knüppel der Azteken.

Ebenso kam Cortés zugute, dass die Völker Mexikos so

gespalten waren und sich lieber gegenseitig bekämpften, als sich gegen die Eindringlinge zusammenzuschließen. Es war sein Glück, dass die Tlaxcalteken, die ihn sehr einfach hätten vernichten können, ihn lieber als Verbündeten wollten.

Sein wichtigster Helfer war jedoch der unsichtbare Reisegefährte, der ihn begleitete: der Pockenvirus, dem mindestens ein Drittel der damaligen Bevölkerung Mexikos zum Opfer fiel. Es war der Pockenvirus, nicht die Spanier, der den Reichen der Neuen Welt den Todesstoß versetzt hat.

Es wird aber nicht überraschen, dass Cortés alles, was er erreicht hatte, ausschließlich als sein persönliches Verdienst betrachtete. In Coyoacán benahm er sich wie ein König.

Er sprach davon, seine Hauptmänner zu Rittern zu schlagen, und wollte von ihnen mit »Eure Majestät« angesprochen werden. Es gab sogar Gerüchte, dass er selbst den Thron von »Neuspanien« besteigen wollte, anstatt diesen Karl V. zu übergeben.

Doch dieser Schritt wäre selbst für Cortés einer zu weit gewesen. Im Herbst 1522, über ein Jahr nach der Eroberung, kam dann endlich die ersehnte Nachricht: König Karl bestätigte Cortés' Position als Gouverneur und Generalkapitän Neuspaniens.

Um diese Zeit herum wurde es für Cortés jedoch noch einmal richtig finster.

Seine Frau Catalina hatte drei Jahre in Kuba auf Kohlen gesessen und auf Nachricht gewartet. Im Sommer 1522 hatte sie die Geduld verloren und beschlossen, mit ihrem Bruder und ihrer Schwester nach Neuspanien zu reisen.

Catalina wurde der Empfang einer Königin bereitet, ihre Leibgarde trug sie auf den Schultern durch die Straßen. Cortés hingegen schien wenig erfreut, sie zu sehen. Er wirkte regelrecht entsetzt.

Er hatte sie ja tatsächlich nur auf Velázquez' Druck hin geheiratet, und man munkelte, dass fast jedes Zimmer seines Herrenhauses in Coyoacán von einer seiner Mätressen oder Freundinnen belegt war.

Zu allem Überfluss erwartete Malinche auch noch ein Kind. Bald nach Catalinas Ankunft brachte sie einen Sohn zu Welt, den sie Martín Cortés taufte.

Es bleibt unserer Fantasie überlassen, was Catalina davon hielt. Trotzdem fügte sie sich ruhig in ein Leben neben Cortés als dessen Ehefrau. Für eine Zeit.

Am 1. November 1522, Allerheiligen, gab Cortés ein Bankett mit Musik und Tanz, und zunächst schien Catalina bester Laune.

Doch nachdem der Wein reichlich geflossen war, sah und hörte man Ehemann und Ehefrau unschöne Worte tauschen. Irgendwann verschwand Catalina dann in ihr Zimmer.

Die Feier ging zu Ende und Cortés verabschiedete sich ebenfalls Richtung Schlafgemach. Dann, mitten in der Nacht, wurde das Haus von seinen Hilferufen geweckt.

Etwas Schreckliches sei passiert, sagte er. Er habe das Zimmer seiner Frau betreten und sie tot aufgefunden. Sie müsse irgendeine Art Anfall gehabt haben. Schließlich, so meinte er mit zitternder Stimme, sei ihr Herz schon immer sehr schwach gewesen …

Nur sehr wenige durften Catalinas Leiche sehen. Sie wurde gleich am nächsten Tag beerdigt, und Cortés' Beauftragte vermeldeten, sie sei eines natürlichen Todes gestorben.

Bereits gegen Mittag brodelte die Gerüchteküche. Einige raunten, Catalinas Dienerinnen hätten Blutergüsse an ihrem Hals gesehen, und die über den Boden verstreuten Perlen einer zerrissenen Halskette. *Er muss sie erwürgt haben*, flüsterten sie, *weil sie sich einmal zu oft über seine Freundinnen beschwert hat.*

Die Wahrheit kam nie ans Licht. Doch selbst Cortés' engste Freunde hielten von dem Tag an ein wenig mehr Abstand.

■

Währenddessen entstand drüben auf dem See eine neue Hauptstadt.

Ursprünglich hatte Cortés vorgehabt, Tenochtitlan den Krähen zu überlassen und auf dem Festland eine neue Hauptstadt nach europäischem Vorbild zu errichten. Doch er hatte seine Meinung geändert. Wäre es nicht viel besser, so hatte er überlegt, sich die ruhmreiche Tradition anzueignen und aus der Stadt des Montezuma die Stadt des Cortés zu machen?

Bereits im Sommer darauf war der spanische Architekt Alonso García Bravo vor Ort, um auf den Ruinen der alten Stadt eine neue zu errichten. Der zentrale Platz, der von hübschen spanischen Stadthäusern umgeben war, würde den Konquistadoren vorbehalten bleiben, die Einheimischen würden sich mit den Randbezirken begnügen müssen.

Wie andere Architekten seiner Zeit hatte García Bravo eine große Vorliebe für griechische und römische Architektur – das, was die alten aztekischen Baumeister zustande gebracht hatten, interessierte ihn wenig. Einiges blieb jedoch trotzdem erhalten, weil er die alten Dammwege, einen Großteil des alten Straßennetzes und sogar einige von Montezumas Palästen in seinen Bebauungsplan integrierte.

In den folgenden Jahren trotteten Zehntausende Mexica über die Dammwege in ihre ehemalige Hauptstadt, um an diesem großen neuen Projekt mitzuarbeiten. Und bereits im Sommer des Jahres 1523 konnten Besucher den spektakulären Anblick dieser neuen, halb spanischen, halb aztekischen Stadt bestaunen.

Am Hauptplatz waren die Tempel abgerissen worden, um Raum für einen neuen, noch riesigeren Platz zu schaffen – die Plaza Mayor. Auf der Nordseite des Platzes entstand in schweißtreibender Arbeit aus den Steinen des Großen Tempels eine christliche Kathedrale.

Und die gesamte östliche Seite würde bald von einem gigantischen neuen Gebäude – einer Mischung aus Palast, Festung und Bürohaus – eingenommen werden, von dem aus die Konquistadoren ihr Neuspanien regieren wollten.

Viele Besucher waren vom Enthusiasmus der Arbeiter beeindruckt. So berichtete beispielsweise ein Mönch, wie fasziniert die Mexica von der Technologie der Spanier schienen – von all den Wagen, Schubkarren und Flaschenzügen, den Eisenhämmern, -nägeln und -meißeln.

»Es war den Arbeitern eine solche Lust«, schrieb er, »dass sie während der Arbeit sangen. Und auch des Nachts wollten ihr Gesang und ihre Stimmen kaum verstummen.«

Für die Spanier war diese neue Stadt nicht länger Tenochtitlan – was sie ohnehin nur schwer aussprechen konnten. Sie nannten sie *Ciudad de México* – Mexiko-Stadt.

Überall erhoben sich neue Kirchen, Klöster, Paläste und Herrenhäuser, die denen in Sevilla oder Salamanca zum Verwechseln ähnlich sahen. Und doch: Die Kirchen standen an Orten, wo zuvor Tempel gestanden hatten, und die meisten Straßen verliefen so, wie sie das immer getan hatten. Die Stadtteile folgten dem alten Muster, und die allermeisten Gebäude bestanden aus demselben Stein, aus dem auch ihre Vorgänger bestanden hatten.

Die Silhouette, die Atmosphäre, ja selbst der Name der Stadt hatten sich geändert – doch ganz verschwanden die Geister der Vergangenheit nie.

■

Auch jenseits der Stadt änderte sich die Landschaft schnell. Monat für Monat entluden Schiffe Kühe, Ziegen, Schweine, Schafe, Zuckerrohr, Maulbeeren, Oliven und Weinstöcke – und Tausende Siedler, die sich hier ein neues, besseres Leben aufbauen wollten.

Um diese zufriedenzustellen, unterteilte Cortés das Reich in riesige Landgüter, die sogenannten *Encomiendas*. Jede dieser Encomiendas wurde einem anderen Konquistadoren übergeben, der dort uneingeschränkter Herrscher wurde und für die Einwohner zuständig war. Was Cortés betraf, so belohnte er sich selbst mit nicht weniger als zweiundzwanzig Ortschaften und kleinen Städten, was vielen seiner Kameraden recht gierig erschien.

Die Einheimischen hatten in all dem natürlich kein Mitspracherecht. Sie waren jedoch keine Sklaven – ihre Position ähnelte jetzt der von europäischen Kleinbauern im Mittelalter, die einen Teil des Jahres für den örtlichen adligen Grundbesitzer arbeiten mussten.

Einige der Konquistadoren behandelten ihre Leute sehr schlecht. Aber wie so viele große Reiche war auch Neuspanien lockerer organisiert und toleranter, als wir uns das oft vorstellen. Cortés' einheimische Verbündete etwa regelten ihre Angelegenheiten nach wie vor selbst und viele der einfachen Leute haben den Unterschied wahrscheinlich gar nicht bemerkt.

Wie alle wussten, hätte Cortés ohne seine tlaxcaltekischen Freunde die Azteken niemals geschlagen. Tatsächlich betrachteten die Tlaxcalteken die ganze Sache als *ihren* Sieg – bei dem die Spanier nur die Rolle nützlicher Söldner gespielt hatten.

Tlaxcala würde noch jahrhundertelang stolz auf seine Unabhängigkeit sein. Es war jetzt eine eigene Republik unter dem spanischen König, und nur wenigen Europäern wurde gestattet, hier sesshaft zu werden.

Die anderen Städte Mexikos hatten wenig Interesse daran, sich mit den neuen Herren im Tal anzulegen. Viel bedrohter fühlten sie sich durch das neue Übel der Pocken, das in den folgenden Jahrzehnten wieder und wieder durch das Land fegte.

Wenige hatten die Azteken gemocht, und es tat ihnen nicht leid, dass sie verschwunden waren. Der einzige Unterschied war, dass sie ihren Tribut jetzt an Männer mit heller Haut entrichteten, die ihnen ständig etwas von der Bedeutsamkeit des Christentums erzählten.

Ein gutes Beispiel hierfür ist das Städtchen Cuauhtinchán, etwa einhundertfünfzig Kilometer östlich von Mexiko-Stadt gelegen. Als die Spanier dort erstmals auftauchten, flüchteten dessen Bewohner in die nahe gelegenen Sümpfe, um sich vor ihnen zu verstecken.

Doch bald schon kam es zu einer Übereinkunft zwischen den Häuptlingen Cuauhtincháns und ihren seltsamen neuen Herren und man versprach jährliche Stoff-, Truthahn-, Mais- und Bohnenlieferungen. So hatte das alte Aztekenreich funktioniert. So funktionierte auch Neuspanien.

■

Die Sonne ging auf und wieder unter, die Jahreszeiten vergingen, und die Überlebenden machten irgendwie weiter, so wie sie das immer getan hatten.

Für Cortés war die Geschichte jedoch noch nicht zu Ende.

Wie die Azteken vor ihm träumte er von einem Reich, das

sich im Westen bis zum Pazifik und im Süden bis in die Dschungel Zentralamerikas erstreckte.

Doch der Aufbau dieses neuen Reichs war nicht ganz so einfach wie gedacht. Je weiter sich die Spanier vom Tal von Mexiko entfernten, desto schwieriger wurde es für sie, sich als neue Obrigkeit durchzusetzen.

In den späten 1520ern machte sich Cortés' Freund Francisco de Montejo auf, um die Halbinsel Yucatán zu unterwerfen, wo die Spanier Jahre zuvor von Kuba kommend erstmals an Land gegangen waren. Yucatán war Mayagebiet, mit vielen kleineren Siedlungen und vielen Häuptlingen, die sich oft nicht grün waren.

Das bedeutete aber, dass es für Montejo nicht den *einen* Gegner gab, den es im Kampf zu besiegen galt. Ebensowenig gab es befestigte Straßen oder große Städte, und im Dunkel des Dschungels nützten ihm seine Pferde und Kanonen nichts. Als er schließlich 1535 wieder abzog, hatte er fast nichts vorzuweisen.

Große Teile Yucatáns konnten sich viele Jahrzehnte erfolgreich einer Eroberung widersetzen. Der letzte unabhängige Mayastamm, die Itzá, hielt bis 1697 durch – fast zwei Jahrhunderte nachdem die Spanier erstmals ihren Fuß auf die Halbinsel gesetzt hatten.*

---

* Und auch danach war die Herrschaft der Spanier dort durchaus wacklig. Den letzten Kampf zwischen einem Mayadorf und spanischsprachigen Truppen aus Mexiko-Stadt gab es 1933.

Und es gab noch einen Grund, warum die Eroberung so lange dauerte. Abenteurern wie Cortés und Alvarado ging es letztlich nur um ihren eigenen Durst nach Gold, Ruhm, Landbesitz und Titeln. Ihre tödlichsten Fehden lieferten sie sich also nicht mit den Azteken oder den Maya, sondern mit ihren eigenen Landsleuten.

So machte sich beispielsweise im Jahr 1524 einer von Cortés' Getreuen, Cristóbal de Olid, mit sechs Schiffen und fünfhundert Männern von Mexiko-Stadt aus in Richtung des heutigen Honduras auf – es hieß, dort gebe es viel Gold.

Olid – furchterregend und Respekt einflößend – hatte fast alle ihrer wichtigsten Kämpfe an Cortés' Seite gefochten. Cortés wäre es nie in den Sinn gekommen, dass dieser Weggefährte ihn hintergehen könnte.

Doch genau das passierte. Auf seinem Weg nach Süden machte Olid Zwischenstation auf Kuba und versöhnte sich dort mit ihrem alten Rivalen Diego Velázquez.

Kaum in Honduras, hisste er seine Standarte und erklärte die Unabhängigkeit. *Er* würde dieses neue Land regieren, nicht dieser ehefrauenmordende Tyrann in Mexiko-Stadt!

Als Cortés davon erfuhr, schoss ihm die Zornesröte ins Gesicht. Er wischte die Vorbehalte seiner Freunde beiseite und befahl seinen Offizieren, eine Armee auf die Beine zu stellen.

Er selbst werde diese befehligen, und er werde nicht ruhen, bis er Olid den Hunden vorgeworfen habe. Niemand – *niemand!* – verrate Hernán Cortés!

Es war eine der schlechtesten Entscheidungen seines Lebens.

■

Am 12. Oktober 1524 verließ Cortés' Expedition Mexiko-Stadt Richtung Honduras.

Als Generalkapitän Neuspaniens hatte er sich eine Truppe zusammengestellt, die sich sehen lassen konnte, unter anderem mit dreitausend einheimischen Kriegern, einem Kämmerer, einem Haushofmeister, einem persönlichen Butler, einem Kellner, acht Lakaien sowie diversen Jongleuren und Musikern.

Zwei bekannte Gesichter waren ebenfalls mit von der Partie.

Das eine war Malinche, die Mutter von Cortés' Sohn Martín. Sie führte mittlerweile ihren eigenen Hausstand in Mexiko-Stadt und wurde von allen als eigenständige, mächtige Frau behandelt. Sie hätte also gut Nein sagen können, als Cortés sie fragte, ob sie mitkommen wolle. Aber sie sagte Ja – auch weil sie wusste, dass er sonst nicht vielen Menschen vertrauen konnte und dass er auf dem Weg nach Süden ihre Hilfe brauchen würde.

Das andere bekannte Gesicht war Cuauhtemoc, der letzte Herrscher der Azteken. Wegen der Folterungen hinkte er jetzt, war aber immer noch am Leben. Cortés hätte ihn niemals in Mexiko-Stadt zurückgelassen, wo er – in Cortés' Abwesenheit – leicht zum Fokus einer Rebellion hätte werden können. Man schleppte ihn und einige andere hochrangige aztekische Gefangene also mit nach Süden.

Nach einigen Wochen beschwerlicher Reise entlang des

Golfs von Mexiko kamen sie schließlich an einen Fluss, den Malinche gut kannte. Dahinter lag die Provinz Coatzacoalcos – da kam sie her.

Hier machten sie halt, denn Cortés hatte eine Überraschung für sie. In Anerkennung ihrer Dienste hatte Cortés beschlossen, sie mit einem seiner engsten Vertrauten, Juan Jaramillo, zu verheiraten.

Mit Jaramillo als ihrem Ehemann standen Malinche nun alle Rechte einer spanischen Edelfrau zu. Und ihre Kinder würden als Spanier aufwachsen, geschützt durch das Gesetz des Königs.

Als Hochzeitsgeschenk übertrug er Malinche ihr Heimatdorf als Encomienda. Für ein Mädchen, das einst als Sklavin verkauft worden war, war das ein sehr bewegender Moment.

Nachdem man die entsprechenden Papiere unterzeichnet hatte, ging es über den Fluss. Als sie wenig später auf ihr Heimatdorf zuritten, fiel Malinche eine grauhaarige Frau auf, die Wasser zu einer Hütte trug.

Und als sie in der Frau ihre Mutter erkannte, füllten sich ihre Augen mit Tränen.

■

Cortés' Armee hatte nur etwa eine Woche Verschnaufpause in Coatzacoalcos. Cortés war ungeduldig, er wollte den verräterischen Olid so schnell wie möglich stellen.

So ging es also weiter Richtung Südosten, und mit jedem Tag wurde es heißer und schwüler. Sie waren jetzt bereits tief in den

Wäldern von Campeche, wo die Sonne oft nicht bis zum Boden durchdrang.

Sie stolperten im Dunkeln durch den Dschungel, hackten sich ihren Weg durch Bäume, Lianen und Gestrüpp. Manchmal hörten sie nachts Affen heulen, oder sie sahen einen Schwarm Aras in einem Feuerwerk aus Farben aufflattern.

Je weiter sie kamen, desto ruhiger wurde es. Die Stille – nur unterbrochen vom Zischen einer Schlange im Unterholz oder dem *Platsch* eines Krokodils, das irgendwo ins Wasser glitt – bekam etwas Beklemmendes, Beängstigendes.

Aus Tagen wurden Wochen, aus Wochen Monate. Sie waren müde und hungrig und hatten entsetzlichen Durst. Ihre Kleidung war durchnässt, von ihren Stirnen tropfte der Schweiß.

Viele von ihnen hatten das Gefühl, sie liefen ständig im Kreis, fühlten sich wie in einem Labyrinth gefangen. Manche fragten sich, ob sie verrückt wurden.

Dann – es war Ende Februar 1525 – passierte etwas Furchtbares, auf das sich auch später niemand wirklich einen Reim machen konnte.

Einige sagten, einer der Mexica hätte Cortés nachts aufgesucht, um ihm von einem Mordkomplott gegen ihn zu erzählen. Andere behaupteten, einer der örtlichen Mayahäuptlinge sei der Informant gewesen. Wieder andere hielten alles für ein Missverständnis und gingen von einem schlechten Scherz aus.

Wer oder was auch immer – alle Finger zeigten plötzlich auf einen Mann: Cuauhtemoc.

Cortés verlor keine Zeit und ließ die aztekischen Gefangenen – wieder einmal – einen nach dem anderen foltern. Auch von dem, was dann geschah, gibt es die unterschiedlichsten Versionen.

Einige sagten, die Gefangenen hätten gestanden. Andere meinten, dass sie natürlich *nicht* gestanden hätten. Und wieder andere behaupteten, dass die ganze Sache ein ausgemachter Schwindel gewesen sei und dass Cortés von Anfang an geplant hatte, Cuauhtemoc umzubringen, sobald man Mexiko-Stadt in sicherem Abstand hinter sich gelassen hatte.

Jedenfalls zerrten die Spanier Cuauhtemoc davon und legten ihm eine Schlinge um den Hals. Er zeigte keinerlei Anzeichen von Angst, sondern sah – stolz bis zuletzt – seinen Anklägern ungerührt in die Augen.

Das andere Ende des Seils warfen sie über einen hohen, stabilen Ast. Dann zogen sie ihn hoch, banden das Seil fest und ließen ihn hängen.

So starb der letzte Herrscher der Azteken.

■

Monatelang schleppte sich die Truppe in einem Albtraum aus Regen, Krankheiten, Mücken und Blutegeln durch die Dschungel des Südens.

Als sich die Bäume schließlich lichteten, waren Tausende tot. Die Jongleure, der Butler, die Lakaien, die Musiker – alle hatten sie ihr Leben lassen müssen. Und wofür? Für nichts.

Wie sich herausstellte, war Olid von einem anderen spanischen Hauptmann hingerichtet worden, lange bevor sie in Honduras angekommen waren. Die ganze Expedition war nichts als eine furchtbare Verschwendung gewesen.

Krank, erschöpft und schlecht gelaunt fuhren Cortés und Malinche per Schiff nach Hause zurück. Aus Mexiko-Stadt aufgebrochen waren sie mit fast viertausend Mann – zurück kamen sie mit weniger als einhundert.

Einen Neuzugang gab es allerdings. Vor der Abreise aus Honduras hatte Malinche eine Tochter zur Welt gebracht – María, benannt nach der Mutter von Jesus.

Und hier endet Malinches Geschichte. Nach ihrer Rückkehr nach Mexiko-Stadt kommt sie in den Geschichtsbüchern nicht mehr vor.

Wir wissen nur, dass sie irgendwann gegen Ende der 1520er-Jahre sehr jung starb – vielleicht während einer der vielen Epidemien, die Amerika seit der Ankunft der Spanier immer wieder heimsuchten.

Sie war eine der bemerkenswertesten Frauen ihrer Zeit. Ohne sie wäre die Eroberung unmöglich gewesen. Aber wir wissen nicht einmal, wann genau sie geboren wurde oder wann genau sie starb. Wir kennen nicht einmal ihren richtigen Namen.

Manchmal jedoch hört man noch heute im Trubel von Mexiko-Stadt ein Flüstern aus der Vergangenheit.

Im Herzen der Altstadt, in der *República de Cuba 95*, steht ein zweistöckiges Wohnhaus mit blutrot gestrichener Fassade. Einst muss es sehr imposant gewesen sein, heute sieht es heruntergekommen aus.

Die Einheimischen nennen es *la Casa de la Malinche*, das Haus von Malinche. Sie sagen, dort habe sie bis zu ihrem Tode mit ihren Kindern gewohnt.

Und sie sagen, dass man, wenn man spätabends dorthin komme, manchmal jemanden weinen höre – den Geist des Mädchens vom Meer.

EPILOG

Die Erben

Der Rest der Geschichte ist rasch erzählt.

Als Cortés 1526 aus Honduras zurückkehrte, fand er die Stadt im Chaos vor. Es hatten sich Gerüchte verbreitet, dass er im Dschungel umgekommen war, und seine Rivalen hatten die Gelegenheit genutzt, die Stadt zu übernehmen und seinen Besitz zu konfiszieren.

Zu allem Überfluss hatte sein Erzfeind Diego Velázquez auch noch die Berater von König Karl davon überzeugen können, dass Cortés völlig außer Rand und Band geraten sei, und diese hatten einen königlichen Richter nach Mexiko-Stadt entsandt, um diesbezügliche Untersuchungen aufzunehmen.

Allerdings war Velázquez dann gestorben, noch bevor Cortés zurückgekehrt war. Aber auch damit war ihre Fehde noch nicht beendet.

In den folgenden Jahren reichten Velázquez' Freunde bei den Gerichten in Spanien eine Klage nach der anderen gegen Cortés ein. Die Anklagepunkte: niederträchtige Lügen und Verrat. Irgendwann hatte er genug davon und entschloss sich, nach

Spanien zurückzukehren und seine Sache vor dem König persönlich vorzubringen.

Er reiste in aller Pracht, wie es einem heldenhaften Eroberer gebührte. Mit von der Partie waren drei noch lebende Söhne Montezumas und die Ältesten einiger kleinerer Mexica-Städte.

Ebenso mit auf die Reise nahm er Jongleure und Akrobaten, Zwerge und Musiker, Jaguare, Pelikane, ein Gürteltier, ein Opossum, außerdem Unmengen Federkopfputze, Umhänge, Spiegel und Juwelen – er wollte den König mit der exotischen Pracht blenden.

Cortés landete im Mai 1528 bei Palos de la Frontera in der Nähe von Sevilla. Er war seit zweiundzwanzig Jahren nicht mehr in seinem Heimatland gewesen, und wir können nur raten, was ihm jetzt durch den Kopf ging.

Man sagt, er habe die ersten paar Nächte in einem nahe gelegenen Kloster, La Rábida, verbracht – der Ort, an dem Kolumbus angeblich auf die Idee gekommen ist, Richtung Westen über den Atlantik zu segeln. Er traf dort einen weiteren Gast – einen düster dreinblickenden, schwarzbärtigen Mann, der den Dialekt der Extremadura sprach.

Cortés erkannte ihn sofort: Es war sein Cousin Francisco Pizarro, der nur ein paar Kilometer von ihm entfernt im staubigen Trujillo aufgewachsen war.

Was für ein erstaunlicher Zufall! Auf der einen Seite Cortés, der gerade das Aztekenreich zum Einsturz gebracht hatte, und auf der anderen dessen Cousin Pizarro, der sich bald aufmachen würde, das Reich der Inka zu entdecken und diese um ihr Gold zu erleichtern.

Das erzählt man sich zumindest. Ob es sich wirklich so zugetragen hat, steht auf einem anderen Blatt – aber es wäre schade um die Anekdote, wenn man sie nicht erwähnte.

■

Cortés machte sich zunächst auf den Weg nach Medellín, den Ort seiner Kindheit. Sein Vater war vor mehr als einem Jahr gestorben, aber seine Mutter lebte noch und weinte vor Freude, ihren Sohn wiederzusehen.

Als er ein paar Wochen später am spanischen Hof eintraf, empfing ihn König Karl V. mit offenen Armen. Zu Cortés' Erleichterung ernannte ihn der König zum Generalkapitän Neuspaniens und der Südsee sowie zum Marquis des Tales von Oaxaca* und sprach ihm Rechte auf weitere Besitzungen zu.

Das Ganze hatte jedoch einen Haken. Was ihm der König nämlich *nicht* zusprach, war die Position des Gouverneurs, die für einen königlichen Beamten reserviert worden war. König Karl überhäufte Cortés zwar mit Ehren, nahm ihm aber gleichzeitig politische Macht.

Schließlich segelte Cortés – zusammen mit seiner Mutter – zurück über den Atlantik. Bei seiner Ankunft in Mexiko-Stadt

---

* Eine wunderschöne Stadt im Süden Mexikos.

verweigerte man ihm jedoch den Zutritt zu seinem Palast, da die Untersuchungen hinsichtlich seines Betragens noch nicht abgeschlossen waren.

Er zog sich erst einmal auf sein Anwesen in Cuernavaca am Südufer des Sees zurück, dem er ein weiteres Landhaus hinzufügte sowie eine Zuckerplantage, die er von afrikanischen Sklaven bestellen ließ. Aber er war rastlos und unzufrieden. Ihm genügte das alles nicht.

In den frühen 1530ern beschloss er, seinen Titel »Generalkapitän der Südsee« Wirklichkeit werden zu lassen. Wie so viele andere Entdecker träumte er davon, eine Handelsroute nach Westen über den Pazifik zu den Reichtümern Chinas und Indiens zu finden.

1535 segelte er dann los und landete an der Südspitze der Baja California, einer langen Halbinsel vor Mexikos Westküste, die sich gut tausendzweihundert Kilometer in den Pazifik hinein erstreckt. Wahrscheinlich war es Cortés, der Kalifornien seinen Namen gab – inspiriert von einer von schwarzen Amazonen bewohnten Insel aus einer damals sehr beliebten Abenteuergeschichte.

Aber es gab dort nichts, womit er etwas hätte anfangen können: kein Gold, keine Städte – nur weiße Sandstrände und unberührte Wälder. Eine weitere Expedition, die nichts als Geldverschwendung gewesen war. Niedergeschlagen entschloss er sich deshalb, nach Spanien zurückzukehren.

Er kam zurück in ein Land, das sich auf dem Höhepunkt seiner Macht befand – das reichste und stolzeste Königreich der Welt. Mit jedem Jahr kam mehr Gold und Silber aus der Neuen Welt, um die königlichen Kassen zu füllen. Und mit jedem Jahr brachten die Schiffe der Kaufleute mehr von den Köstlichkeiten, die man zuvor in Spanien nicht gekannt hatte: Schokolade, Chilis, Truthähne, Tomaten.*

Für Hernán Cortés interessierte sich jedoch niemand mehr. Er war jetzt über fünfzig, grau und faltig – er war von gestern.

Am 2. Dezember 1547 starb er mit zweiundsechzig in einem kleinen Städtchen außerhalb Sevillas und wurde dort beerdigt. Zwei Jahrzehnte später überführte man seine sterblichen Überreste dann nach Mexiko-Stadt.

Einige sehen in ihm nach wie vor eine heldenhafte Figur – einen Träumer, der auf der Suche nach Ruhm und Abenteuern Richtung Westen gesegelt war, der gegen alle Widrigkeiten ein mächtiges Reich zum Einsturz gebracht und den Lauf der Geschichte verändert hatte.

Für andere ist er ein Verbrecher, ein Mörder, ein Monster, das seine Freunde verraten, seine Frau umgebracht und Tausende für seine Gier nach Gold abgeschlachtet hat.

Welches Bild entspricht der Wahrheit? Vielleicht beide zusammen. Vielleicht keines von beiden. Wie können wir das mit

---

* Diesen »Austausch« über den Atlantik – unter anderem Kartoffeln, Tomaten, Schokolade und Tabak nach Europa; Weizen, Reis, Schweine und Pferde in die Neue Welt – nennen Historiker auch den Kolumbus-Effekt.

Sicherheit sagen, bei jemandem, der vor so langer Zeit gelebt hat?

Heute liegen Cortés' Gebeine in der Kirche des Krankenhauses Jesús Nazareno im Zentrum von Mexiko-Stadt, das er nach der Eroberung Tenochtitlans gegründet hatte. Die Einheimischen sagen, es stehe genau dort, wo sich Montezuma und Cortés zum ersten Mal begegneten – damals, an jenem verhängnisvollen Tag, der alles veränderte.

■

Und Cortés' Kollegen und Rivalen – die anderen Konquistadoren, die auf der Suche nach Ruhm und Reichtum gen Westen gesegelt waren?

Diego Velázquez war bereits zwanzig Jahre zuvor in seinem Bett gestorben. Sein rotbärtiger Gefolgsmann Pánfilo de Narváez, der in der Schlacht von Cempoala ein Auge verloren hatte, fand jedoch ein deutlich dramatischeres Ende.

Nach zweijähriger Gefangenschaft in Mexiko war er freigelassen worden und nach Spanien zurückgekehrt. 1527 schickte ihn der König dann zurück, um La Florida zu erkunden, wo die Spanier nach wie vor die Quelle der ewigen Jugend vermuteten.

Narváez' Expedition war jedoch eine einzige Katastrophe. Ein Hurrikan brachte seine Flotte vom Kurs ab und schließlich landete er mit nur noch etwa dreihundert Mann in der Nähe der Tampa Bay.

Von dort aus machte er sich entlang der Westküste Floridas

auf die Jagd nach Gold – doch es lief alles schief. Die Nahrungsvorräte seiner Truppe waren schnell aufgebraucht und sie wurden wieder und wieder von den dort beheimateten Apalachee angegriffen.

Krank und halb verhungert entschloss er sich, fünf Flöße zu bauen und damit über den Golf von Mexiko zu segeln. Schließlich stach man bei Tallahassee in See, doch wieder lief alles schief.

Sie hatten noch nicht die Mündung des Mississippi erreicht, da war ihre Zahl durch Krankheiten und Wassermangel bereits erheblich dezimiert. Dann gerieten sie wieder in einen Tropensturm. Bis auf eines gingen alle Flöße unter, und mehr als einhundert Männer – unter ihnen Narváez – ertranken.

Das letzte Floß mit etwas achtzig Überlebenden unter der Führung des erfahrenen Álvar Núñez Cabeza de Vaca wurde schließlich auf Galveston, einer Insel, die heute zu Texas gehört, an Land gespült.

Sie wurden von einheimischen Stämmen gefangen genommen und verbrachten die nächsten Jahre als Sklaven. Die meisten von ihnen wurden getötet oder fielen Krankheiten zum Opfer – 1534 gelang jedoch Cabeza de Vaca zusammen mit drei anderen die Flucht.

Nach dreitausend Kilometern zu Fuß durch die Wüsten von Texas und Nordmexiko erreichten sie schließlich im Juli 1536 Mexiko-Stadt – neun Jahre nachdem sie aus Spanien aufgebrochen waren.

Mittlerweile waren die meisten von Cortés' Weggefährten

entweder Krankheiten erlegen oder in einer ihrer ewigen Fehden umgebracht worden. Nicht so der blonde, blauäugige Pedro de Alvarado, Urheber so vieler Gemetzel.

Alvarado hatte die zurückliegenden Jahre damit verbracht, sich durch die Hochebenen von Guatemala, Honduras und El Salvador zu hauen und zu stechen, weil auch er sein eigenes Reich haben wollte. Doch die Wälder hatten sich als undurchdringlich erwiesen, und die einheimischen Stämme als zu kämpferisch.

Um 1535 herum beschloss er deshalb, seine Taktik zu ändern und stattdessen Peru zu erobern. Bei der Überquerung der Anden erlag jedoch der Großteil seiner Männer Krankheiten oder starb an Unterkühlung, und als er schließlich in Peru ankam, waren ihm schon andere zuvorgekommen – vom Gold der Inka war nichts mehr übrig.

Sein Ende ereilte ihn auf wenig ruhmreiche Weise, als er 1541 einwilligte, einen Freund bei der Niederschlagung eines Aufstands in Zacatecas in Zentralmexiko zu unterstützen.

Als sie in den Kampf ritten, rutschte eines der Pferde aus und begrub ihn unter sich. Und während sich der sechsundfünfzigjährige Alvarado mühsam wieder auf die Beine kämpfte, löste sich weiter oben auf einem Hügel ein Stein und überrollte ihn.

■

Von zweien aus der jüngeren Generation gibt es auch noch etwas zu berichten.

Montezumas Tochter Tecuichpoch war nach dem Fall Tenochtitlans Gefangene der Spanier. Sie hatte jedoch zu Hause bleiben dürfen, als Cortés ihren Mann, Cuauhtemoc, mit nach Honduras schleppte.

Als sie die Nachricht von Cuauhtemocs Hinrichtung erreichte, war sie wahrscheinlich erst etwa fünfzehn Jahre alt – ihr Leben hatte gerade erst begonnen, und sie war bereits Witwe.

Nach seiner Rückkehr verheiratete Cortés sie mit einem Konquistadoren, Alonso de Grado, der jedoch nur zwei Jahre später verstarb. Daraufhin nahm Cortés Tecuichpoch zu sich – »zu ihrem eigenen Schutz«.

Inzwischen war sie getauft worden und hatte einen spanischen Namen bekommen – sie hieß jetzt Isabel. Und wie immer gab es Cortés' Gastfreundschaft nicht umsonst.

Neun Monate nachdem sie bei Cortés eingezogen war, brachte Isabel eine Tochter zur Welt, Leonor, die Cortés verdächtig ähnlich sah. Das Kind wurde einem von Cortés' Cousins übergeben, der es »aufzog wie sein eigenes«.

Mittlerweile hatte Cortés auch einen neuen Mann für Isabel gefunden – einen gewissen Pedro Gallego. Sie bekam ein weiteres Kind, Juan. Bald darauf verstarb jedoch auch dieser Ehemann und Isabel war wieder Witwe.

Schließlich heiratete sie einen weiteren Spanier namens Juan Cano, mit dem sie zwanzig Jahre glücklich zusammenlebte und fünf Kinder hatte.

Die meiste Zeit verbrachte sie auf ihrem Landsitz, dem größten in Neuspanien. Sie war beliebt bei ihrer Landbevölkerung, man liebte sie für ihr sanftmütiges Wesen und respektierte sie als Symbol für das neue Verhältnis zwischen Azteken und Spaniern. Sie starb 1551 im Alter von etwa vierzig Jahren.

Bleibt noch Malinches Sohn, Martín Cortés. Als Martín sieben Jahre alt war, nahm ihn sein Vater mit nach Spanien, wo er ein Page des künftigen Königs Philip II. wurde. Er verbrachte seine Jugend in Europa, trat der spanischen Armee bei und nahm an mehreren Schlachten teil, kehrte jedoch schließlich nach Mexiko zurück.

Martín heiratete eine spanische Edelfrau und hatte zwei Kinder. Danach verliert sich seine Spur mehr und mehr, gestorben ist er wahrscheinlich irgendwann im letzten Viertel des sechzehnten Jahrhunderts.

▪

Und zum Schluss: Wie erging es Mexiko weiter – dem Land und seinen Leuten?

Für viele Familien war die Ankunft der Spanier eine Katastrophe, schlimmer noch als der Schwarze Tod – die Pest – in Europa. Wieder und wieder grassierten zuvor unbekannte Krankheiten wie Pocken, Masern oder Mumps in den Dörfern und Städten.

Während des sechzehnten und siebzehnten Jahrhunderts starben Dutzende Millionen Männer, Frauen und Kinder – an manchen Orten wahrscheinlich bis zu neunzig Prozent der Bevölkerung.

Für viele der Überlebenden war das Leben sehr hart. Sie

bestellten ihr Land unter ihren neuen Herren und füllten ihre Erntekörbe für den jährlichen Tribut.

Doch das Leben ging weiter. Obwohl es keine Menschenopfer mehr gab, ging die Sonne weiterhin jeden Morgen auf. Kinder lachten und spielten weiterhin – und wurden erwachsen und hatten eigene Kinder und Enkel.

Noch jahrhundertelang waren die Spanier auf ihre Verbündeten vor Ort angewiesen, um ihr neues Reich in der Neuen Welt am Laufen zu halten. Die meisten Menschen sprachen immer noch die alten Sprachen und hielten sich an die alten Gesetze. Den meisten Dörfern und Städten standen immer noch deren Älteste vor, die ihren eigenen Traditionen folgten.

Das Reich der Azteken gab es nicht mehr – doch sein Vermächtnis wirkte fort. Die Menschen sprachen noch immer Nahuatl, doch jetzt nutzten sie das spanische Alphabet, um es auch aufzuschreiben. Und noch Jahrhunderte später aßen die meisten dasselbe Essen und trugen dieselbe Kleidung wie ihre Vorfahren, wobei die Männer jetzt Hosen den Lendenschurzen vorzogen.

Eines hatte sich aber ganz offensichtlich geändert. Gegen Mitte der 1520er-Jahre waren die ersten Mönche und Klosterbrüder in Mexiko angekommen und waren sehr erpicht darauf, die Einheimischen zum Christentum zu konvertieren.

Bei einem frühen Treffen versuchten die aztekischen Priester, ihre alten Götter zu verteidigen. »Haben wir nicht schon genug verloren?«, fragten sie.

Die Mönche sahen das natürlich ganz anders. Denn wenn die Menschen von Mexiko Jesus Christus nicht als ihren Erlöser anerkannten, würden sie für alle Ewigkeit in der Hölle schmoren.

Wie sich herausstellte, mussten viele gar nicht überredet werden. Nachdem sie mit eigenen Augen gesehen hatten, welche Macht Christus ihren neuen Herrn und Meistern verlieh, hatten sie überhaupt kein Problem damit, einen solch mächtigen Gott als den ihren anzuerkennen.

Einige ihrer alten religiösen Bräuche behielten sie jedoch bei. Sie feierten ihre Gottesdienste lieber draußen, in Freiluft-Kapellen, die sehr ihren alten Tempeln glichen.

Ihre Steinmetze setzten gerne Bildnisse ihrer alten Götter neben die von Jesus und Maria. Es ging sogar das Gerücht, dass sie einfach ihre alten Opfersteine, auf denen so viele Herzen herausgeschnitten worden waren, zu Altären für die neuen Kirchen umfunktionierten.

Ein sehr interessanter Fall soll sich im Jahr 1531 zugetragen haben, zehn Jahre nachdem Tenochtitlan gefallen war. Der Legende nach spazierte ein gewisser Juan Diego gerade am Hügel von Tepeyac im Norden des Sees vorbei, als ihm in einer Vision Maria erschien und ihm sagte, er solle ihr zu Ehren eine Kapelle errichten.

Noch dreimal hatte Juan Diego diese Vision. Beim letzten Mal fand er danach auf seinem Umhang etwas Unheimliches vor – ein Abbild Marias.

Heute ist die Basilika Unserer Lieben Frau von Guadalupe

eine der beliebtesten christlichen Wallfahrtsstätten der Welt. Jedes Jahr kommen rund zwanzig Millionen Pilger dorthin, um vor dem geheimnisvollen Bild auf Juan Diegos Umhang zu beten.

Tatsächlich waren auch früher schon Pilger an diesen Ort gekommen. Der Hügel bei Tepeyac war eine den aztekischen Göttinnen des Bodens und des Ackerbaus – Tonantzin und Chicomecoatl – geweihte heilige Stätte gewesen.

Wenn die Menschen Mexikos heute diesen Ort besuchen, knien sie also nicht nur vor dem Gott der Spanier, sondern folgen auch den Spuren der Azteken.

Und vielleicht haben so ihre Vorfahren doch das letzte Wort.

■

Die Jahrzehnte vergingen und nur wenige konnten sich noch an Cortés, Malinche oder Montezuma erinnern. Auf der Insel im See war auf den Ruinen der alten Stadt längst eine neue erbaut worden.

Dann, in den ersten Wochen des Jahres 1600, mehr als ein Jahrhundert nachdem Montezuma Herrscher der Azteken geworden war, hatte einer seiner Nachkommen eine Idee.

Juan Cano de Moctezuma war der Enkel von Tecuichpoch – oder Isabel, wie die Spanier sie genannt hatten. Der spanische Vizekönig plante zur Feier des neuen Jahrhunderts ein Fest und Juan Cano wollte gerne die Geschichte seiner Familie feiern.

Als Teil des Festes wollte er im Herzen von Mexiko-Stadt einen großen Festzug ausrichten, und für den Part des Montezuma hatte er sich jemanden ausgesucht, der ebenfalls königlicher Abstammung war – einen Onkel von ihm und Enkel Montezumas.

Der Name des alten Mannes, der an einem Gericht als Nahuatl-Dolmetscher arbeitete, war Hernando Alvarado Tezozómoc. Seine Mutter war eine von Montezumas Dutzenden Töchtern gewesen.

Tezozómoc erklärte sich einverstanden, die Rolle zu übernehmen, und am Tag des Umzugs wurde er, gekleidet als Herrscher aus alten Zeiten und umgeben von Musikern und Tänzern, auf einer Sänfte durch die Straßen getragen.

Von Cortés oder Malinche fehlte jede Spur. Die Leute waren gekommen, um Montezuma zu sehen – den Großen Sprecher von Tenochtitlan, den Hohen König der Mexica, den Herrscher der Azteken.

Es war wie hundert Jahre zuvor. Oder jedenfalls fast. Tezozómoc hatte keinerlei Macht, und keiner der Anwesenden war sich so ganz sicher, wie die Leute damals getanzt hatten.

Doch die Darsteller taten ihr Bestes und die Zuschauer, Spanier wie Mexica, hatten ihre helle Freude.

Als dann alles vorbei war – die Zuschauer waren wieder Passanten, die Musiker nach Hause gegangen, die Banner zusammengerollt und die Straßen sauber gekehrt –, nahm Tezozómoc seinen Federkopfschmuck ab und machte sich langsam auf den Weg zurück zu seinem Haus in einer ruhigen Ecke von Mexiko-Stadt.

Tezozómocs Haus quoll über von Papier. Schriftrolle um Schriftrolle mit Namen, endlose Listen mit Daten und Fakten, Zettel mit Legenden und Geschichten, mit Gedichten und Liedern …

Es waren die Geschichten der Azteken – die Erinnerungen seiner Vorfahren. Er hatte all das mühsam und sorgfältig über Jahre zusammengetragen, überzeugt davon, dass man ihm eines Tages, lange nach seinem Tod, dafür dankbar sein würde.

Er begann zu schreiben:

Was unsere Vorfahren taten, was sie bauten, was sie aufzeichneten,
ihr Andenken und ihr Ansehen, wird niemals vergessen werden,
auch nicht in den Jahren, die noch kommen werden.

Wir, ihre Söhne und Töchter, ihre Enkel, ihre jüngeren Brüder und
Schwestern, ihre Urenkel und Ururenkel, deren Nachkommen,
deren Erben – wir alle werden sie niemals vergessen.

Die, die noch nicht geboren sind, die leben werden in den Tagen,
die noch kommen, werden von ihnen sprechen. Sie werden sprechen
von den Kindern der Mexica, den Kindern Tenochtitlans.

Der alte Mann gähnte und rieb sich die Augen. Es war spät geworden.

Er ging hinüber zum Fenster. Über Mexiko-Stadt war es Nacht geworden, hier und da flackerte eine Kerze. Dahinter die

Schwärze des Sees. Dann, weit in der Ferne, die Schatten der Berge.

Er legte den Stift weg und las, was er geschrieben hatte. Dann blies er die Kerze aus und es war dunkel.

Nachwort

Tezozómocs Geschichte seiner Vorfahren ist als *Crónica Mexicana* bekannt geworden – das Original ist im Besitz der Library of Congress, der Kongressbibliothek in den USA, und kann online eingesehen werden.

Falls ihr jemals die Gelegenheit habt, eine Reise nach Mexiko zu machen: Dort gibt es viele atemberaubende historische Orte zu entdecken und das Museo Nacional de Antropología ist voller wunderbarer Dinge – von Masken und Kopfputzen über Sonnensteine und Statuen bis hin zu Grabmalen und Tempeln.

Anderswo in der Hauptstadt kann man, gleich gegenüber von Cortés' Palast, die Überreste des Großen Tempels besichtigen. Das Haus von Malinche habe ich schon erwähnt, und entlang des Dammwegs kann man, sozusagen, in die Fußstapfen der Konquistadoren treten.

Es hat sich sehr viel verändert – auch der See ist nahezu verschwunden –, ihr werdet also etwas Fantasie brauchen, um euch vorzustellen, wie es damals gewesen ist.

Die Landschaft jenseits der Stadt ist voller Erinnerungen an eine vergangene Zeit. Man kann den Ruinen Teotihuacáns, der geheimnisvollen Stadt der Götter, einen Besuch abstatten, oder den Hügel erklimmen, der einst die Große Pyramide von Cholula gewesen ist. Weiter im Osten, in Yucatán, gibt es so viele Mayaruinen, dass auch der längste Urlaub nicht ausreichen wird, sie alle zu sehen – von der karibischen Küste bis hinein in den tiefsten Dschungel.

Wenn ihr ganz viel Glück habt, hört ihr vielleicht jemanden Nahuatl sprechen. Auch heute noch gibt es mehr als eine Million Nahua in Mexiko, wobei die meisten von ihnen auch Spanisch sprechen.

Ihr müsst aber nicht unbedingt um den halben Globus fliegen, um die Welt der Azteken zu erkunden. Im Britischen Museum gibt es beispielsweise Statuen von Göttern und Göttinnen, Jadefiguren, Haushaltsartikel und wunderschön gefertigte Masken zu sehen. Und eines der berühmtesten aztekischen Artefakte überhaupt: das unheimlich-geheimnisvolle, aus Tausenden Türkissplittern zusammengesetzte dreidimensionale Mosaik einer Schlange mit zwei Köpfen.

Da die Eroberung Mexikos schon so lange her ist und die Quellen alles andere als perfekt, ist es manchmal nicht einfach, herauszufinden, was genau wann und wie passiert ist. Selbst die bekanntesten spanischen Quellen – wie die Berichte von Bernal Díaz del Castillo oder Francisco López de Gómara – widersprechen sich häufig auf frappierende Art und Weise.

Ich hatte jedoch das Glück, auf die Arbeit vieler brillanter

Historiker und Historikerinnen aufbauen zu können. Insbesondere zu großem Dank verpflichtet bin ich den Arbeiten von David M. Carballo, David Carrasco, Fernando Cervantes, Inga Clendinnen, Felipe Fernández-Armesto, Miguel León-Portilla, Charles C. Mann, Jacques Soustelle und Hugh Thomas.

Diese beiden haben meine eigene Version der Geschichte besonders beeinflusst: Camilla Townsend, die das Leben von Malinche so eindrücklich nachgezeichnet hat, und Matthew Restall, dessen Arbeiten alles über den Haufen geworfen haben, was ich über Cortés, Montezuma und die spanische Eroberung zu wissen glaubte.

Wie die Konquistadoren wäre ich nichts ohne meine Verbündeten vor Ort, die die Hauptarbeit geleistet haben. Wie immer ein großes Dankeschön meinen Hohepriestern Simon Winder und Eva Hodgkin, dem Verfertiger exquisiter Wandgemälde Edward Bettison, der weisesten aller Beraterinnen Julia Bruce und der besten aller Schneckenhornbläserinnen Maddie Watts. Vielen Dank auch an James Pullen und Claire Devine, deren verlegerische Opfermesser dem Text nie sein Herz herausschneiden. Mein ganz besonderer Dank gilt Gabriel Sánchez, der mir einige der Wunder seines Heimatlandes gezeigt und meine Fragen hinsichtlich der Einstellung heutiger Mexikaner zur spanischen Eroberung geduldig beantwortet hat.

Mein letztes Dankeschön geht wie immer an Catherine und Arthur, die liebsten Kameraden von allen.

Autor

Dominic Sandbrook ist Historiker, Autor, Kolumnist und Fernsehsprecher. Er hat Bücher über die politische Geschichte Amerikas geschrieben und steht kurz vor der Vollendung eines mehrbändigen Werks über Großbritannien in der Nachkriegszeit. Sein jüngstes Buch *Who Dares Wins* wurde in den Medien wiederholt als Buch des Jahres bezeichnet. Sandbrook hat für zahlreiche BBC-Fernsehserien die Drehbücher geschrieben und als Sprecher fungiert. Er ist Gastprofessor am King's College London, hat eine monatliche Kolumne im *BBC History Magazine* und schreibt für *The Daily Mail* und *The Sunday Times.*

Übersetzer

Roman Stadler ist staatlich geprüfter Übersetzer und arbeitet seit 2005 als freier Übersetzer und Lektor. Zuvor hat er in München und Manchester Anglistik und Germanistik studiert. Er lebt in München.

In der Reihe »Weltgeschichte(n)« sind bei cbj außerdem erschienen:
Zeit der Finsternis: Der Zweite Weltkrieg (17908)
König der Könige: Alexander der Große (17906)
Weg in die Dunkelheit: Der Erste Weltkrieg (17909)
Der zornige Herrscher: Heinrich VIII. (17907)
Eroberer der Meere: Die Wikinger (18040)
Die letzte Pharaonin: Kleopatra (18041)